DROIT INTERNATIONAL DES DROITS DE L'HOMME ET DROIT INTERNATIONAL HUMANITAIRE

Réflexions sur la complémentarité de deux faces d'une même médaille

MAMADOU FALILOU DIOP

DROIT INTERNATIONAL DES DROITS DE L'HOMME ET DROIT INTERNATIONAL HUMANITAIRE

Réflexions sur la complémentarité de deux faces d'une même médaille

L'Harmattan

5-7, rue de l'École-Polytechnique ; 75 005 Paris

http://www.librairieharmattan.com
diffusion.harmattan@wanadoo.fr
harmattan1@wanadoo.fr

ISBN : 978-2-343-07964-6
EAN : 9782343079646

DÉDICACES

À tous les membres de ma famille qui m'ont toujours soutenu durant mes études et qui ne cessent de me soutenir encore aujourd'hui. Merci pour votre sollicitude à mon égard.

À Madame Anta Mboup Diop. Merci pour ton soutien et tes encouragements.

À toutes les personnes qui luttent, sans relâche, pour la promotion et la défense des droits de l'Homme partout dans le monde.

REMERCIEMENTS

L'écriture et la publication de cet ouvrage ne seraient pas possibles sans le concours de nombreuses personnes. Je tiens à les remercier toutes ici. Je tiens tout particulièrement à remercier Mme Catherine Soullière de l'Institut Louis Favoreu (ci-après ILF-GERJC) pour la mise en page et Mme Véronique Hischmitt pour la relecture.

Je tiens également à remercier le professeur Mamadou Badji, Doyen de la Faculté des Sciences juridiques et politiques de l'Université Cheikh Anta Diop de Dakar de son appui pour la publication de cet ouvrage. Il a généreusement accepté d'écrire la préface de cet ouvrage. Je remercie le professeur Samba Thiam, Directeur de l'Institut des Droits de l'Homme et de la Paix (ci-après IDHP) de la Faculté des Sciences juridiques et politiques de l'Université Cheikh Anta Diop de Dakar, d'avoir accepté d'écrire l'avant-propos de cet ouvrage. Je remercie le professeur Mactar Kamara, Chef du Département de Droit public de la Faculté des Sciences juridiques et politiques de l'Université Cheikh Anta Diop de Dakar d'avoir accepté d'écrire la postface de cet ouvrage. Je tiens à remercier également le professeur Martin Pascal Tine et Mme Fall du Décanat de la Faculté des Sciences juridiques et politiques de l'Université Cheikh Anta Diop de Dakar. Toutes ces personnes et d'autres qui n'ont pas été citées ont participé à la réalisation de cet ouvrage. Par conséquent, je leur témoigne ma profonde gratitude.

Je tiens également à remercier très sincèrement Mme Ndèye Amy Ndiaye pour la relecture et les conseils qu'elle m'a prodigués aux fins d'améliorer le manuscrit de cet ouvrage. Merci beaucoup pour tout.

Liste des principales abréviations

AFDI	*Annuaire français de droit international*
AJDA	*Actualité juridique droit administratif*
c.	Contre
CEDEAO	Communauté économique des États de l'Afrique de l'Ouest
CEDH	Cour européenne des droits de l'Homme
CIADH	Cour interaméricaine des droits de l'Homme
CICR	Comité international de la Croix-Rouge
CIEDR	Convention internationale portant sur l'élimination de toutes les formes de discriminations raciales
CIJ	Cour internationale de justice
Comm. EDH	Commission européenne des droits de l'Homme
Comm. IADH	Commission interaméricaine des droits de l'Homme
Dir.	Sous la direction de
Doc. ONU	Document des Nations Unies
FIDH	Fédération internationale des droits de l'Homme
Gaz. Pal	*La gazette du Palais*
JCP G	*Semaine juridique édition générale*
JDI	*Journal du droit international*
LGDJ	Librairie générale de droit et de jurisprudence
LPA	*Les Petites Affiches*
Obs.	Observation
ONU	Organisation des Nations Unies
p.	Page
Puam	Presses universitaires d'Aix-Marseille

Puf	Presses universitaires de France
RBDI	*Revue belge de droit international*
RCADI	*Recueil des cours de l'Académie de droit international de la Haye*
RDP	*Revue du droit public et de la science politique en France et à l'étranger*
RGDIP	*Revue générale de droit international public*
RICR	*Revue internationale de la Croix-Rouge*
RIDC	*Revue internationale de droit comparé*
RSC	*Revue science criminelle et droit pénal comparé*
RTDH	*Revue trimestrielle des droits de l'Homme*
RUDH	*Revue universelle des droits de l'Homme*
s.	suivant
SFDI	Société française pour le droit international
TPIY	Tribunal pénal international pour l'ex-Yougoslavie
Vol	Volume

SOMMAIRE

1. De prime abord, nous allons méditer ce propos du Président Ahidjo : « Une culture authentique doit plonger sa racine dans la vie quotidienne du peuple, dans les valeurs qui donnent un sens à son existence. C'est de ce terroir, et de terroir seulement, que pourra naître une plante vigoureuse, capable d'assimiler les apports extérieurs et de sécréter une nouvelle culture, originale adaptée aux exigences du monde moderne [1] ».

2. Puis, au XXIe siècle, comme l'a si bien dit Norbert Rouland : « S'il convient de ne pas perdre de vue l'importance des particularismes nationaux et régionaux et la diversité historique, culturelle et religieuse, il est du devoir des États, quel que soit le système politique, économique et culturel, de promouvoir et de protéger tous les droits de l'Homme et toutes les libertés fondamentales[2] ».

3. En effet, les instruments de protection des droits de l'Homme, universels et régionaux, tendent à se spécialiser aux fins de mieux prendre en considération la nécessité d'une protection des individus les plus vulnérables. Ils mettent l'accent sur les exigences de respect des droits de l'Homme et du droit international humanitaire. Par ailleurs, ils possèdent la même finalité, en l'occurrence, la protection de la dignité de la personne humaine. Cela a suscité chez Monsieur Mamadou Falilou Diop une interrogation relative à leur complémentarité aux fins d'aboutir à une meilleure protection des droits fondamentaux de la personne humaine en toutes circonstances. En termes d'effectivité des droits fondamentaux de la personne humaine, la problématique de la complémentarité entre le droit

---

1 Le discours de Garoua, *Agence camerounaise de presse*, 13 mars 1969, p. 7, cité par ELA Jean-Marc, *La plume et la pioche. Réflexion sur l'enseignement et la société dans le développement de l'Afrique noire*, Éditions CLE Yaoundé 1971, *Archives Nationales du Sénégal (ANS*), bi III 8° 1540, p. 16, qui considère comme un aliéné, un extraverti, un Africain qui a reçu la culture telle qu'elle est distribuée en Occident.

2 ROULAND Norbert, « À propos des droits de l'Homme : un regard anthropologique », *Revue Droits fondamentaux*, n° 3, janvier-décembre 2003, pp. 129-130.

international des droits de l'Homme et le droit international humanitaire revêt une importance cruciale en raison des nombreuses lacunes existant dans ce domaine. Cette situation nécessite une réflexion approfondie.

4. *L'ineffectivité des droits de l'Homme et du droit international humanitaire est souvent liée à l'incurie des États et surtout aux possibilités de dérogations. En effet, les États peuvent décider volontairement de ne pas respecter leurs engagements relatifs aux droits de l'Homme. Le non-respect des droits de l'Homme peut également résulter de dérogations dans certaines circonstances de danger public menaçant la vie de la nation. Le cas échéant, une alternative peut être trouvée dans l'application d'autres instruments de protection des droits fondamentaux tels que le droit international humanitaire liant les mêmes États surtout en cas de conflit armé. Cela permet d'éviter un vide juridique lorsque des violations graves des droits de l'Homme sont commises. Cette finalité peut être atteinte en ayant recours, de manière concomitante, au droit international des droits de l'Homme et au droit international humanitaire.*

5. *Cet ouvrage de Monsieur Diop constitue une tentative d'analyse du principe de complémentarité entre le droit international des droits de l'Homme et le droit international humanitaire. Les arguments qui y sont développés reposent à la fois sur la doctrine et la jurisprudence pour essayer de démontrer que la complémentarité entre le droit international des droits de l'Homme et le droit international humanitaire ne constitue pas une simple théorie spéculative. Désormais, cette complémentarité susmentionnée constitue une réalité devant les prétoires de nombreuses juridictions de contrôle des droits de l'Homme et du droit international humanitaire existant à l'échelle universelle, régionale et nationale. Eu égard à cette réalité précitée, il est utile d'essayer d'analyser les avancées doctrinales et jurisprudentielles en termes de complémentarité entre le droit international des droits de l'Homme et le droit international humanitaire. Qui plus est, cette étude s'inscrit dans l'optique de renforcer l'effectivité des droits fondamentaux de la personne humaine en tentant de démontrer l'étendue et la portée des instruments de protection des droits de l'Homme et la manière dont ils doivent être appliqués ensemble aux fins de favoriser une protection globale s'appuyant à la fois sur le droit international des droits de l'Homme, le droit international humanitaire et le droit international pénal.*

6. Cet ouvrage de Monsieur Diop s'articule autour de deux parties. Dans la première partie, il s'agit d'essayer de démontrer, en s'appuyant sur la doctrine et la jurisprudence, la formulation de la complémentarité entre le droit international des droits de l'Homme et le droit international humanitaire. La deuxième partie se propose d'essayer d'analyser, concrètement, la mise en œuvre de la complémentarité à travers la jurisprudence des organes de contrôle des droits de l'Homme qui ont souvent recours aux droits de l'Homme et au droit international humanitaire.

7. Bien sûr, cette réflexion sera utile à la cause des droits de l'Homme et à leur meilleure effectivité à l'échelle universelle, si bien que de nombreux efforts doivent encore être faits. En réalité, le combat pour le respect des droits de l'Homme doit impliquer toutes les personnes humaines et toutes les entités de la communauté internationale.

8. Tout être humain épris de justice et du respect de la dignité de la personne humaine devrait se sentir concerné par une protection effective et efficiente des droits de l'Homme, par conséquent de la société en général, comme le précise, un des maîtres de la pensée contemporaine, Ernest Renan, qui a affirmé que « la solidité d'une construction est en raison de la somme de vertu, c'est-à-dire de sacrifices, qu'on a déposée en ses fondements [3] *».*

9. Aussi, outre la vocation de la recherche, l'ouvrage de Mamadou Falilou Diop s'inscrit dans une perspective parfaitement identifiée par le bâtonnier Moustapha Seck qui indique l'importance de l'étude et de l'enseignement des droits de l'Homme : « S'il est vrai que la langue dans laquelle les droits de l'Homme sont formulés est la langue du droit, dans l'étude et l'enseignement des droits de l'Homme, toutes les disciplines humaines doivent se rencontrer et s'enrichir mutuellement. C'est cette pluridisciplinarité qui, seule, peut traduire les dimensions internationales des droits de l'Homme multidimensionnels et l'indivisibilité de ceux-ci. Or, il est impossible de défendre les droits de

[3] *Le Mois colonial et maritime*, supplément n° 9, janvier 1908, CATHY Armand, BIB AOM 21095.

l'Homme s'ils ne sont pas connus, et ils ne peuvent être connus, s'ils ne sont pas enseignés[4] *».*

10. *Puisque les droits de l'Homme doivent rester un élément de culture générale, la publication de cet ouvrage apportera une réelle contribution à l'exigence universelle de protection effective des droits de l'Homme à tout moment et dans tous les contextes.*

Samba THIAM

Professeur agrégé des facultés de droit

Directeur de l'Institut des Droits de l'Homme et de la Paix (IDHP) de la faculté des sciences juridiques et politiques de l'Université Cheikh Anta Diop de Dakar

Avocat à la Cour

[4] SECK Moustapha, « Plaidoyer pour l'éducation en matière de droits de l'Homme en Afrique », *Revue universelle des droits de l'Homme*, Volume 1, 1989, Doctrine, p. 36.

11. *Mamadou Falilou Diop, auteur de ce livre, est un collègue dont l'investissement personnel dans la production et la diffusion du savoir est à la fois déroutant et fascinant. En effet, jeune enseignant-chercheur, il a su, en dépit d'un contexte social peu favorable au développement de la recherche scientifique, publier des ouvrages*[5] *dont l'apport à la doctrine juridique est remarquable. Cette prédisposition de l'esprit le pousse, tout naturellement, aujourd'hui, à offrir à la communauté universitaire – à tout le moins le cénacle des juristes –, ce livre intitulé « Droit international humanitaire et Droit international des droits de l'Homme. Réflexions sur la complémentarité de deux faces d'une même médaille ».*

12. *Les réflexions de l'auteur sont axées sur l'idée que la société internationale se caractérise par l'importance accordée à un droit qui porte la marque de sa double matrice, le droit international humanitaire et le droit international des droits de l'Homme, celles-ci s'ordonnent autour d'un principe dérivant du droit romain selon lequel « toutes les règles de droit posées ont pour finalité l'Homme et la nécessité de la protection de ses intérêts essentiels », ces derniers s'entendant également des droits fondamentaux.*

13. *Certes, il ne peut échapper au spécialiste que cette étude fait écho à d'autres analyses, particulièrement celles du professeur Robert Kolb*[6] *et du professeur Paul Tavernier*[7] *dont les savoureuses intuitions ont permis de mesurer la pertinence d'un tel objet d'étude, mais la contribution de M. Diop, fruit de plusieurs années de recherche sur la*

---

[5] On peut mentionner, outre la publication d'un essai de construction de poursuite des auteurs de crimes internationaux à travers les mécanismes nationaux et régionaux (LGDJ, 2013, 506 p.), un livre sur le statut juridique du droit communautaire et de la Cour européenne des droits de l'Homme en France (Les Éditions universitaires, 2014, 280 p.).

[6] R. KOLB, « Relations entre le droit international humanitaire et les droits de l'homme », *RICR*, n° 831, 1998, p. 438.

[7] P. TAVERNIER, « Sécurité internationale, droit international humanitaire et droits de l'Homme. Quelques réflexions sur le rôle des juridictions internationales » *in Mélanges en l'honneur du professeur Jean-François Guilhaudis*, Éd. Bruylant, Bruxelles, 2007, pp. 541-558.

matière, innove par la méthode et les sources utilisées tendant à s'appuyer à la fois sur les analyses doctrinales et la jurisprudence des différents organes de contrôle des droits fondamentaux mis en place à l'échelle universelle, régionale et nationale.

14. *L'intérêt de cette approche n'en est que plus grand. Pour éviter l'impunité des auteurs de violations des droits de l'Homme dans certaines circonstances, Mamadou Falilou Diop suggère une démarche articulant deux aspects : la prise en compte de la complémentarité entre les instruments qui existent en matière de protection des droits fondamentaux de la personne et la nécessité absolue de la mise en application de cette complémentarité aux fins de tordre le cou à toute possibilité d'impunité des auteurs de violations graves des droits de l'Homme.*

15. *Cette orientation mérite notre approbation, d'autant qu'elle s'appuie sur une solide argumentation tendant à montrer que dans un monde marqué par une judiciarisation accrue, il existe au plan international des conditions historiques propres à précipiter des mutations et à provoquer l'adoption de nombreux instruments dont la combinaison est le gage d'une protection globale et effective des droits fondamentaux de la personne.*

16. *C'est, pour le juriste, l'annonce d'un progrès de la justice par le droit. En vérité, « lorsque les droits garantis par une Convention ne lient plus les États en raison d'une dérogation ou d'un autre mécanisme de limitation, la protection prévue par d'autres instruments liant les mêmes États peut être évoquée en cas de violation des droits de l'Homme ».*

17. *L'étude est bien menée. Elle reflète la personnalité d'un chercheur intellectuellement honnête qui, de surcroît, s'attache à la rigueur de l'exercice. Mais l'auteur ne se contente pas de dresser un inventaire des nombreux instruments de protection des droits de l'Homme ; il se questionne sur le rôle que peut jouer la doctrine dans la perspective de la consolidation d'une complémentarité entre le droit international des droits de l'Homme et le droit international humanitaire. Ses réponses, minutieusement élaborées, sont pertinentes. En outre, les pages qu'il consacre à l'apport de la jurisprudence en matière d'interprétation des instruments de protection des droits fondamentaux, la mise en avant de l'évolution actuelle du droit* *international des droits de l'Homme, caractérisée par le dialogue des juges, révèlent une grande curiosité intellectuelle.*

18. *Il ne peut en être autrement, quand on sait que Monsieur Mamadou Falilou Diop met son talent au service d'une démarche scientifique tendant à asseoir l'idée que tout droit, créé au bénéfice des êtres humains, a également acquis très progressivement un solide point d'ancrage dans la vie internationale.*

19. *C'est dire que cette publication est à saluer. Certes, l'appel à l'histoire du droit romain aurait été d'un apport théorique indéniable*[8]*, révélant les racines lointaines du problème traité par l'auteur, mais ce dernier a fait une prise de partie en faveur du court terme, en laissant entrevoir que les bouleversements juridiques qui accompagnent les changements survenus dans la vie internationale impriment à l'exigence de protection universelle des droits fondamentaux une direction particulière.*

20. *Comment se structure l'ouvrage ? Le plan retenu est binaire (deux parties) et, donc, classique. L'étude s'ouvre par* ***une introduction générale****, dans laquelle M. Diop balaie les mots et concepts clés de son objet d'étude. Ainsi, il revient très longuement sur l'approche des droits de l'Homme et sur la définition du droit humanitaire, sans oublier de retracer les origines et les spécificités tant du droit international des droits de l'Homme que du droit international humanitaire.*

21. *Il rappelle que le droit international humanitaire, conçu pour apporter plus d'humanité dans les conflits armés, régit la conduite des belligérants et organise le respect de la personne humaine en cas de conflits armés. Son champ d'application s'étend à la protection des réfugiés et des personnes déplacées, à la protection des victimes de catastrophes naturelles, ainsi qu'à l'assistance qui leur est due. Quant au droit international des droits de l'Homme, il vise à protéger l'individu à l'égard du pouvoir politique et à promouvoir son plein épanouissement, particulièrement en temps de paix. Il s'agit donc, plus généralement, d'un ensemble de valeurs et de principes consubstantiels à la dignité de la personne humaine et reconnus comme tels par la communauté internationale.*

---

[8] En ce sens, voir M. VILLEY, *Le droit et les droits de l'Homme*, Paris, PUF, 2008, 169 p.

22. La tension entre le droit international des droits de l'Homme et le droit international humanitaire est, selon M. Diop, le fruit d'un mouvement né lors de la Conférence marquant le 20e anniversaire de la Déclaration universelle des droits de l'Homme, tenue à Téhéran (Iran) en 1968 sous les auspices de l'Organisation des Nations Unies. Depuis lors, il semble se dessiner une évolution qui, somme toute, se cristallise autour d'une pluralité de règles puisant leurs sources d'inspiration communes dans des instruments ayant tous trait à la protection de la dignité de la personne humaine.

*23. La première partie de l'ouvrage, intitulée : « **La complémentarité entre le droit international des droits de l'Homme et le droit international humanitaire** » comporte deux chapitres. Le premier chapitre est une analyse de l'interrelation entre le droit international des droits de l'Homme et le droit international humanitaire, à travers un inventaire de ce que les juristes ont pu écrire en français sur le sujet et à travers la position des organes des Nations Unies, de celle de l'Union africaine et de la jurisprudence. Dans ce chapitre, les différentes justifications de cette interrelation resurgissent d'une commune source d'inspiration, en raison des nombreuses originalités normatives qui constituent le reflet de leurs objectifs similaires et de la fécondité des buts poursuivis.*

24. Le deuxième chapitre de cette première partie est consacré à l'interprétation des différents instruments de protection des droits de l'Homme aux fins de mettre en exergue leur complémentarité. Il se décompose en séquences temporelles. Analysant d'abord le principe d'interprétation évolutive des traités consacré par le droit international, il vérifie ensuite l'application qui en est faite, à travers la jurisprudence des organes de contrôle des droits de l'Homme, avant de terminer par un regard sur l'application extraterritoriale des instruments de protection des droits fondamentaux de la personne humaine, surtout en période de conflits armés.

*25. La deuxième partie du livre de Mamadou Falilou Diop est axée sur « **La mise en œuvre de la complémentarité entre le droit international des droits de l'Homme et le droit international humanitaire** ». Cette partie contient également deux chapitres. C'est ici que réside l'apport et non des moindres de l'auteur. Ses réflexions mettent en lumière les interactions qui existent entre le droit international des droits de l'Homme et le droit international humanitaire (chapitre 1), avec en toile de fond, les clauses de renvoi* *aux autres obligations étatiques internationales contenues dans les instruments régionaux de protection des droits de l'Homme.*

26. *Si la mise en œuvre de ces clauses de renvoi aux autres sources de droit international en matière de droits fondamentaux a permis à certains organes régionaux de contrôle des droits de l'Homme de mettre en œuvre, de manière effective, l'interrelation entre le droit international des droits de l'Homme et le droit international humanitaire, elle trouve au demeurant un second souffle dans la jurisprudence des organes de contrôle des instruments régionaux de droits de l'Homme en matière d'application du droit international humanitaire devant leurs prétoires (chapitre 2).*

27. *Ce livre fera date ; il mérite de figurer dans les rayons des grandes bibliothèques et connaîtra, nul doute, un grand succès et une grande diffusion chez les juristes universitaires.*

Dakar-Fann, le 26 féviers 2016

Mamadou BADJI
Professeur,
Doyen de la faculté des sciences
juridiques et politiques
Université Cheikh Anta Diop de Dakar

> *« L'aspect essentiel des règles du droit international humanitaire ainsi que du droit relatif aux droits humains réside dans la protection de la dignité de la personne, qu'elle soit de sexe masculin ou féminin. Le principe général du respect de la dignité humaine est à la base du droit international humanitaire et des droits de l'Homme et en est, en fait, la raison d'être ; il est désormais si important qu'il imprègne le droit international dans son ensemble. Ce principe a pour but de protéger l'être humain de toute atteinte à sa dignité personnelle, que celle-ci découle de violences corporelles, d'humiliations ou de coups portés à l'honneur, au respect de soi ou au bien-être mental d'une personne*[9] », **Tribunal pénal international pour l'ex-Yougoslavie.**

28. Pour introduire cette étude sur la complémentarité entre le droit international des droits de l'Homme et le droit international humanitaire, il est utile d'insister sur le principe selon lequel toutes les règles de droit posées ont pour finalité l'Homme et la nécessité de la protection de ses intérêts essentiels. Les droits fondamentaux font nécessairement partie de ces intérêts essentiels. Pour illustrer ce point de vue susmentionné, il faut rappeler cette célèbre citation du Tribunal pénal international pour l'ex-Yougoslavie selon laquelle *« progressivement, la maxime du droit romain* hominum causa omne jus constitutum est *(tout droit est créé au bénéfice des êtres humains) a également acquis un solide point d'ancrage dans la communauté internationale*[10] ». De surcroît, tout le monde s'accorde sur l'exigence de protection universelle des droits de l'Homme[11]. Cette exigence procède des différents instruments relatifs aux droits de l'Homme consacrés par la communauté internationale dans son ensemble. Ces

---

[9] TPIY, affaire n° IT-95-17/1-7, 10 décembre 1998, *Le Procureur c. Anto Furundzija*, § 183.

[10] TPIY, affaire n° IT-94-I-AR 72, 2 octobre 1995, *Le Procureur c. Dusko Tadic, (arrêt relatif à l'appel de la défense concernant l'exception préjudicielle d'incompétence)*, § 97.

[11] Voir DIOP Mamadou Falilou, *Essai de construction de poursuites des auteurs de crimes internationaux à travers les mécanismes nationaux et régionaux*, Paris, LGDJ, 2013, 506 p.

instruments ont été créés dans différentes régions[12] et différents contextes. Cependant, ils ont tous pour finalité le respect de la dignité de la personne humaine. Il faut entendre par là, l'ensemble des droits fondamentaux inhérents et consubstantiels à la personne humaine. Le respect inconditionnel de cet ensemble s'impose en soi. Et il est tout à fait rationnel que tous les instruments de protection des droits de l'Homme liant les États soient mis à contribution aux fins de donner une réelle effectivité à ce point de vue susmentionné. Pour illustrer cela, il est utile de citer le professeur Mireille Delmas-Marty qui a affirmé que « celui qui blesse l'humanité mérite d'avoir tous les hommes pour ennemis, et doit être l'objet de l'exécration universelle[13] ». Pour ce faire, la communauté internationale prône de plus en plus fréquemment une interaction entre les différents instruments de protection des droits de l'Homme consacrés à l'échelle universelle pour aboutir à une meilleure protection. Il s'agit surtout du droit international des droits de l'Homme et du droit international humanitaire. Cependant, avant d'entrer dans les détails, il est utile d'essayer de donner une définition aux notions de droits de l'Homme et de droit international humanitaire.

§1.- Essai de définition des droits de l'Homme et du droit humanitaire

29. En paraphrasant le Préambule de la Déclaration universelle des droits de l'Homme, il est possible de définir les droits de l'Homme comme l'ensemble des droits fondamentaux naturels, inaliénables et inviolables inhérents à tous les membres de la famille humaine. Le professeur Jean Roche, quant à lui, énonce que « les droits de l'Homme sont un ensemble de droits qui conditionnent à la fois la liberté de l'Homme et l'épanouissement global de sa personnalité en tendant vers un idéal sans cesse enrichi[14] ». En d'autres termes, il s'agit de l'ensemble des valeurs et principes consubstantiels à la dignité de la personne humaine et reconnus comme tels par la communauté internationale dans son ensemble. Ainsi, les droits de l'Homme appartiennent à tout être humain sans aucune autre considération liée à l'origine, à la race, au sexe, etc. Il suffit d'être un être humain pour en

---

[12] Pour la CEDH, voir DIOP Mamadou Falilou, *Le statut juridique du droit communautaire et de la CEDH en France*, Sarrebruck, Les éditions universitaires européennes, 2014, 280 p.

[13] DELMAS-MARTY Mireille, *Les forces imaginaires du droit, le relatif et l'universel*, Paris, Éditions du Seuil, 2004, p. 206 et s.

[14] ROCHE Jean, *Libertés publiques*, 5e édition, Paris, Dalloz, 1978, p. 4.

bénéficier. C'est le principe qu'énonce d'ailleurs l'article 1er de la Déclaration universelle des droits de l'Homme aux termes duquel « tous les êtres humains naissent libres et égaux en dignité et en droits ». Les droits de l'Homme ont ainsi pour finalité l'Homme et la recherche de la protection de sa dignité. Les mêmes préoccupations ont également sous-tendu la création du droit international humanitaire.

30. Selon Jean Pictet, « le droit international humanitaire est une branche du droit international public qui s'inspire du sentiment d'humanité et qui est centré sur la protection de la personne humaine [15]». Ce droit de la guerre vise surtout à introduire plus d'humanité dans la conduite des conflits armés de toute nature et à inciter les États belligérants à organiser, dans leur ordre juridique interne, la poursuite des auteurs d'infractions graves. Cette exigence découle de la constatation des conséquences dramatiques des conflits armés. La guerre étant un phénomène étatique inévitable ayant souvent pour corollaire des violations graves des droits de l'Homme, il fallait l'humaniser davantage en instaurant des règles et principes tendant à protéger la dignité des personnes qui ne participent pas ou qui ne participent plus aux combats. Cette finalité du droit de la guerre recoupe celle des droits de l'Homme. Par conséquent, cette étude se propose d'essayer de réfléchir à ce point de vue de manière plus détaillée. Toutefois, avant d'entrer dans les détails, il est utile d'apporter des éclairages sur les origines et les spécificités du droit international des droits de l'Homme et du droit international humanitaire. Cela permettra de mieux comprendre et d'expliquer leur évolution vers la complémentarité.

§2.- Les origines et les spécificités du droit international des droits de l'Homme et du droit international humanitaire

31. Les droits de l'Homme et le droit international humanitaire sont considérés comme ayant des valeurs communes à défendre. Cependant, à l'origine, ces deux corps de règles avaient des sources et des champs d'application différents. Pour mieux comprendre cela, il sera utile d'essayer d'analyser les spécificités de chacune de ces deux branches du droit international relatives à la protection des droits fondamentaux de la personne humaine. Chacune d'elles a été pensée et consacrée pour des situations bien spécifiques. L'une pour régir les rapports des

---

[15] Cité par DUPUY Pierre-Marie, *Droit international public*, 4e édition, Paris, Dalloz, 1998, p. 525.

individus en termes de droits et libertés avec leurs États en temps de paix et l'autre pour apporter plus de protection et d'humanité durant les conflits armés. Pour bien comprendre cette différenciation d'origine des droits de l'Homme et du droit international humanitaire, il faudra montrer leur origine et leur spécificité. Cette démarche permettra de mieux appréhender la complémentarité qui existe désormais entre les droits de l'Homme et le droit international humanitaire et qui va sans doute aboutir à une meilleure effectivité du système international de protection des droits fondamentaux.

A. L'origine et la spécificité du droit international humanitaire

32. À l'origine, le droit international humanitaire tente d'apporter plus d'humanité dans les conflits armés[16]. La guerre ayant pour corollaire la violence, les initiateurs du droit international humanitaire tentaient d'apporter des solutions à la violence inutile et aux maux superflus en promouvant le droit international humanitaire. Selon le professeur Maurice Torrelli, « atténuer les souffrances de toutes les victimes des conflits armés au pouvoir de l'ennemi, qu'il s'agisse des blessés, malades et naufragés, des prisonniers de guerre, et assurer la protection des personnes qui ne participent pas directement à l'usage de la force, c'est-à-dire la population civile, telle est la noble ambition du droit international humanitaire[17] ».

33. Le droit international humanitaire régit la conduite des belligérants et organise le respect de la personne humaine en cas de conflit armé. Aujourd'hui, il s'étend à la protection des réfugiés, des personnes déplacées, des victimes de catastrophes naturelles, ainsi qu'à l'assistance qui leur est due[18]. Le droit international humanitaire se réfère notamment à l'idée de « civilisation » opposée à celle de barbarie. Il établit donc un compromis entre les nécessités militaires et le principe d'humanité, ce qui est nécessaire pour vaincre l'ennemi et ce qui manifeste une cruauté inutile. Avant l'interdiction de l'usage de la force par les Nations Unies, à l'exclusion de la légitime défense en cas d'agression, la guerre constituait un phénomène courant dans les relations interétatiques. Étant donné qu'une guerre ne peut se conduire sans violence, le droit international humanitaire a pour vocation

---

[16] Voir TORRELLI Maurice, *Le droit international humanitaire*, Paris, Puf, collection Que sais-je ?, 2e édition 1989, p. 13 et s.

[17] *Ibidem*, p. 3.

[18] BETTATI Mario, *Droit humanitaire*, Paris, Éditions du Seuil, 2000, p. 18.

d'apporter le minimum d'humanité dans la conduite des guerres et conflits armés de toute nature. L'idée principale est de bannir les souffrances inutiles et de traiter les principaux acteurs des conflits armés avec humanité et déférence.

34. Le travail de la doctrine sur la spécificité du droit humanitaire est très abondant. La tendance générale qui se dégage est que le droit international humanitaire est un « droit des conflits armés » dont la principale vocation est d'apporter plus d'humanité aux conséquences inéluctables de la guerre. Le droit international humanitaire constitue un droit exceptionnel qui s'applique seulement en cas de conflit armé. Selon Louise Doswald-Beck et Sylvain Vité, « le premier élément à retenir c'est que le droit humanitaire s'est développé à une époque où le recours à la force n'était pas illicite en tant qu'instrument de politique nationale. Il est vrai que parmi les facteurs qui ont influencé le développement du droit en Europe, on trouve la doctrine de la guerre juste par laquelle l'Église reconnaissait également la légalité du recours à la force ; il n'en est pas moins vrai que les fondations du droit international humanitaire ont été mises en place à une époque où il n'y avait aucune honte à commencer une guerre. L'incitation à la modération au cours de la guerre trouvait son origine dans la protection de ce qui était considéré comme "honorable" et, au XIXe siècle en particulier, de ce qui était considéré comme "civilisé". Le droit était donc, en grande partie, basé sur le respect qu'une armée devait à une autre armée de métier [...]. Le droit était donc basé sur ce que l'on considérait comme nécessaire pour vaincre l'ennemi, tandis qu'il interdisait ce qui était perçu comme étant le fait d'une cruauté inutile[19] ». Ne pouvant pas empêcher la guerre, le Comité international de la Croix-Rouge tente de la rendre moins cruelle et plus humaine en préconisant un traitement avec déférence de toutes les personnes impliquées dans les conflits armés. Dans ce sens, les professeurs Patricia Burette et Philippe Lagrange écrivent que « le droit international humanitaire est ainsi un droit qui s'applique en temps de guerre. Il s'agit d'un ensemble de règles internationales destinées à régler les questions humanitaires découlant des conflits armés. Ce droit a un double objet : d'une part, alléger les souffrances engendrées par la guerre en réglementant les opérations militaires ou les moyens de combat et, d'autre part, protéger les personnes (blessés, prisonniers et

---

[19] DOSWALD-BECK Louise et VITÉ Sylvain, « Le droit international humanitaire et le droit des droits de l'Homme », *RICR*, n° 800, 1993, p. 99 et s.

populations civiles) ainsi que les biens affectés par le conflit[20]». En réalité, il n'y a pas de guerre sans violence et le rôle du droit international humanitaire consiste à rendre cette violence « acceptable » humainement en évitant toute souffrance inutile.

35. L'une des principales caractéristiques du droit international humanitaire, c'est qu'il s'applique dans toutes les circonstances de conflit armé. Autrement dit, le droit international humanitaire ne souffre d'aucune dérogation en situation de conflit armé. Quelles que soient les circonstances, le droit des conflits armés s'applique chaque fois que des belligérants s'affrontent. L'application du droit humanitaire n'est pas liée à la nature du conflit. Tout conflit, quel qu'il soit, implique le respect des prescriptions du droit humanitaire.

B. L'origine et la spécificité des droits de l'Homme

36. À l'origine[21], les droits de l'Homme ont vocation à s'appliquer en situation de paix. Les droits de l'Homme visent à protéger la liberté de la personne humaine à l'égard du pouvoir politique et à promouvoir son plein épanouissement, essentiellement en temps de paix[22]. Les droits de l'Homme ont été consacrés dans l'ordre juridique interne depuis très longtemps. Ils sont le fruit de décennies de conquête de la liberté des individus. Les droits de l'Homme sont nés à l'intérieur des États aux XVIIe et XVIIIe siècles, *Bill of Rights* de 1688, Déclaration française des droits de l'Homme et du citoyen de 1789[23]. Avant la Seconde Guerre mondiale, les droits de l'Homme étaient exclusivement envisagés dans l'ordre juridique interne des États. Selon le professeur Robert Kolb, « on peut évoquer, pour l'Angleterre, la *Petition of Rights* de 1628, l'*Habeas Corpus Act* de 1679 et la *Bill of Rights* de 1689 ; pour les États-Unis d'Amérique, la *Bill of Rights* de Virginie de 1776 ; pour la France, la Déclaration des droits de l'Homme et du citoyen de 1789[24] ».

---

20 BURETTE Patricia et LAGRANGE Philippe, *Le droit international humanitaire*, Paris, La Découverte, 2008, p. 4.

21 Sur l'histoire de droits de l'Homme, voir HAQUI SAENZ Liliana et NERI Kiara (dir.), *L'histoire des droits de l'Homme de l'Antiquité à l'époque moderne*, Bruxelles, Bruylant, 2015, 220 p.

22 BETTATI Mario, *Droit humanitaire*, Paris, Éditions du Seuil, 2000, p. 18.

23 *Ibidem*, p. 19.

24 KOLB Robert, « Relations entre le droit international humanitaire et les droits de l'Homme », *RICR*, n° 831, 1998, p. 438.

37. Selon la majorité de la doctrine, les droits de l'Homme trouvent leur inspiration dans la philosophie[25] des Lumières et dans les écrits des philosophes[26] tels que John Locke, Thomas Paine[27], Voltaire ou Jean-Jacques Rousseau[28]. Certains principes des droits de l'Homme sont également inspirés du droit naturel. Les droits de l'Homme sont inhérents aux individus en tant qu'être humain. C'est au sortir de la Deuxième Guerre mondiale que les droits de l'Homme ont vu leur universalité consacrée notamment par la Déclaration universelle des droits de l'Homme du 10 décembre 1948[29]. De nos jours, les droits de l'Homme ont acquis une reconnaissance universelle et protègent les individus sans distinction de race, de sexe, d'origine, etc. Il existe une grande diversité d'instruments internationaux relatifs aux droits de l'Homme. Au XXIe siècle, les droits de l'Homme connaissent une spécialisation approfondie et embrassent de nombreux aspects du droit international. Après la consécration des valeurs fondamentales liées à la dignité de la personne humaine, les droits de l'Homme connaissent un développement sectoriel de plus en plus pointu allant dans le sens d'une protection d'individus vulnérables ou de groupes d'individus particuliers dont la protection spécifique se justifie (enfants, femmes, minorités, etc.[30]). De plus, un développement régional des droits de l'Homme est constaté dans la mesure où toutes les régions du monde ont désormais consacré leurs propres instruments de protection des droits de l'Homme.

38. Contrairement au droit international humanitaire, les droits de l'Homme peuvent faire l'objet de dérogation. En effet, les États peuvent suspendre l'application de certains droits de l'Homme en cas de danger public menaçant la vie de la nation. À l'exclusion des droits

---

25 Voir BOURGOIS Bernard, *Philosophie et droits de l'Homme de Kant à Marx*, Paris, Puf, 1990, 135 p.

26 Voir PONTON Lionel, *Philosophie et droits de l'Homme de Kant à Levinas*, Paris, Librairie philosophique Vrin, 2002, 216 p ; WORMS Frédéric, *Droits de l'Homme et philosophie : une anthropologie (1789-1914)*, Paris, CNRS, 2009, 444 p ; BINOCHE Bertrand et alii (dir.), *Bentham contre les droits de l'Homme*, Paris, Puf, 2007, 274 p.

27 Voir PAINE Thomas, *Les droits de l'Homme*, Paris, Éditions Belin, 2009, 383 p.

28 BETTATI Mario, précité, p. 19.

29 Voir GAUCHET Marcel, *La révolution des droits de l'Homme*, Paris, Gallimard, 2013, 376 p.

30 Voir RINGELHEIM Julie, *Diversité culturelle et droits de l'Homme : L'émergence de la problématique des droits des minorités dans le droit de la Convention européenne des droits de l'Homme*, Bruxelles, Bruylant, 2006, 490 p.

indérogeables, l'application des droits de l'Homme peut être suspendue par les États dans certaines circonstances exceptionnelles. Toutefois, à l'exclusion de ces circonstances exceptionnelles, les droits de l'Homme s'appliquent au quotidien. Dans l'ordre juridique interne, la protection des droits de l'Homme relève du droit commun contrairement au droit international humanitaire qui s'applique en cas de conflit armé. Par conséquent, dès leurs origines, les droits de l'Homme et le droit international humanitaire ont des spécificités et des champs d'application différents. Les premiers s'appliquent en temps de paix alors que les seconds régissent les situations de conflit armé. Depuis des décennies, cette dichotomie est de plus en plus récusée. La nécessité de la protection de la personne humaine et de sa dignité ne s'accorde plus avec cet état de fait. À l'issue de la Seconde Guerre mondiale, l'individu occupe une place cruciale dans le droit international. Par conséquent, la protection de ses droits fondamentaux se conçoit désormais avec l'usage de tous les instruments juridiques procédant du droit international.

39. Depuis longtemps, des violations massives des droits de l'Homme sont commises partout dans le monde. Ainsi, la communauté internationale s'est donnée pour mission de réprimer ces violations. Dans ce sillage, l'ensemble des instruments de protection des droits de l'Homme et du droit international humanitaire doit être mis à contribution pour assurer une protection des droits fondamentaux la plus efficiente qui soit. Une telle entreprise nécessite le dépassement de la dichotomie entre droit international humanitaire et droit international des droits de l'Homme. Pour ce faire, les organes de contrôle des droits de l'Homme doivent s'impliquer davantage dans ce domaine. Le système international de protection des droits de l'Homme gagnera plus en efficacité lorsque ses organes de contrôle appliqueront davantage les droits de l'Homme et le droit international humanitaire de manière complémentaire. Un tel scénario implique le dépassement du clivage entre les droits de l'Homme et le droit international humanitaire, autrement dit, la complémentarité entre ces deux branches du droit international.

§3. La genèse de la complémentarité entre le droit international des droits de l'Homme et le droit international humanitaire

40. Les droits de l'Homme et le droit international humanitaire sont désormais considérés comme un ensemble de règles complémentaires ayant trait à la protection de la dignité de la personne humaine. Ce mouvement a notamment vu le jour lors de la Conférence marquant le 20e anniversaire de la Déclaration universelle des droits de l'Homme de 1948 qui s'est tenue à Téhéran (Iran) en 1968 sous les auspices des Nations Unies. Depuis cette Conférence, la notion de *« droits de l'Homme dans les conflits armés »* a vu le jour. En effet, du 22 avril au 13 mai 1968 s'est déroulée une Conférence des Nations Unies qui avait pour objectif de sensibiliser la communauté internationale sur la nécessité d'appliquer à la fois les droits de l'Homme et le droit international humanitaire pour aboutir à une meilleure protection des droits fondamentaux lors des conflits armés. Cette Conférence a abouti à l'adoption de la résolution XXIII sur *« Le respect des droits de l'Homme en période de conflit armé*[31] *»*. Selon le professeur Gérard Aivo, « cette résolution, qui traduit la volonté des Nations Unies de faire respecter les droits de l'Homme en période de guerre, opère une véritable intrusion des droits de l'Homme dans une sphère qui était jusque-là presque exclusivement réservée au droit international humanitaire[32]». Depuis lors, le principe de complémentarité entre les droits de l'Homme et le droit international humanitaire n'a pas cessé d'évoluer.

41. Cette idée de respect des droits de l'Homme durant les conflits armés s'inscrit dans cette dynamique de complémentarité susmentionnée. Elle s'explique surtout par le fait que les conflits armés sont inévitables. De plus, ils constituent le théâtre de violations des droits fondamentaux constitutives à la fois d'atteintes aux droits de l'Homme et au droit international humanitaire. Partant, la protection globale fondée sur l'ensemble des deux branches du droit international citées ne ferait que renforcer l'effectivité des droits garantis dans la mesure où les lacunes des uns peuvent être complétées par les dispositions applicables des autres. Dans cette perspective, les droits de l'Homme sont désormais applicables dans les situations de conflit armé pour assurer une meilleure effectivité à la protection internationale des droits fondamentaux. Il s'agit d'une bonne initiative des Nations Unies

---

31 Résolution 2442 (XXIII) de l'Assemblée générale du 19 décembre 1968 (Conférence internationale des droits de l'Homme), « Protection des droits de l'Homme en cas de conflit armé ».

32 AIVO Gérard, « Convergences entre droit international humanitaire et droit international des droits de l'Homme : vers une assimilation des deux corps de règles ? », *RTDH,* n° 82-2010, p. 346.

en faveur d'une plus grande efficacité du mécanisme collectif de maintien de la paix et de la sécurité internationales.

42. La nécessité de la complémentarité entre les droits susmentionnés est due à leur caractère indérogeable et intransgressible. Cela ressort clairement de l'analyse du Secrétaire général des Nations Unies, Monsieur U Thant. Dans son rapport de 1969 sur *« le respect des droits de l'Homme en période de conflit armé »*, il soulignait déjà le caractère absolu des droits de l'Homme et du droit international humanitaire. Selon le Secrétaire général, « les instruments de l'Organisation des Nations Unies relatifs aux droits de l'Homme semblent bien appartenir, tout comme les Conventions de Genève de 1949, à cette catégorie de traités qui fixent des "obligations absolues" lorsque, comme l'a écrit un rapporteur spécial de la Commission du droit international sur le droit des traités, l'obligation d'une partie quelconque ne dépend, ni juridiquement, ni dans la pratique, d'une exécution correspondante par les autres parties. L'obligation a un caractère absolu et non un caractère de réciprocité ; elle constitue, pour ainsi dire, une obligation à l'égard du monde entier plutôt qu'une obligation à l'égard des parties au traité. Cette opinion est confirmée par le fait qu'il est dit dans la Déclaration universelle des droits de l'Homme que tous les droits et libertés mentionnés dans ce texte sont valables pour tous, sans distinction d'aucune sorte, et qu'il est interdit de faire des distinctions fondées sur le statut politique, juridictionnel ou international du pays ou territoire dont une personne est un ressortissant. Aux termes du Pacte international relatif aux droits civils et politiques, tous les États parties s'engagent à respecter et à garantir à tous les individus se trouvant sur leur territoire et relevant de leur compétence les droits qui leur sont reconnus dans ledit Pacte. Dans l'article 1er de chacune des quatre Conventions de Genève, les Hautes Parties contractantes s'engagent à respecter et à garantir le respect des Conventions en toutes circonstances[33] ».

43. Cette prise de position du Secrétaire général des Nations Unies sur le caractère intangible des droits de l'Homme et du droit international humanitaire a été réitérée par M. Tadeusz Mazowiecki, rapporteur spécial de la Commission des droits de l'Homme à

---

[33] Rapport du Secrétaire général des Nations Unies sur « Le respect des droits de l'Homme en période de conflit armé », 20 novembre 1969, Doc. ONU, A/7720, § 820.

l'occasion de son troisième rapport sur la situation des droits de l'Homme dans le territoire de l'ex-Yougoslavie en date du 17 novembre 1992. Selon le rapporteur spécial, les violations des droits de l'Homme telles que « le droit à la vie et l'interdiction de la torture et autres traitements cruels, inhumains et dégradants constituent des normes de *jus cogens*. [Elles] ont force obligatoire pour tous les États parties et l'on ne peut y déroger dans aucune circonstance ni aucune raison, fût-ce en temps de guerre. Les atteintes des droits de l'Homme décrites ci-dessus constituent également des violations du droit international humanitaire en particulier l'article 3 commun aux quatre Conventions de Genève du 12 août 1949[34]». Ces obligations absolues correspondent aux normes de *jus cogens* qui s'imposent à la communauté internationale dans son ensemble. La répression des auteurs de leurs violations devrait s'imposer à toutes les juridictions, quelle que soit l'origine de leur compétence.

44. Cette position des organes des Nations Unies en faveur de la protection absolue des droits de l'Homme procède du caractère objectif de ces droits. Ces derniers sont consacrés par la communauté internationale au profit de l'être humain sans aucune autre condition. Autrement dit, tout être humain quel que soit son origine, son sexe, sa race, etc., bénéficie de ces droits fondamentaux. Par conséquent, il est en droit de demander à son État, le respect de ses droits fondamentaux. C'est la raison pour laquelle les Nations Unies énoncent ci-dessus que les droits de l'Homme créent des obligations positives à la charge de tous les États. L'Assemblée générale a joué un rôle crucial dans ce domaine à travers ses différentes résolutions afférentes à la protection des droits fondamentaux sur la base du droit international des droits de l'Homme et du droit international humanitaire. Elle a été suivie dans ce sens par le Conseil de sécurité des Nations Unies. Cette volonté des Nations Unies de protéger les droits fondamentaux à travers les différents instruments existant dans ce domaine a trouvé un écho favorable devant les prétoires de nombreuses juridictions chargées de contrôler le respect des droits de l'Homme. De surcroît, de nombreuses analyses doctrinales afférentes à la problématique de la complémentarité entre le droit international des droits de l'Homme et le droit international humanitaire ont été notées ces dernières années. Tout

---

34 MAZOWIECKI Tadeusz, « Troisième rapport sur la situation des droits de l'Homme dans le territoire de l'ex-Yougoslavie », 17 novembre 1992, Doc. ONU, A/47/666.S/24809, §§ 129-130.

cela tend vers une protection plus effective des droits fondamentaux. Cette dynamique de la communauté internationale en faveur d'une meilleure efficacité du système international de protection des droits de l'Homme mérite d'être mise en évidence. Et cette réflexion s'orientera vers cette perspective.

§4. L'intérêt de l'étude

45. L'idée d'une complémentarité entre les différents instruments de protection des droits de l'Homme susmentionnée progresse à la fois dans la doctrine et dans la jurisprudence. Elle est véhiculée dans la perspective d'une protection globale des droits fondamentaux. Quelle justification pourrait être apportée à cela ? En réalité, les différents instruments de protection des droits de l'Homme ne possèdent ni la même efficacité, ni la même effectivité. Certains d'entre eux prévoient même des dérogations aux droits garantis dans certaines circonstances particulières. Par conséquent, l'effectivité permanente de certains instruments de protection des droits de l'Homme n'est pas toujours garantie. Cela a pour corollaire l'impunité des violations des droits de l'Homme dans certaines circonstances. Ainsi, dans le but de combler cette lacune, l'idée d'une protection globale est née. Elle a pour finalité de combiner l'ensemble des instruments de protection des droits de l'Homme pour assurer leur meilleure effectivité. Dès lors, lorsque les droits garantis par une Convention ne lient plus les États en raison d'une dérogation ou d'un autre mécanisme de limitation, la protection prévue par d'autres instruments liant les mêmes États peut être évoquée en cas de violations des droits de l'Homme. Un tel mécanisme de protection constitue une avancée majeure de la protection internationale des droits de l'Homme. Néanmoins, sa mise en œuvre n'est pas encore totalement effective devant les prétoires de nombreuses juridictions chargées de contrôler le respect des droits de l'Homme. Par conséquent, il est utile de réfléchir aux différentes avancées relevées dans ce domaine à travers les analyses doctrinales et la jurisprudence. Cette démarche a pour finalité la recherche d'une meilleure protection des droits fondamentaux à travers tous les instruments qui existent dans ce domaine. L'intérêt de cette étude réside à la fois dans la démonstration de la complémentarité entre les différents instruments susmentionnés et la nécessité absolue de la mise en application de cette complémentarité aux fins d'annihiler toute possibilité d'impunité des auteurs de violations graves des droits de l'Homme.

§5. La problématique de l'étude

46. De nombreux instruments de protection des droits de l'Homme ont été consacrés à l'échelle universelle. Ils possèdent tous une finalité commune, en l'occurrence la protection des droits fondamentaux inhérents et consubstantiels à la dignité de la personne humaine. Par conséquent, la question suivante s'est posée : Existe-t-il une complémentarité entre les différents instruments de protection des droits de l'Homme consacrés à l'échelle universelle, régionale et nationale ? Le cas échéant, dans quel sens s'oriente cette complémentarité ? Quel rôle peuvent jouer la doctrine et la jurisprudence dans la perspective de la consolidation de cette complémentarité ? Les analyses qui seront faites dans cette étude se proposent d'essayer d'apporter des réponses à ces différentes interrogations susmentionnées en ayant toujours comme soubassement la recherche d'une meilleure protection des droits fondamentaux de la personne humaine.

§6. La méthodologie de l'étude

47. Cette idée de complémentarité précitée s'analysera à travers les différents instruments de protection des droits de l'Homme consacrés à l'échelle universelle. Il s'agit notamment des instruments de protection des droits de l'Homme consacrés par les Nations Unies tels que la Déclaration universelle des droits de l'Homme de 1948, le Pacte international relatif aux droits civils et politiques de 1966, etc., de ceux consacrés par les organismes interétatiques régionaux tels que les conventions européenne et interaméricaine des droits de l'Homme, de la Charte africaine des droits de l'Homme et des peuples, etc. (Cette énumération n'est pas exhaustive). À cet ensemble d'instruments susmentionné, s'ajoutera le droit international humanitaire conventionnel et coutumier, en d'autres termes, les différentes Conventions de Genève et leurs Protocoles additionnels et les lois et coutumes de la guerre, etc. Cet ensemble d'instruments internationaux sera considéré, dans cette étude, comme un corpus de règles fondamentales complémentaires dont la finalité réside dans la recherche d'une protection plus efficace des droits fondamentaux inhérents et consubstantiels à la dignité de la personne humaine. Pour ce faire, la démonstration va s'appuyer à la fois sur les analyses doctrinales et la jurisprudence des différents organes de contrôle des droits de l'Homme mis en place à l'échelle universelle, régionale et nationale.

§7. La structure de l'étude

48. La **première partie** de cette étude intitulée, « La complémentarité entre le droit international des droits de l'Homme et le droit international humanitaire », comportera deux chapitres. Dans le premier chapitre, il s'agira d'analyser la complémentarité entre le droit international des droits de l'Homme et le droit international humanitaire à travers la position des organes des Nations Unies, de celle de l'Union africaine et de celle de la doctrine et de la jurisprudence. Les analyses contenues dans ce premier chapitre se termineront par une réflexion sur la justification de la complémentarité entre le droit international des droits de l'Homme et le droit international humanitaire. Le deuxième chapitre de cette première partie s'orientera vers l'interprétation évolutive des différents instruments de protection des droits de l'Homme aux fins de favoriser une meilleure effectivité de leur complémentarité. Dans ce sens, le principe d'interprétation évolutive des traités consacré par le droit international sera d'abord analysé. Ensuite, son application à travers la jurisprudence des différents organes de contrôle des droits de l'Homme sera étudiée. Enfin, cette première partie se terminera par une réflexion sur l'application extraterritoriale des instruments de protection des droits de l'Homme, surtout dans les situations de conflit armé. Elle s'appuiera à la fois sur la jurisprudence internationale, régionale et nationale.

49. La **deuxième partie** de cette étude intitulée, « La mise en œuvre de la complémentarité entre le droit international des droits de l'Homme et le droit international humanitaire », contiendra également deux chapitres. Dans le premier chapitre de cette deuxième partie, il s'agira d'abord de réfléchir, de manière concrète, aux différentes interactions qui existent entre le droit international des droits de l'Homme et le droit international humanitaire. Pour ce faire, l'analyse s'appuiera notamment sur les clauses de renvoi aux autres obligations étatiques internationales contenues dans les instruments régionaux de protection des droits de l'Homme. La mise en œuvre de ces clauses de renvoi aux autres sources de droit international en matière de protection des droits fondamentaux a permis à certains organes régionaux de contrôle des droits de l'Homme de mettre en application, de manière concrète, la complémentarité entre le droit international des droits de l'Homme et le droit international humanitaire. Afin d'illustrer ce point de vue, le deuxième chapitre de cette seconde partie se proposera d'étudier la jurisprudence des organes de contrôle des conventions régionales des droits de l'Homme en matière d'application du droit international humanitaire devant leurs prétoires. L'analyse de cette jurisprudence régionale a pour finalité d'essayer de démontrer que la complémentarité entre le droit international des droits de l'Homme et le droit international humanitaire prônée dans cette étude ne constitue pas une simple théorie. En réalité, elle a reçu une application pratique à travers la jurisprudence régionale susmentionnée. La structure de cette étude s'articulera autour des différentes subdivisions susmentionnées.

PREMIÈRE PARTIE

LA COMPLÉMENTARITÉ ENTRE LE DROIT INTERNATIONAL DES DROITS DE L'HOMME ET LE DROIT INTERNATIONAL HUMANITAIRE

50. Les principes et valeurs consubstantiels à la dignité de la personne humaine sont ancrés dans les différents instruments afférents aux droits de l'Homme consacrés à l'échelle universelle, régionale et nationale. Cependant, il existe de nombreuses particularités de l'ensemble de ces différents instruments susmentionnés. En effet, ils sont consacrés dans des régions et contextes différents. De plus, les circonstances qui ont entraîné leur création ne sont pas les mêmes. En réalité, à l'instar de nombreuses autres normes juridiques, les instruments de protection des droits de l'Homme ont notamment été instaurés en fonction de l'évolution des sociétés humaines dans les différentes régions du monde en insistant, chaque fois, sur les exigences de plus en plus accrues de protection des droits fondamentaux de la personne humaine. Il existe une grande diversité des instruments de protection des droits de l'Homme. Il s'agit notamment du droit international des droits de l'Homme et du droit international humanitaire. Néanmoins, il faut rappeler qu'ils ont tous la même finalité, en l'occurrence, la protection des principes et valeurs inhérents à la dignité de la personne humaine. Par conséquent, la question de l'interaction entre ces différents instruments précités s'est posée. La communauté internationale a énoncé, à travers les Nations Unies, que la complémentarité entre les différentes normes juridiques relatives à la protection des droits de l'Homme était nécessaire. Pour ce faire, de nombreuses conventions internationales et résolutions des Nations Unies relatives aux droits fondamentaux s'appuient sur les exigences procédant de l'ensemble des instruments de protection des droits de l'Homme consacrés à l'échelle universelle. Il s'agit d'une attitude logique de la communauté internationale car elle favorise une meilleure effectivité des droits de l'Homme dans la mesure où les lacunes de certains instruments de protection des droits de l'Homme pourront être comblées par les dispositions applicables des autres et liant les mêmes États. Il s'agit dans ce sens d'essayer de conférer une pleine effectivité à l'ensemble des obligations internationales des États afférentes à la protection de la dignité de la personne humaine. Les engagements internationaux des États en matière de protection des droits de l'Homme n'ont aucune utilité sans leur mise en application effective. Pour ce faire, les exigences de l'ensemble des instruments de protection des droits de l'Homme liant les États doivent être mises en œuvre aux fins de conférer aux individus une protection globale et efficiente de leurs droits fondamentaux. Cette finalité de la protection globale des droits de l'Homme a trouvé un écho favorable à la fois dans la doctrine et devant les prétoires de nombreuses juridictions chargées de contrôler le respect des droits de l'Homme à l'échelle internationale, régionale et nationale.

51. En effet, la protection internationale des droits de l'Homme devient de plus en plus sophistiquée avec la jurisprudence dynamique des organes de contrôle des droits de l'Homme. Cette jurisprudence se fonde de plus en plus fréquemment sur les droits de l'Homme et le droit international humanitaire aux fins de rechercher la meilleure protection possible. Cet usage d'un ensemble d'instruments relatifs aux droits fondamentaux a déjà été mis en exergue par les Nations Unies à l'occasion de la Conférence de Téhéran de 1968 précitée qui posa le principe d'application des droits de l'Homme durant les conflits armés. Ce mouvement a notamment permis la consécration de la complémentarité entre les droits de l'Homme et le droit international humanitaire (Chapitre 1). Lorsque les organes de contrôle des droits de l'Homme considèreront le droit international humanitaire pleinement applicable devant leurs prétoires, ils pourront mieux prendre en considération la nécessité de la protection absolue des droits fondamentaux. De plus, cette nécessité de protection absolue des droits fondamentaux ne saurait se limiter uniquement à l'usage du droit international humanitaire devant les prétoires des organes de contrôle des droits de l'Homme. Ces derniers doivent également avoir recours à tous les autres instruments internationaux de protection des droits fondamentaux. Pour ce faire, il sera nécessaire d'interpréter, notamment, les conventions régionales des droits de l'Homme de manière évolutive aux fins de prendre en considération toutes les exigences internationales inhérentes à la dignité de la personne humaine et ancrées dans les différents instruments internationaux consacrés à l'échelle universelle (Chapitre 2).

CHAPITRE PREMIER

LA CONSÉCRATION UNIVERSELLE DE LA COMPLÉMENTARITÉ

52. Initialement, le droit international humanitaire et les droits de l'Homme avaient des origines et des champs d'application différents. Chacun de ces deux corps de règles visait une situation de protection bien définie. Comme il a déjà été souligné, à l'origine, le droit international humanitaire est applicable dans les situations de conflit armé. Quant aux droits de l'Homme, leur application était envisagée surtout en temps de paix afin de protéger les individus contre la toute-puissance des institutions étatiques. Cette séparation dans leur finalité pouvait s'expliquer par le contexte de protection des droits fondamentaux. Le droit international humanitaire se situait plutôt dans l'ordre juridique international dans le cadre des conflits armés internationaux. Désormais, les exigences du droit international humanitaire, notamment celles de l'article 3 commun aux quatre Conventions de Genève s'imposent même dans le cadre des conflits internes. Ces exigences ont notamment été consacrées afin de contraindre les États, en situation de conflit armé, à respecter les prescriptions des lois et coutumes de la guerre. La guerre était considérée comme un phénomène étatique normal. Ainsi, l'idée d'humaniser les guerres a sous-tendu la création du droit international humanitaire. Les droits de l'Homme, quant à eux, se situaient plutôt dans l'ordre juridique interne et tendaient à protéger les droits des citoyens contre les atteintes procédant des institutions étatiques.

53. Les droits de l'Homme s'appliquent désormais en tout temps[35]. La communauté internationale a fait évoluer ces deux branches du droit international pour tenter d'abolir la distinction qui existait dans leur champ d'application afin d'assurer une meilleure protection des droits fondamentaux. En effet, la répression des auteurs de violations des droits de l'Homme implique la mise à contribution de différents ordres juridiques et de différentes incriminations. Dans ce sens, le fait d'utiliser le droit international humanitaire pour une meilleure répression des auteurs de violations des droits de l'Homme permettrait

---

[35] Voir SASSOLI Marco et BOUVIER Antoine (dir.), *Un droit dans la guerre ?*, Volume I, Genève, Comité international de la Croix-Rouge, 2003, p. 344.

aux organes de contrôle des droits de l'Homme d'apporter un effort supplémentaire à la lutte contre l'impunité des violations graves des droits fondamentaux. La dichotomie d'antan qui existait entre les droits de l'Homme et le droit international humanitaire ne se justifie plus. Ainsi, l'idée de plus en plus prégnante est de considérer ces deux corps de règles comme un ensemble visant à atteindre les mêmes objectifs de protection effective des droits fondamentaux. Un tel scénario aboutirait à une meilleure protection de la dignité de la personne humaine à travers un ensemble de règles procédant à la fois des droits de l'Homme et du droit international humanitaire.

54. Depuis très longtemps, la communauté internationale est consciente de l'impact des violations graves des droits de l'Homme sur le maintien de la paix et de la sécurité internationales. En effet, il ne saurait y avoir de paix durable dans aucune région du globe sans le respect effectif des droits fondamentaux. Pour cette raison, René Cassin, l'un des principaux rédacteurs de la Déclaration universelle des droits de l'Homme, a énoncé qu'« il n'y aura pas de paix sur cette planète tant que les droits de l'Homme seront violés en quelque partie du monde[36]». La communauté internationale a bien compris cette nécessité de protection des droits fondamentaux et essaie de la traduire en acte concret. Pour ce faire, les Nations Unies et les organismes interétatiques régionaux agissent en faveur d'une complémentarité entre les différents instruments de protection des droits de l'Homme aux fins d'aboutir à une protection la mieux efficace qui soit (Section 1). De plus, la doctrine et la jurisprudence ont également consacré cette idée de complémentarité susmentionnée (Section 2).

SECTION 1 : LE RÔLE DES NATIONS UNIES DANS LA CONSÉCRATION DE LA COMPLÉMENTARITÉ

55. Les Nations Unies ont joué un rôle capital dans la promotion des droits de l'Homme dans le monde. À ce titre, leurs organes ont souvent fait référence à la fois aux droits de l'Homme et au droit international humanitaire dans différentes résolutions ayant trait à la protection des droits fondamentaux. Ce mouvement a favorisé une tendance vers la complémentarité entre ces deux corps de règles précités. Pour mieux illustrer cela, l'analyse sera d'abord axée sur l'action de l'Assemblée générale concernant la consécration de la complémentarité entre le droit

---

[36] Cité par l'Institut international des droits de l'Homme de Strasbourg sur son site internet http://www.iidh.org/accueil.html, consulté le 12 mai 2013.

international des droits de l'Homme et le droit international humanitaire **(§1).** Ensuite, il s'agira de voir l'apport du Conseil de sécurité à la complémentarité entre le droit international des droits de l'Homme et le droit international humanitaire **(§2).** Enfin, la position des instances de l'Union africaine sur cette même question sera analysée **(§3).**

§1.- L'action de l'Assemblée générale des Nations Unies dans la consécration de la complémentarité

56. Depuis la Conférence de Téhéran de 1968 précitée, les Nations Unies se sont engagées dans le respect des droits de l'Homme en toutes circonstances. Cette dynamique a abouti au dépassement de la distinction initiale qui existait entre les droits de l'Homme et le droit international humanitaire. Ce faisant, les Nations Unies cherchent à favoriser le meilleur respect des droits de l'Homme dans les différentes situations de conflit armé[37]. Dès le 19 décembre 1968, l'Assemblée générale des Nations Unies a adopté une Résolution 2444 (XXIII) qui a entériné les résultats obtenus à Téhéran[38]. Depuis lors, une série de résolutions ayant trait « au respect des droits de l'Homme dans les conflits armés » a été initiée par l'Assemblée générale. Il s'agit notamment de favoriser le respect des droits de l'Homme dans les conflits armés[39]. Dans cette optique, l'Assemblée générale a adopté la Résolution 2676 (XXV) proclamant que « les droits fondamentaux de l'Homme [...] demeurent pleinement applicables en cas de conflits armés[40]».

57. De plus[41], dans sa Résolution 3318 (XXIX) du 14 décembre 1974 sur la protection des femmes et des enfants en période d'urgence et de conflit armé, l'Assemblée générale des Nations Unies a proclamé que « les femmes et les enfants appartenant à la population civile et

---

37 KOLB Robert, *Ius in bello : le droit international des conflits armés,* Bruxelles, Bruylant, 2002, p. 229.

38 *Ibidem*, p. 231.

39 Résolutions 2597 (XXIV) de 1969, A/7630, 16 septembre -17 décembre 1969, 2474 (XXV) A/8028, 15 septembre-17 décembre 1970 ; 2675 (XXV) 1970 ; 2676 (XXV) 1970 ; 2677 (XXV) 1970 ; 2852 (XXVI) 1971 ; 3032 (XXVII) 1972 ; 3102 (XXVIII) 1973 ; 3103 (XXVIII) 1973 ; 3318 (XXIX) 1974, etc.

40 Résolution 2675 (XXV) de l'Assemblée générale, Principes fondamentaux touchant la protection des populations civiles en période de conflit armé (9 décembre 1970).

41 Pour avoir une analyse plus approfondie sur ces questions, voir LAMBERT Pierre, « La protection des droits intangibles dans des situations de conflit armé », *RTDH*, 2000, pp. 241-259.

placés dans les conditions de période d'urgence et de conflit armé [...] ne seront pas privés d'abri, de nourriture, d'assistance médicale et des droits inaliénables, conformément à la Déclaration universelle des droits de l'Homme, du Pacte international relatif aux droits civils et politiques, du Pacte international relatif aux droits économiques, sociaux et culturels, de la Déclaration des droits de l'enfant et des autres instruments internationaux[42]».

58. Cette position de l'Assemblée générale étaye l'argumentation selon laquelle il existe un noyau dur des droits fondamentaux consacré par l'ensemble des instruments internationaux de protection des droits humains et qui s'impose à tous et en toutes circonstances. Par conséquent, les organes de contrôle des droits de l'Homme doivent prendre en considération ces droits indérogeables dans leur contentieux pour mieux assurer la répression des auteurs de violations graves des droits de l'Homme.

59. Désormais, la protection des droits fondamentaux s'oriente vers un mécanisme se fondant à la fois sur le droit humanitaire et sur les droits de l'Homme universellement reconnus. Une telle évolution est illustrée par la Convention internationale des droits de l'enfant. Il s'agit d'une convention classique des droits de l'Homme évoquant expressément les obligations des États en vertu du droit international humanitaire. Son article 38 § 1 énonce que « les États parties s'engagent à respecter et à faire respecter les règles du droit international humanitaire qui leur sont applicables en cas de conflit armé et dont la protection s'étend aux enfants[43]». Cette disposition confirme l'évolution du droit international vers une fusion entre les droits de l'Homme et le droit international humanitaire afin d'aboutir à une sorte de « droit international impératif » axé sur la protection de la dignité de la personne humaine et qui aurait comme principale caractéristique de s'appliquer partout dans le monde et en toutes circonstances.

60. L'innovation la plus marquante en termes de complémentarité entre les différentes conventions internationales ayant trait aux droits de

---

42 Résolution 3318 (XXIX) de l'Assemblée générale des Nations Unies du 14 décembre 1974 « Déclaration sur la protection des femmes et des enfants en période d'urgence et de conflit armé », § 6.

43 Convention internationale des droits de l'enfant, Convention des Nations-Unies du 20 novembre 1989, article 38.1.

l'Homme a été apportée par la Convention internationale pour la protection de toutes les personnes contre les disparitions forcées et adoptée par l'Assemblée générale des Nations Unies dans sa résolution du 12 décembre 2007. Dans son Préambule, en plus du Pacte international relatif aux droits civils et politiques, cette Convention reconnaît « les autres instruments internationaux pertinents dans les domaines des droits de l'Homme, du droit humanitaire et du droit pénal international [...][44]». Cette Convention consacre différentes branches du droit international afin d'aboutir à une meilleure protection. Selon le professeur Bérangère Taxil, « [...] c'est bien là que se situe toute l'originalité d'un traité résolument moderne : il se situe à la confluence de plusieurs droits, établissant des passerelles entre les trois branches composant un "droit international de la personne humaine", bâtissant des ponts entre prévention et répression de la disparition forcée, entre responsabilité de l'État et de l'individu, entre droit international et droit interne. Il rassemble des éléments jusque-là épars[45]». Cela illustre l'idée selon laquelle la protection des valeurs inhérentes à la dignité de la personne humaine doit désormais se faire à travers tous les instruments internationaux de protection des droits de l'Homme. La nécessité de la répression des auteurs de violations des droits de l'Homme par le biais de tous les instruments internationaux de protection s'inscrit dans cette logique.

61. Le droit international a repris ce principe de la protection globale. L'Institut de droit international a joué un rôle crucial dans la reconnaissance de l'application concomitante des droits de l'Homme et du droit international humanitaire lors des conflits armés. Dans sa résolution du 25 août 1999 (Session de Berlin 1999) intitulée « l'application du droit international humanitaire et des droits fondamentaux de l'Homme dans les conflits armés auxquels prennent part des entités non-étatiques », l'Institut de droit international affirme que « toutes les parties aux conflits armés auxquels prennent part des entités non-étatiques, indépendamment de leur statut juridique, de même que les Nations Unies et les organisations régionales et autres

---

[44] Organisation des Nations Unies, « Convention internationale pour la protection de toutes les personnes contre les disparitions forcées », Doc. ONU, A/RES/61/177, 27 décembre 2007, Préambule, alinéa 4.

[45] TAXIL Bérangère, « À la confluence des droits : la Convention internationale pour la protection de toutes les personnes contre les disparitions forcées », *AFDI*, 2007, p. 132.

organisations internationales compétentes, ont l'obligation de respecter le droit international humanitaire de même que les droits fondamentaux de l'Homme. L'application des principes et des règles pertinents n'affecte pas le statut juridique des parties au conflit et ne dépend pas de la reconnaissance de belligérance ou du statut d'insurgés. Le respect du droit international humanitaire et des droits fondamentaux de l'Homme constitue un élément intégral de l'ordre international pour le maintien et le rétablissement de la paix et de la sécurité, y compris dans les conflits armés auxquels prennent part des entités non-étatiques[46]». Toutefois, il faut souligner que le travail le plus remarquable dans ce sens a été effectué par le Conseil de sécurité des Nations Unies à travers ses différentes résolutions sur la situation des droits de l'Homme durant les conflits armés.

§2.- L'action du Conseil de sécurité des Nations Unies dans la consécration de la complémentarité

62. À l'instar de l'Assemblée générale des Nations Unies, le Conseil de sécurité a consacré la complémentarité entre les droits de l'Homme et le droit international humanitaire dans ses différentes résolutions portant sur la nécessité de protéger les droits fondamentaux dans les situations de conflit armé. Dans sa résolution 237 adoptée en 1967 lors de la guerre dite « des six jours » entre Israël et les États voisins, le Conseil de sécurité remarquait dans l'un des considérants du Préambule que « les droits de l'Homme essentiels et inaliénables doivent être respectés même dans les vicissitudes de la guerre[47] ».

63. Dans sa résolution 1265 du 17 septembre 1999, le Conseil de sécurité « demande instamment à toutes les parties concernées de s'acquitter strictement des obligations qu'elles ont contractées en vertu du droit international humanitaire et du droit relatif aux droits de l'Homme et aux réfugiés, en particulier celles inscrites dans les Conventions de la Haye de 1899 et 1907 et dans les Conventions de Genève de 1949 et les Protocoles additionnels de 1977 [...][48] ». De plus, il ajoute qu'« il importe d'assurer le respect des dispositions pertinentes

---

[46] Institut de droit international, Session de Berlin 1999, « L'application du droit international humanitaire et des droits fondamentaux de l'homme dans les conflits armés auxquels prennent part des entités non-étatiques », §§ II et III, http://www.idi-iil.org/idiF/resolutionsF/1999_ber_03_fr.PDF, consulté le 17 mars 2013.

[47] Résolution du Conseil de sécurité des Nations Unies 237 du 14 juin 1967 « Retour des réfugiés palestiniens », Préambule alinéa 2, Doc. Nations Unies S/RES/237.

[48] Résolution 1265 du 17 septembre 1999, S/RES/1265 (1999), § 4.

du droit international humanitaire et du droit relatif aux droits de l'Homme et aux réfugiés[49] ». De surcroît, le Conseil de sécurité incite les États qui ne l'ont pas encore fait à « envisager de ratifier les instruments internationaux relatifs au droit international humanitaire, aux droits de l'Homme et aux droits des réfugiés[50] ».

64. Plus récemment, le Conseil de sécurité des Nations Unies a réitéré la nécessité de protéger les droits fondamentaux en toutes circonstances. Dans sa résolution 1772 (2007), relative à la Mission de l'Union africaine en Somalie (ci-après AMISOM), le Conseil de sécurité « souligne qu'il incombe à toutes les parties et à tous les groupes armés en Somalie d'assurer la protection de la population civile du pays, conformément au droit international humanitaire, aux normes internationales relatives aux droits de l'Homme et au droit des réfugiés, en évitant en particulier toute attaque aveugle contre les zones peuplées[51] ». Dans sa résolution 1856 du 22 décembre 2008 « situation concernant la République démocratique du Congo », le Conseil de sécurité « souligne que le Gouvernement de la République démocratique du Congo, agissant en coopération avec la Mission de l'Organisation des Nations Unies en République démocratique du Congo (MONUC), et les autres acteurs concernés doivent de toute urgence mettre fin à ces violations des droits de l'Homme et du droit international humanitaire, en particulier à celles qui sont le fait des milices, des groupes armés, de certains éléments des Forces armées de la République démocratique du Congo (FARDC), de la Police nationale congolaise (PNC) et des autres services de sécurité et de renseignement, et traduire en justice leurs auteurs ainsi que les chefs dont ils relèvent, et demande aux États membres d'apporter leur concours à cette fin et de continuer de fournir aux victimes une aide de caractère médical, humanitaire ou autre[52] ». D'autres résolutions qui ont suivi celles déjà citées abondent dans le même sens et réitèrent les mêmes exigences. Toutes ces résolutions démontrent que les Nations Unies tentent

---

[49] Résolution 1296 (2000), S/RES/1296 (2000), § 19.

[50] Voir les résolutions 1265, § 4 et 1674 [S/RES/1674 (2006)], § 9 cité par CAMPANELLI Danio, *in* « Le droit de l'occupation militaire à l'épreuve du droit des droits de l'Homme », *RICR*, vol. 90, 2008, p. 313.

[51] S/RES. 1772 (2007), 20 août 2007, § 19 cité par SILICIANOS Linos-Alexandre, *in* « Entre multilatéralisme et unilatéralisme : l'autorisation par le Conseil de sécurité de recourir à la force », *RCADI*, vol. 339, 2008, p. 338.

[52] S/RES/1856 (2008), 22 décembre 2008, « La situation concernant la République démocratique du Congo », Préambule, alinéa 12.

constamment de favoriser une dynamique de protection internationale des droits de l'Homme qui cherche à combiner l'ensemble des instruments juridiques existant dans ce domaine.

65. Cet engagement des Nations Unies en faveur de la protection internationale des droits de l'Homme à travers les différents instruments existant dans ce domaine a été réitéré par les instances de l'Union africaine. Depuis la proclamation de la Charte africaine des droits de l'Homme et des peuples en 1981, l'Union africaine est entrée dans un processus de protection effective des droits de l'Homme et des peuples au sein du continent africain. Pour ce faire, elle insiste notamment sur l'exigence de respect des droits de l'Homme et des peuples sur le fondement des différents instruments consacrés dans ce sens.

§3.- La position des instances de l'Union africaine sur la complémentarité entre le droit international des droits de l'Homme et le droit international humanitaire

66. Le système africain de protection des droits de l'Homme se préoccupe également de la problématique de la convergence entre les différents instruments internationaux consacrés en matière de protection des droits fondamentaux. En effet, dans le Préambule de la Charte africaine des droits de l'Homme et des peuples adoptée à la 18e Conférence des chefs d'État et de Gouvernement en juin 1981 à Nairobi au Kenya, « les États africains membres de l'Union africaine (ex-Organisation de l'unité africaine), parties à la présente Charte qui porte le titre de "Charte africaine des droits de l'Homme et des peuples" [...] réaffirment leur attachement aux libertés et aux droits de l'Homme et des peuples contenus dans les déclarations, conventions et autres instruments adoptés dans le cadre de l'Organisation de l'unité africaine, du Mouvement des pays non-alignés et de l'Organisation des Nations Unies[53] ». Ces principes ancrés dans le Préambule ont été confirmés dans les articles 60 et 61 de la Charte afférents aux principes applicables devant l'un des organes de contrôle de la Charte, en l'occurrence la Commission africaine des droits de l'Homme et des peuples.

---

[53] Charte africaine des droits de l'Homme et des peuples, Préambule, alinéa (en ligne) http://www.aceci.org/documents/Charte_africaine.pdf, consulté le 30 mai 2013.

67. Selon l'article 60 de la Charte africaine des droits de l'Homme et des peuples, « la Commission s'inspire du droit international relatif aux droits de l'Homme et des peuples, notamment des dispositions des divers instruments africains relatifs aux droits de l'Homme et des peuples, des dispositions de la Charte des Nations Unies, de la Charte de l'Organisation de l'unité africaine, de la Déclaration universelle des droits de l'Homme, des dispositions des autres instruments adoptés par les Nations Unies et par les pays africains dans le domaine des droits de l'Homme et des peuples ainsi que des dispositions de divers instruments adoptés au sein d'institutions spécialisées des Nations Unies dont sont membres les parties à la présente Charte ». L'article 61 de la même Charte ajoute que « la Commission prend aussi en considération, comme moyens auxiliaires de détermination des règles de droit, les autres conventions internationales, soit générales, soit spéciales, établissant des règles expressément reconnues par les États membres de l'Organisation de l'unité africaine, les pratiques africaines conformes aux normes internationales relatives aux droits de l'Homme et des peuples, les coutumes généralement acceptées comme étant le droit, les principes généraux de droit reconnus par les nations africaines ainsi que la jurisprudence et la doctrine ».

68. De plus, l'article 7 du Protocole relatif à la Charte africaine des droits de l'Homme et des peuples portant création d'une Cour africaine des droits de l'Homme et des peuples énonce que « la Cour applique les dispositions de la Charte ainsi que tout autre instrument pertinent relatif aux droits de l'Homme et ratifié par l'État concerné [54]».

69. Cet objectif des États membres de la Charte africaine des droits de l'Homme et des peuples de prendre en considération les autres instruments de protection des droits de l'Homme a été concrétisé par les organes de contrôle de la Charte, en l'occurrence la Commission africaine des droits de l'Homme et des peuples. Dans sa *Résolution sur la promotion et le respect du droit international humanitaire et des droits de l'Homme et des peuples* adoptée lors de sa 14e session ordinaire, à Addis-Abeba (Éthiopie) du 1er au 10 décembre 1993, la Commission *« considère que les droits de l'Homme et des peuples et le droit international humanitaire ont toujours visé, même dans des*

---

[54] Protocole relatif à la Charte africaine des droits de l'Homme et des peuples portant création d'une Cour africaine des droits de l'Homme et des peuples, http://www.achpr.org/fr/instruments/court-establishment/, consulté le 30 mai 2013.

situations différentes, la protection de la personne humaine et des droits fondamentaux[55] ». Par ailleurs, la Commission « *invite tous les États africains parties à la Charte africaine des droits de l'Homme et des peuples à adopter les mesures appropriées, au niveau national, pour assurer la promotion des dispositions du droit international humanitaire et des droits de l'Homme et des peuples* ».

70. Cette finalité de convergence des droits fondamentaux susmentionnée a été poursuive par l'Union africaine à travers sa « Stratégie africaine des droits de l'Homme[56] ». Selon l'Union africaine, « la Stratégie africaine des droits de l'Homme est un cadre d'orientation de l'action collective de l'Union africaine, des Communautés économiques régionales et des États membres qui a pour finalité de renforcer le système africain des droits humains. La Stratégie a pour ambition de prendre en charge les problèmes actuels du système africain des droits humains afin de garantir une promotion et une protection efficace des droits humains sur le continent[57] ». De surcroît, cette Stratégie repose sur les principes suivants : « *a)* Le respect des droits humains et de principes démocratiques ; *b)* Le respect de l'État de droit, des droits de l'Homme, des libertés fondamentales, du caractère sacré de la vie humaine et du droit international humanitaire ; [...], *d)* L'universalité des droits [58]».

71. Les auteurs africains abondent dans ce même sens de convergence entre les droits de l'Homme et le droit international humanitaire aux fins de mieux protéger les droits de l'Homme et des peuples consacrés en Afrique. Selon le professeur Saïdou Nourou Tall, « droit international humanitaire et droits de l'Homme constituent des notions avec des spécificités mais aussi des convergences. [...] Ainsi, la Convention sur la prévention et la répression du crime de génocide contient des dispositions faisant appel aux deux droits. De plus en plus souvent, est admise l'idée selon laquelle les Conventions de Genève

---

55 Commission africaine des droits de l'Homme et des peuples, Résolution sur la promotion et le respect du droit international humanitaire et des droits de l'Homme et des peuples adoptée lors de la 14e session ordinaire à Addis Abéba (Éthiopie) 1er-10 décembre1993 (en ligne) http://www.achpr.org/fr/sessions/14th/resolutions/7/, consulté le 22 mars 2013.

56 Stratégie africaine des droits de l'Homme, (en ligne) http://pa.au.int/en/sites/default/files/HRSA-Action%20Plan-Table%20(FR).pdf, consulté le 22 mars 2013.

57 Stratégie africaine des droits de l'Homme, § 1.

58 Stratégie africaine des droits de l'Homme, § 27.

établissent non seulement des obligations liant les États contractants mais également des droits individuels dont les personnes protégées jouissent et auxquels elles ne peuvent renoncer (art. 7/7/7/8 commun aux quatre Conventions de Genève de 1949). *Sur ce point, les deux droits ont la même finalité : la protection de l'être humain face à l'exercice du pouvoir, voire de la force*[59]. Un autre élément de rapprochement entre les deux droits est le principe de non-discrimination interdisant tout traitement discriminatoire basé sur la race, le sexe, la religion ou les opinions publiques (art. 23 de la IVe Convention de Genève de 1949). Un second niveau d'attrait des deux disciplines réside dans le fait que, même en l'absence d'application ou en cas de défaillance du droit international humanitaire, les victimes (de situations de troubles et de tensions internes) peuvent toujours se prévaloir de la protection du noyau indérogeable des droits de l'Homme qui s'applique en tout temps et en toutes circonstances. Un troisième point de rencontre, et non des moindres, est l'appel lancé par les droits de l'Homme à des dispositions du droit international humanitaire (art. 38 de la Convention des droits de l'enfant de 1989) pour les compléter ou inversement des normes humanitaires aux dispositions des pactes de l'Organisation des Nations Unies de 1966 [art. 75 du Protocole additionnel 1 (garanties fondamentales), art. 6 du Protocole additionnel II de 1977 (poursuites pénales) [...][60] ».

72. Le professeur Alioune Sall défend la même thèse d'une protection globale des droits fondamentaux sur la base des droits de l'Homme et du droit international humanitaire. Selon lui, « le droit humanitaire est la branche du droit international qui concerne les conflits armés. Son but est d'introduire un peu d'"humanité" dans les guerres. Il est donc très lié aux droits de l'Homme. On peut dire que le droit humanitaire, c'est l'application des droits de l'Homme dans un contexte de conflit armé, c'est un minimum de règles sur lequel tous les États doivent s'entendre car les considérations humanitaires n'ont pas de frontières[61] ».

---

[59] Souligné par nous.

[60] TALL Saïdou Nourou, *Théories et réalités du droit international humanitaire : contribution à l'étude de l'application du droit des conflits armés en Afrique noire contemporaine*, Thèse, Université Cheikh Anta Diop de Dakar, 2001, p. 24 et s.

[61] SALL Alioune, « La sécurité humaine dans le droit international », *in* AYISSI Anatole et SALL Ibrahima (dir.), *La lutte contre la prolifération des armes légères*

73. La position des instances de l'Union africaine sur l'exigence de respect du droit international des droits de l'Homme et du droit international humanitaire est cruciale. Cependant, elle ne doit pas se limiter à des déclarations de principe. En réalité, les règles de droit posées n'ont pas beaucoup d'utilité lorsqu'elles ne sont pas en mesure d'être appliquées effectivement. Ce constat s'impose davantage dans le contexte du continent africain. L'Afrique est fréquemment le théâtre de nombreux conflits. Il s'agit souvent de conflits internes durant lesquels de nombreuses violations des droits de l'Homme sont commises. De plus, ces violations sont rarement réprimées. Les États mis en cause organisent très peu de poursuites et il n'existe pas encore d'instance judiciaire africaine qui puisse les contraindre à organiser des poursuites effectives. Cela se traduit par une impunité quasi totale de nombreuses violations graves des droits de l'Homme commises en Afrique. Ce constat doit nécessairement aboutir à une plus grande implication de l'Union africaine dans la recherche d'effectivité des droits de l'Homme et des peuples consacrés au sein du continent africain.

74. Depuis la Deuxième Guerre mondiale notamment, il existe, à l'échelle universelle, une volonté de protection effective des droits fondamentaux. L'Union africaine ne saurait rester à la marge de ce mouvement. Néanmoins, son implication dans ce domaine doit se traduire par des actes concrets. Pour ce faire, la mission des organes de contrôle de la Charte africaine des droits de l'Homme et des peuples et des autres instruments des droits de l'Homme consacrés à l'échelle africaine doit être renforcée. À l'instar de la Cour européenne des droits de l'Homme, la Cour africaine des droits de l'Homme et des peuples ou la future Cour africaine de justice, des droits de l'Homme et des peuples doivent mettre en place un véritable « ordre public africain de protection des droits de l'Homme et des peuples[62] ». Il s'agit certes

---

en Afrique de l'Ouest : Manuel de formation des forces armées et de sécurité, Genève, Publications des Nations Unies, UNIDIR, 2003, p. 25.

[62] En effet, dans l'affaire *Loizidou c.Turquie* du 23 février 1995, la Cour européenne des droits de l'Homme a énoncé qu' *« en examinant (la question sur la validité des déclarations de la Turquie relatives aux articles 25 et 46 de la Convention), la Cour doit tenir compte de la nature particulière de la Convention,* instrument de l'ordre public européen pour la protection des êtres humains *et de sa mission, fixée à l'article 19, celle d' "assurer le respect des engagements résultant pour les Hautes Parties contractantes" à la Convention »* (CEDH, n°40/1993/435/514, *affaire Loizidou c. Turquie (Exceptions préliminaires),* 23 février 1995, § 93). Autrement dit, la Convention a mis en place « un ordre public européen de

d'une entreprise plutôt ambitieuse. Cependant, elle constitue l'un des meilleurs moyens de lutter contre l'impunité des violations graves des droits de l'Homme fréquemment commises en Afrique.

75. La position des Nations Unies et de l'Union africaine en faveur de la complémentarité des différents instruments de protection des droits de l'Homme est très importante dans la perspective de la protection internationale des droits fondamentaux. Ainsi, la doctrine et la jurisprudence ont repris cette idée et ont tenté de la justifier par la finalité commune des différents instruments internationaux relatifs à la protection des droits fondamentaux.

SECTION 2 : LA CONSÉCRATION DE LA COMPLÉMENTARITÉ ET SA JUSTIFICATION

76. L'ensemble des instruments internationaux ayant trait à la protection des droits de l'Homme contient un certain nombre de principes fondamentaux considérés par la communauté internationale comme indérogeables. Ces principes forment ce que la doctrine appelle le « noyau dur » des droits fondamentaux. L'interdiction de commettre des violations graves des droits de l'Homme et la nécessité absolue de réprimer leurs auteurs présumés partout dans le monde font partie de ces principes consacrés par tous les instruments de protection des droits de l'Homme. Ainsi, pour donner une application effective à cette assertion, la doctrine et la jurisprudence ont œuvré dans le sens d'un usage concomitant des incriminations des droits de l'Homme et du droit international humanitaire pour assurer une meilleure protection des droits fondamentaux de la personne humaine.

77. Cette idée de complémentarité prônée par les organisations internationales et régionales a trouvé un écho favorable dans la doctrine et devant les prétoires de nombreuses juridictions chargées de contrôler l'effectivité des droits de l'Homme. En effet, la nécessité de la convergence entre les différents instruments de protection des droits fondamentaux a été soulignée par de nombreux auteurs spécialisés dans les questions afférentes aux droits fondamentaux de la personne humaine **(§1).** De plus, de nombreuses juridictions mettent désormais en application cette convergence susmentionnée dans le but d'assurer

---

protection des droits fondamentaux » dont la Cour assure l'effectivité à travers sa mission de contrôle du respect de ses exigences. Un mécanisme semblable doit également exister au sein des instances chargées de contrôler le respect de la Charte africaine des droits de l'Homme et des peuples.

une protection des droits de l'Homme la plus efficace possible. Cette convergence entre les droits de l'Homme et le droit international humanitaire se justifie notamment par le caractère coutumier du droit international humanitaire **(§2).**

§1.- La consécration doctrinale et jurisprudentielle de la complémentarité

78. L'ancrage de cette idée de complémentarité précitée dans différents instruments de protection des droits de l'Homme constituait un préalable nécessaire. Cependant, le droit international ne doit pas se limiter à cela. Il faut, de surcroît, que cette idée trouve une application effective. Ainsi, les auteurs invitent les juridictions chargées de contrôler le respect des droits de l'Homme à orienter leurs jurisprudences dans ce sens **(A).** Et, effectivement, depuis les années 1990 notamment, de nombreuses juridictions mettent en œuvre, devant leurs prétoires, cette complémentarité entre le droit international des droits de l'Homme et le droit international humanitaire pour offrir une meilleure satisfaction aux victimes de violations graves des droits de l'Homme **(B).**

A. La consécration doctrinale de la complémentarité

79. Les différentes analyses doctrinales sur la complémentarité entre les droits de l'Homme et le droit international humanitaire convergent vers le même postulat, en l'occurrence la nécessité de protéger les droits fondamentaux en toutes circonstances. Peu importe qu'une violation soit commise en période de paix ou de conflit armé ! L'impératif de la répression des violations graves des droits de l'Homme qui concerne la communauté internationale dans son ensemble doit primer sur toutes les autres considérations. Ce courant doctrinal s'oriente vers une protection des droits fondamentaux ayant pour soubassement juridique l'ensemble des normes pertinentes ayant trait aux droits de l'Homme quels que soient leurs origines et leurs champs d'application. L'une des propositions les plus prégnantes dans ce domaine est de considérer les droits de l'Homme et le droit international humanitaire comme un corpus commun de règles servant de normes de référence pour les juridictions chargées de réprimer les auteurs présumés de violations des droits de l'Homme. Cette idée est largement défendue par une partie de la doctrine.

80. Aux fins d'analyser ce point de vue susmentionné, il s'agira d'abord de voir l'énonciation de la complémentarité par les différents auteurs (1). Ensuite, il sera utile de réfléchir à la nécessité d'appliquer cette complémentarité, surtout dans les situations de violations graves des droits de l'Homme commises durant les conflits armés (2).

1. La formulation de la complémentarité par les auteurs

81. La conception d'une protection globale des droits fondamentaux de la personne humaine est de plus en plus souvent défendue par les auteurs. Même si les droits de l'Homme et le droit international humanitaire ont à l'origine un champ d'application matériel différent, il est de plus en plus fréquemment fait référence à un but commun, en l'occurrence la protection de la dignité de la personne humaine. Il faut rappeler que la dignité humaine est entendue ici comme l'ensemble des droits fondamentaux inhérents à la personne humaine. De ce fait, rien ne devrait s'opposer à ce qu'un organe juridictionnel de contrôle des droits de l'Homme, quel qu'il soit, fasse référence aux droits de l'Homme ou au droit international humanitaire pour faire bénéficier au justiciable de la clause la plus favorable ou de l'instrument le plus adapté en cas de violations des droits de l'Homme. La position des auteurs qui sera analysée dans les développements suivants illustre ce point de vue susmentionné.

82. Le professeur Gérard Cohen-Jonathan affirme que « certaines règles se sont vues conférer une force particulière et une reconnaissance coutumière. Elles forment un "noyau dur" des droits de l'Homme. Celui-ci comprend d'abord les droits dits intangibles, auxquels aucune dérogation n'est en effet autorisée, même en cas de guerre : si l'on compare l'article 4 § 2 du Pacte des Nations Unies sur les droits civils et politiques et l'article 15 § 2 de la Convention européenne des droits de l'Homme, on relève que tel est le cas du droit à la vie, de l'interdiction de la torture et des traitements ou peines inhumains ou dégradants et de l'interdiction de l'esclavage, ce qui correspond à peu près à l'article 3 commun aux quatre Conventions de Genève. Voilà déjà un fonds commun au droit humanitaire et aux droits de l'Homme[63]. [...] Cette conception découle des considérations émises par la Cour internationale de justice dans *l'affaire Nicaragua c. États-Unis*[64] ».

---

[63] COHEN-JONATHAN Gérard, « Le *jus cogens* et les droits de l'Homme », *in* Mélanges en l'honneur de Jean Charpentier, *La France, l'Europe et le Monde,* Paris, Pédone, 2009, p. 61 et s.

[64] COHEN-JONATHAN Gérard, « Conclusion générale », *in La protection des droits de l'Homme et l'évolution du droit international,* Paris, Pédone, 1998, p. 320.

Selon le professeur Frédéric Sudre, « le droit international des droits de l'Homme et le droit humanitaire des conflits armés ont une préoccupation identique, malgré un champ d'application matériel différent, (assurer la protection de la personne humaine, en situation ordinaire ou au quotidien, si l'on peut dire, dans un cas, et en situation de conflit armé, dans un autre) et convergent nécessairement sur un certain nombre de règles fondamentales telles que : l'obligation de protéger tout individu quelle que soit sa nationalité ou l'obligation de respecter et de faire respecter en toutes circonstances les droits substantiels[65] ».

83. Le professeur Oriol Casanovas défend la même thèse. Selon cet auteur, « malgré les différences existant entre le droit international des droits de l'Homme et le droit international humanitaire, il existe aussi une convergence entre ces différents domaines normatifs. Le lien se trouve dans la fonction de la finalité commune de protection de la personne humaine "en toutes circonstances". Dans le droit international humanitaire, il s'exprime dans le principe d'humanité et est normativement prévu à l'article 3 commun aux quatre Conventions de Genève et au Protocole additionnel. Dans le droit international des droits de l'Homme, il se trouve dans les clauses générales de suspension, tel l'article 4 du Pacte international des droits civils et politiques, l'article 15 de la Convention européenne des droits de l'Homme ou l'article 27 de la Convention interaméricaine, qui excluent la suspension de certains droits auxquels on ne peut déroger. Ce noyau irréductible des droits de l'Homme fondamentaux constitue également la protection minimum à laquelle on tente de parvenir grâce à l'article 3 commun aux quatre Conventions de Genève et représente la zone de convergence entre les deux systèmes juridiques[66] ».

84. Afin d'humaniser le droit international et renforcer la lutte contre l'impunité, la communauté internationale s'oriente vers la création d'un ensemble de règles communes procédant de tous les instruments de protection des droits de l'Homme pour défendre les valeurs fondamentales inhérentes à la personne humaine et à sa dignité. Dans cette optique, la doctrine a envisagé l'usage par les juridictions chargées

---

65 SUDRE Frédéric, *Droit européen et international des droits de l'Homme*, Paris, Puf, 10e édition, 2011, p. 33.

66 CASANOVAS Oriol, « La protection internationale des réfugiés et personnes déplacées dans les conflits armés », *RCADI*, vol. 306, 2003, p. 29.

de contrôler l'effectivité des droits de l'Homme d'un corpus commun de règles des droits de l'Homme et du droit international humanitaire correspondant aux droits intangibles, indérogeables et qui s'imposent à tous en toutes circonstances. Selon le professeur Sandra Szurek, « nourris l'un par l'autre, puis complémentaires pour l'essentiel, ils ont accédé ensemble au rang le plus éminent dans l'ordre juridique international, leurs règles et principes fondamentaux formant un droit impératif, auquel aucun État ne saurait déroger. Plus que jumeaux, ils apparaissent aujourd'hui comme deux frères siamois intimement accolés en vue d'assurer aux personnes le *continuum* de protection le plus large possible en toutes circonstances, témoignant ainsi de la communauté d'intérêts sur laquelle reposent désormais ces deux corps de règles[67] ». Quant au professeur Djamchid Momtaz, « ces deux corpus juridiques (les droits de l'Homme et le droit international humanitaire) poursuivent un même but suprême identique qui est d'imposer à l'État le respect de la condition humaine[68] ».

85. Certains auteurs vont même jusqu'à dépasser l'idée de la simple complémentarité entre le droit international des droits de l'Homme et le droit international humanitaire. Il s'agit notamment de la position de Mme Mandy Nicke. Selon elle, « l'interaction du droit humanitaire et des droits de l'Homme irait au-delà de la complémentarité. Il faudrait en effet appliquer les normes des deux corps juridiques de manière cumulative car cela permettrait d'atteindre le but poursuivi : protéger la personne humaine de la manière la plus efficace possible[69] ».

86. La conclusion qui découle de ce constat doctrinal est qu'il n'existe plus de cloison étanche séparant le droit international humanitaire du droit international des droits de l'Homme. L'idée est que les droits les plus importants sont consacrés par les instruments de protection des droits de l'Homme qui sont universellement reconnus.

---

[67] SZUREK Sandra, « Droit international des droits de l'Homme et droit international humanitaire entre Guerre et Paix », *in Les frontières du droit, critique des droits*, Paris, LGDJ, 2007, pp. 195-199.

[68] MOMTAZ Djamchid, « Le droit international humanitaire applicable aux conflits armés non-internationaux », *RCADI*, vol. 292, 2001, p. 35.

[69] NICKE Mandy, « L'utilisation des mécanismes de mise en œuvre des droits de l'Homme pour le contrôle du respect du droit humanitaire » disponible en ligne http://m2bde.u-paris10.fr/content/l%E2%80%99utilisation-des-m%C3%A9 canismes-de-mise-en-%C5%93uvre-des-droits-de-l%E2%80%99homme-pour-le-contr%C3%B4le-du-resp, consulté le 15 mars 2013.

De ce fait, le juge saisi d'une quelconque violation aura pour tâche de chercher dans les différents instruments reconnus la norme la mieux adaptée à la situation. Ce faisant, il aura pour principal objectif l'efficacité de la protection. Ainsi, il va s'orienter vers la norme la plus favorable. Il s'agit d'une solution logique dans la mesure où la finalité ultime de tout instrument afférent aux droits de l'Homme est la recherche de la protection de la dignité de la personne humaine. Dès que les droits fondamentaux inhérents à cette dignité humaine sont violés, il est légitime pour le juge d'invoquer toute norme juridique susceptible de faire face, de manière efficace, à ces violations. Cela s'impose surtout en cas de violations graves des droits fondamentaux constitutives de crimes internationaux. C'est dans ce sens que les incriminations en droit international pénal illustrent cette nécessité de la complémentarité entre les différents instruments internationaux relatifs à la protection des droits fondamentaux.

87. L'idée de complémentarité se justifie davantage en justice pénale internationale. Là, il s'agit de faire face à des violations des droits fondamentaux dont le caractère inacceptable est incontestablement reconnu par la communauté internationale dans son ensemble. La création de la Cour pénale internationale en 1998 constitue une illustration de cette volonté de la communauté internationale de faire face aux violations du droit international pénal. Le droit international pénal joue un rôle décisif dans la dynamique de convergence entre les droits de l'Homme et le droit international humanitaire. Plusieurs auteurs s'interrogent sur la nécessité d'utiliser plusieurs sources d'incrimination lorsque des crimes internationaux sont commis. Le professeur Salvatore Zappala exprime l'idée selon laquelle « le rapport entre droits de l'Homme et droit humanitaire nous invite, encore une fois, à réfléchir sur le processus de création du droit international pénal. Dans cette perspective, les efforts devraient aller dans le sens du dépassement de toute dichotomie dans la conviction que les valeurs protégées par ces deux ensembles normatifs se sont désormais rapprochées : l'égalité entre les êtres humains et la dignité humaine[70] ». Ce rapprochement se justifie par le caractère fondamental des valeurs défendues par ces deux corps de règles. Selon le professeur Danièle

---

[70] ZAPPALA Salvatore, « Le droit international humanitaire devant les tribunaux internationaux des Nations Unies pour l'ex-Yougoslavie et le Rwanda », *in* FLAUSS Jean-François (dir.), *Les nouvelles frontières du droit international humanitaire*, Bruxelles , Bruylant, 2003, p. 112.

Lochak, « le développement du droit international pénal contribue lui aussi au rapprochement entre le droit humanitaire et le droit international des droits de l'Homme, dans la mesure où il vise à punir, en tant que "crimes internationaux", les crimes de guerre, les crimes de génocide et les crimes contre l'humanité (et donc les violations les plus graves du droit humanitaire et du droit international des droits de l'Homme), la répression des crimes contre l'humanité et du génocide n'étant plus limitée aux situations de conflits armés[71] ». Le professeur Pierre-Marie Dupuy abonde dans le même sens. Selon lui, « le droit international pénal sanctionne les violations graves des libertés fondamentales et des principes généraux de base du droit humanitaire. Or, s'il est vrai que l'on doit distinguer encore soigneusement droits de l'Homme et droit humanitaire de plusieurs points de vue, liés, notamment, à leurs régimes juridiques respectifs, leur convergence substantielle ne saurait faire de doute. Les uns comme les autres articulent un droit international destiné à protéger la dignité de la personne humaine en toutes circonstances, de guerre comme de paix [72] ».

88. Cette prise de position de la doctrine sur la complémentarité entre le droit international des droits de l'Homme et le droit international humanitaire était nécessaire eu égard à son influence sur le législateur et le juge. De plus, l'idée de complémentarité s'impose davantage dans les situations de violation des droits de l'Homme commises durant les conflits armés.

2. La nécessité d'appliquer la complémentarité dans les situations de conflit armé

89. La répression des auteurs de violations graves des droits de l'Homme doit désormais se fonder sur des règles et principes fondamentaux reconnus dans tous les instruments de protection des droits de l'Homme consacrés à l'échelle universelle. Ce schéma devrait s'imposer davantage dans les situations de conflit armé interne. Cette idée est corroborée par l'analyse du professeur Stelios Perrakis. D'après lui, « dans tout conflit, c'est autour des garanties fondamentales que les

[71] LOCHAK Danièle, « Vous avez dit humanitaire ? », *in* AUTIN Jean-Louis et WEIL Laurence, *Le droit figure du politique*, Études offertes au professeur Michel Miaille, Volume II, Sète, MonÉditeur. Com, 2008, p. 136.

[72] DUPUY Pierre-Marie, « *Jus cogens* », *in* ANDRIANTSIMBAZOVINA Joël et alii (dir.), *Dictionnaire des droits fondamentaux*, Paris, Puf, 2008, p. 451.

"ponts" existant entre droits de l'Homme et droit international humanitaire se rencontrent le plus afin d'imposer aux parties aux conflits la protection minimale due à toute personne. Ainsi, les dispositions du droit international humanitaire contenues dans l'article 3 commun aux quatre Conventions de Genève de 1949, les articles 75 du Protocole I et 4-6 du Protocole II de 1977, esquissent le cadre normal de cette protection fondamentale. D'autre part, si on les juxtapose, il apparaît que les instruments internationaux relatifs aux droits de l'Homme prévoient l'inviolabilité de certains droits garantis auxquels les États ne peuvent déroger en tout temps et en tout lieu. Il s'agit d'un minimum irréductible de protection des droits fondamentaux prévu dans les clauses échappatoires des traités des droits de l'Homme applicables dans une situation de conflit armé, qui n'autorise pas de dérogation à certains droits de caractère fondamental. En dépit d'une variation des droits énoncés dans les clauses dérogatoires des principaux traités des droits de l'Homme [...], il apparaît que la protection internationale de la personne humaine, prévue par les divers instruments relatifs aux droits de l'Homme et au droit international humanitaire ne descend jamais au-dessous d'un niveau minimal, délimité par le "traitement humain" du droit international humanitaire et les clauses dérogatoires déjà mentionnées. [...] Ceci étant, *de cet ensemble émerge un ordre public international exprimé par des règles de caractère impératif régissant les prohibitions absolues quels que soient le temps et le lieu*[73]. De ce noyau irréductible de la protection internationale de l'individu, certains éléments constitutifs pourraient être qualifiés comme relevant du *jus cogens*[74] ».

90. La position de la doctrine sur la complémentarité entre droits de l'Homme et droit international humanitaire a été confirmée par le *Manuel* (français) *de droit des conflits armés.* D'après ce manuel, « le noyau dur des droits fondamentaux de la personne humaine s'applique quant à lui en toutes circonstances, hors conflits ou que le conflit considéré revête un caractère international ou non-international. Ce noyau dur repose d'une part sur l'article 3 commun aux quatre Conventions de Genève du 12 août 1949, qui définit les règles

[73] Souligné par nous.

[74] PERRAKIS Stelios, « Le droit international humanitaire et ses relations avec les droits de l'Homme. Quelques considérations », *in* TAVERNIER Paul et HENCKAERTS Jean-Marie, *Droit international humanitaire coutumier : enjeux et défis contemporains*, Bruxelles, Bruylant, 2008, pp. 115-136.

essentielles de sauvegarde de la personne humaine, et d'autre part sur le corpus juridique des droits de l'Homme qui énonce les trois grands principes que sont : le principe d'inviolabilité, qui garantit à tout Homme et à tout combattant le droit au respect de sa vie ainsi que de son intégrité physique et morale ; le principe de non-discrimination qui indique que les individus sont traités sans aucune distinction de race, de sexe, de nationalité, d'opinion politique, philosophique ou religieuse ; le principe de sûreté qui garantit à tout individu qu'il ne peut être tenu responsable d'un acte qu'il n'a pas commis[75]».

91. En somme, les droits de l'Homme et le droit international humanitaire visent le même but. Ils protègent des principes considérés comme fondamentaux par la communauté internationale dans son ensemble. Lorsque des individus bafouent ces principes, leur répression doit se faire à travers toutes les règles pertinentes procédant de cet ensemble. La jurisprudence a conforté cette idée en essayant de rappeler aux États leurs obligations internationales découlant à fois des prescriptions des droits de l'Homme et celles du droit international humanitaire.

B. La consécration jurisprudentielle de la complémentarité

92. Cette idée de complémentarité défendue par la doctrine a trouvé un écho favorable devant les prétoires de nombreuses juridictions de contrôle des droits de l'Homme. Il s'agit à la fois de juridictions créées par les Nations Unies **(1)** et de juridictions chargées de contrôler les conventions régionales des droits de l'Homme **(2).**

1. La consécration de la complémentarité par les juridictions internationales

93. Les juridictions instituées par les Nations Unies ont joué un rôle crucial dans la consécration de la convergence entre les différents instruments internationaux de protection des droits de l'Homme. Il s'agit, entre autres, de la Cour internationale de justice, du Comité des droits de l'Homme des Nations Unies, du Tribunal pénal international pour l'ex-Yougoslavie, etc.

---

[75] Ministère de la Défense, (France), *Manuel de droit des conflits armés*, TTA 925, édition 2000, p. 12.

a) La consécration de la complémentarité par la Cour internationale de justice

94. La Cour internationale de justice a développé, depuis des décennies, une jurisprudence évolutive sur la complémentarité entre les droits de l'Homme et le droit international humanitaire. Elle a entamé cette jurisprudence en 1996 lors de son *Avis sur la licéité de la menace ou de l'emploi de l'arme nucléaire.* Dans cet avis, elle a énoncé que *« la protection offerte par le Pacte international relatif aux droits civils et politiques ne cesse pas en temps de guerre, si ce n'est que par l'effet de l'article 4 du Pacte, qui prévoit qu'il peut être dérogé, en cas de danger public, à certaines des obligations qu'impose cet instrument. Le respect du droit à la vie ne constitue cependant pas une prescription à laquelle il peut être dérogé. En principe, le droit de ne pas être arbitrairement privé de la vie vaut aussi pendant les hostilités. C'est toutefois, en pareil cas, à la* lex specialis[76] *applicable, à savoir le droit applicable dans les conflits armés, conçu pour régir la conduite des hostilités, qu'il appartient de déterminer ce qui constitue une privation arbitraire de la vie*[77] *».*

95. Dans son avis du 9 juillet 2004 sur les *Conséquences juridiques de l'édification d'un mur dans les territoires palestiniens occupés,* la Cour internationale de justice fait référence à la fois aux droits de l'Homme et au droit international humanitaire pour répondre à la question qui lui a été posée. Selon la Cour, *«* [...] *dans les rapports entre droit international humanitaire et droits de l'Homme, trois situations peuvent dès lors se présenter : certains droits peuvent relever exclusivement du droit international humanitaire ; d'autres peuvent relever exclusivement des droits de l'Homme ; d'autres enfin peuvent relever à la fois des deux branches du droit international. Pour répondre à la question qui lui est posée, la Cour aura en l'espèce à prendre en considération les deux branches du droit international précitées, à savoir les droits de l'Homme et, en tant que* lex specialis, *le*

---

[76] *Lex specialis derogat legi generali (*la règle spéciale déroge à la règle générale). Selon cette maxime, lorsqu'il y a conflit de normes entre une norme générale et une norme spéciale, cette dernière doit primer la norme générale. Ainsi, en cas de conflit armé, la *lex specialis*, en l'occurrence le droit international humanitaire doit être appliqué à la place du droit international des droits de l'Homme.

[77] CIJ, *Avis sur la licéité de la menace ou de l'emploi d'armes nucléaires*, 18 juillet 1996, *Recueil CIJ* 1996, p. 240, § 25.

droit international humanitaire[78]*».* La Cour fait une application complémentaire des droits de l'Homme et du droit international humanitaire. La Cour de La Haye poursuit ce raisonnement dans son arrêt du 19 décembre 2005, *Affaire des activités armées sur le territoire du Congo, République démocratique du Congo c. Ouganda.* Dans cet arrêt, elle énumère l'ensemble des instruments internationaux ayant trait aux droits de l'Homme et au droit international humanitaire auxquels sont parties les deux États en cause et conclut que *« par le comportement de ses forces armées, qui ont commis des meurtres, des actes de torture et autres formes de traitements inhumains à l'encontre de la population civile congolaise, ont détruit des villages et des bâtiments civils, ont manqué d'établir une distinction entre cibles civiles et cibles militaires et de protéger la population civile lors d'affrontement avec d'autres combattants, ont entraîné des enfants soldats, ont incité au conflit ethnique et ont manqué de prendre des mesures visant à respecter et à faire respecter les droits de l'Homme et le droit international humanitaire dans le district de l'Ituri, la République de l'Ouganda a violé les obligations lui incombant en vertu du droit international relatif aux droits de l'Homme et du droit international humanitaire*[79]*».*

96. Cette jurisprudence illustre l'idée de la protection globale évoquée par la doctrine. De plus, le Comité des droits de l'Homme des Nations Unies a orienté sa jurisprudence dans le même sens à travers ses observations sur l'application par les États parties des droits garantis dans le Pacte international relatif aux droits civils et politiques.

b) La consécration de la complémentarité par le Comité des droits de l'Homme des Nations Unies

97. La jurisprudence internationale des dernières années conforte la solution consacrée par la Cour internationale de justice depuis 1996. Le Comité des droits de l'Homme des Nations Unies oriente sa jurisprudence vers la même solution que la Cour internationale de justice. Dans son *observation générale n° 29* du 31 août 2001, le

---

[78] CIJ, Avis consultatif du 9 juillet 2004, Conséquences juridiques de l'édification du mur dans les territoires palestiniens, § 106 ; *RGDIP*, n° 4-2004, p. 1019 chronique WECKEL Philippe ; *RGDIP*, n° 3-2005, p. 521, note GOMEZ-ROBLEDO Juan Manuel ; RSC, 2005, p. 155 chronique LAMBERT-ABDELGAWAD Élisabeth.

[79] CIJ, 19 décembre 2005, *Activités menées sur le territoire du Congo (République du Congo c. Ouganda)*, § 345-2 ; *AFDI*, 2005, p. 203, note LATTY Franck ; *Bulletin du Credho*, n° 16 décembre 2006, p. 113, obs. BIAD Abdelwahab.

Comité a énoncé que *« pendant un conflit armé, international ou non, les règles du droit international humanitaire deviennent applicables et contribuent [...] à empêcher tout abus des pouvoirs exceptionnels par un État. [...] Même pendant un conflit armé, des mesures dérogeant au Pacte ne peuvent être prises que si, et dans la mesure où, cette situation constitue une menace pour la vie de la nation*[80] *»*.

98. Le Conseil des droits de l'Homme a repris la même jurisprudence et s'oriente vers une protection globale des droits fondamentaux en se fondant à la fois sur les droits de l'Homme et le droit international humanitaire. Dans sa résolution sur la situation des droits de l'Homme dans les territoires palestiniens, le Conseil *« exige qu'Israël, puissance occupante, mette fin à ses opérations militaires dans le territoire palestinien occupé, respecte scrupuleusement les règles du droit international humanitaire et du droit international relatif aux droits de l'Homme et s'abstienne d'imposer des châtiments collectifs aux civils palestiniens*[81] *»*. Le Conseil a affiné sa jurisprudence dans sa résolution du 11 août 2006 relative à la grave situation des droits de l'Homme au Liban. Dans cette résolution, le Conseil *« insiste sur le fait que le droit des droits de l'Homme et le droit international humanitaire sont complémentaires et se renforcent l'un l'autre*[82]». Dans son rapport du 2 novembre 2009 sur la situation des droits de l'Homme à Gaza, le Conseil *« souligne que les auteurs de violations du droit international humanitaire et du droit international des droits de l'Homme doivent être comptables de leurs actes, afin de lutter contre l'impunité, de garantir la justice, de prévenir de nouvelles violations et de promouvoir la paix*[83] *»*.

99. Dans une résolution 13/21 du 26 mars 2010 concernant le *« renforcement de la coopération technique et des services consultatifs en République de Guinée »,* le Conseil des droits de l'Homme des

[80] Comité des droits de l'Homme, *Observation générale n°29*, 31 août 2001, Doc. ONU, CCPR/C/21/Rev.1/Add. 11, § 3.

[81] Conseil des droits de l'Homme, Résolution sur la situation des droits de l'Homme sur le territoire palestinien, S-1/RES, 6 juillet 2006.

[82] Résolution du Conseil des droits de l'Homme sur la grave situation des droits de l'Homme au Liban causée par les opérations militaires israéliennes, S2/1, préambule, alinéa 7.

[83] Conseil des droits de l'Homme, Rapport, « suite donnée au rapport de la mission de l'Organisation des Nations Unies sur le conflit de Gaza », 2 novembre 2009, Doc. ONU, A/64/L. 11, préambule, alinéa 12.

Nations Unies a réitéré son attachement à cette complémentarité. Dans cette résolution, le Conseil *« rappel* [le] *qu'il est de la responsabilité première de la Guinée d'assurer la protection des populations civiles, de mener des enquêtes sur les violations des droits de l'Homme et du droit international humanitaire et de traduire les responsables en justice*[84] *»*. Depuis lors, toutes les résolutions du Conseil des droits de l'Homme ayant trait à la protection des droits fondamentaux font à la fois référence au droit international des droits de l'Homme et au droit international humanitaire. Cette même tendance s'observe devant les prétoires des tribunaux pénaux internationaux.

c) La consécration de la complémentarité par la justice pénale internationale

100. La justice pénale internationale s'oriente vers la solution de la complémentarité précitée. Ce mouvement a commencé avec les organes des Nations Unies et son ancrage dans le Statut de la Cour pénale internationale constitue la consécration la plus importante. En effet, l'article 21 du Statut de la Cour pénale internationale ayant trait au « droit applicable » devant la Cour reconnaît les droits de l'Homme. Selon l'article 21 § 3, « l'application et l'interprétation du droit prévues au présent article doivent être compatibles avec *les droits de l'Homme internationalement reconnus*[85] [...][86] ». Cet article reconnaît explicitement les normes ancrées dans les instruments internationaux de protection des droits de l'Homme devant le prétoire de la Cour pénale internationale. Par ailleurs, la jurisprudence de la Cour pénale internationale fait souvent référence à celle des juridictions régionales de protection des droits de l'Homme.

101. Le droit international humanitaire conventionnel a également prévu son interaction avec les droits de l'Homme aux fins d'une meilleure protection. En effet, le Protocole additionnel II aux Conventions de Genève du 12 août 1949 « rappelle [dans son Préambule] que les principes humanitaires consacrés par l'article 3 commun aux quatre Conventions de Genève du 12 août 1949

---

84 Conseil des droits de l'Homme, résolution 13/21, 26 mars 2010, « renforcement de la coopération technique et des services consultatifs en République de Guinée », A/HRC/RES/13/21, Préambule, alinéa 6.

85 Souligné par nous.

86 Statut de la Cour pénale internationale, Article 23 §1 http://www.icrc.org/fre/assets/files/other/cpi.fr.pdf, (en ligne) consulté le 28 mars 2013.

constituent le fondement du respect de la personne humaine en cas de conflit ne présentant pas un caractère international. Le Protocole rappelle également que les instruments internationaux relatifs aux droits de l'Homme offrent à la personne humaine une protection fondamentale, et souligne la nécessité d'assurer une meilleure protection aux victimes de ces conflits armés[87]». De plus, même si une convention humanitaire ne fait pas référence aux droits de l'Homme, les individus continuent de bénéficier de la protection prévue par le principe d'humanité consacré dans la *clause de Martens*[88]. Le respect de telles exigences ne s'accorde pas avec l'impunité des auteurs de violations graves des droits de l'Homme.

102. Le Tribunal pénal international pour l'ex-Yougoslavie (ci-après TPIY) a consacré, dans sa jurisprudence, la complémentarité entre les droits de l'Homme et le droit international humanitaire pour un meilleur respect de la dignité de la personne humaine. Il faut remarquer que le Tribunal ne prête pas attention à une quelconque distinction entre les droits de l'Homme et le droit international humanitaire. L'affaire *Furundzija* a permis au TPIY d'inaugurer cette jurisprudence. Dans cet arrêt, le TPIY affirme que *« l'aspect essentiel des règles du droit international humanitaire ainsi que du droit relatif aux droits humains réside dans la protection de la dignité de la personne, qu'elle soit de sexe masculin ou féminin. Le principe général du respect de la dignité humaine est à la base du droit international humanitaire et des droits de l'Homme et en est, en fait, la raison d'être ; il est désormais si important qu'il imprègne le droit international dans son ensemble. Ce principe a pour but de protéger l'être humain de toute atteinte à sa dignité personnelle, que celle-ci découle de violences corporelles, d'humiliations ou de coups portés à l'honneur, au respect de soi ou au bien-être mental d'une personne*[89]*»*.

103. Le Tribunal va affiner cette jurisprudence à l'occasion de l'affaire *Celebici*. Dans cet arrêt, les juges s'orientent vers un noyau dur des droits fondamentaux s'appliquant en toutes circonstances. Ce noyau

---

87 Protocole additionnel aux quatre Conventions de Genève du 12 août 1949 relatif à la protection des victimes des conflits armés non-internationaux (Protocole additionnel II) du 8 juin 1977.

88 TICEHURST Rupert, « La clause de Martens et le droit des conflits armés », *RICR*, 1997, pp. 133-142.

89 TPIY, affaire n° IT-95-17/1-7, 10 décembre 1998, *Le Procureur c. Anto Furundzija*, § 183.

dur implique le respect impératif des règles qui y sont consacrées. En cas de leur violation, la répression s'impose en soi. Dans l'affaire *Celebici*, le TPIY a énoncé que *« tant les droits de l'Homme que le droit humanitaire ont pour principal objet le respect des valeurs humaines et de la dignité de la personne humaine. Ces deux corpus juridiques procèdent d'un souci de protéger la dignité humaine qui est à la base d'une série de règles humanitaires fondamentales. Dans son Commentaire relatif aux Protocoles additionnels, le Comité international de la Croix-Rouge parle en ces termes de leur objet commun : ce noyau irréductible des droits de l'Homme, que l'on appelle légalement le "standard minimum", correspond au niveau inférieur de la protection à laquelle un individu peut prétendre en tout temps. Les instruments universels et régionaux des droits de l'Homme et les Conventions de Genève ont en commun un "noyau" de règles fondamentales applicables en tout temps, en toutes circonstances et à toutes les parties, et pour lesquelles aucune dérogation n'est tolérée. L'objet des règles fondamentales figurant dans ces deux corpus juridiques est de protéger la personne humaine de certains actes odieux que toute nation civilisée considère comme inacceptables en toutes circonstances*[90] *».*

104. Le Tribunal justifie cette jurisprudence en affirmant que les deux branches du droit international précitées ont des valeurs et des objectifs communs. L'arrêt *Kunarac* a permis au TPIY de consacrer cela. Dans l'affaire *Kunarac*, le TPIY a souligné que *« la rareté des précédents en droit international humanitaire fait que le Tribunal a maintes fois eu recours à des instruments et à des pratiques qui ont vu le jour dans le domaine des droits de l'Homme. En raison des points communs à ces deux branches (objectifs, valeurs et terminologie), cette méthode est généralement d'une aide appréciable voire nécessaire pour déterminer l'état du droit international coutumier en matière humanitaire. On peut en effet considérer que, sur certains points, le droit international humanitaire a fusionné avec la branche du droit touchant les droits de l'Homme*[91] *».* À partir de cette jurisprudence, il ressort une parfaite complémentarité entre les droits de l'Homme et le

---

90 TPIY, chambre d'appel, affaire n° IT-96-21-A, 20 février 2001, *Le Procureur c. Zejnil Delalic et autres (affaire Celebici)*, § 149.

91 TPIY, chambre de première instance, affaire n° IT-96-23-T & IT-96-23/1-T, 22 février 2001, *Le Procureur c. Dragoljub Kunarac*, § 467.

droit international humanitaire[92]. Cette jurisprudence du TPIY a été consolidée par la jurisprudence de la Commission interaméricaine des droits de l'Homme. Elle a repris la même argumentation.

2. La consécration de la complémentarité par les organes de contrôle de la Convention américaine des droits de l'Homme

105. Les organes de contrôle de la Convention américaine des droits de l'Homme ont joué un rôle déterminant dans la consécration universelle de la complémentarité entre le droit international des droits de l'Homme et le droit international humanitaire. La Commission interaméricaine des droits de l'Homme a consacré ce principe de complémentarité dans son arrêt *Coard et autres c. États-Unis*[93] de 1999. Elle a été suivie dans ce sens par la Cour de San José.

a) La position de la Commission interaméricaine des droits de l'Homme sur la complémentarité : l'affaire Coard et autres c. États-Unis

106. Cette affaire a donné l'occasion à la Commission interaméricaine des droits de l'Homme de consacrer la complémentarité entre les droits de l'Homme et le droit international humanitaire. Dans cette affaire, la Commission a énoncé : *« Bien que le droit international humanitaire s'applique en premier lieu en temps de guerre, tandis que le droit international relatif aux droits de l'Homme s'applique de la manière la plus complète en temps de paix, l'application potentielle de l'un n'exclut ni ne remplace l'application de l'autre. Le droit des droits de l'Homme et le droit international humanitaire sont*

---

[92] Pour une analyse plus approfondie de la jurisprudence du TPIY sur la complémentarité entre les droits de l'Homme et le droit international humanitaire, voir LAMBERT-ABDELGAWAD Élisabeth, « Les tribunaux pénaux pour l'ex-Yougoslavie et le Rwanda et l'appel aux sources du droit international des droits de l'Homme », *in* DELMAS-MARTY Mireille, FRONZA Emanuela et LAMBERT-ABDELGAWAD Élisabeth (dir.), *Les sources du droit international pénal. L'expérience des tribunaux pénaux internationaux et le Statut de la Cour pénale internationale*, Paris, Société de législation comparée, 2004, pp. 98-134.

[93] Comm. IADH, *Coard et autres c. États-Unis*, affaire 10.951, Rapport n° 109/99, 29 septembre 1999, *in Rapport annuel* 1999 ; disponible en anglais et en espagnol sur www.cidh.org. Une traduction en français de cette affaire est publiée *in* SASSOLI Marco et BOUVIER A. Antoine, *Un droit dans la guerre ? Volume II. Cas, documents et supports d'enseignement relatifs à la pratique contemporaine du droit international humanitaire,* Comité international de la Croix-Rouge, Genève, 2003, Cas n° 125 , p. 1149 et s.

indissociablement liés, parce qu'ils partagent "un noyau commun de droits auxquels il est impossible de déroger et un objet commun, la protection de la vie et de la dignité humaine", et il peut y avoir un chevauchement assez important dans l'application de ces branches du droit. Certaines garanties fondamentales s'appliquent en toutes circonstances, y compris dans les situations de conflit, et ceci se reflète, entre autres, dans la désignation de certaines règles de protection touchant la personne comme normes impératives (jus cogens) *et obligations* erga omnes, *dans un vaste ensemble de droit des traités, dans des principes de droit international coutumier ainsi que dans la doctrine et la pratique d'organes internationaux de protection des droits de l'Homme tels que la Commission. Les deux systèmes normatifs peuvent par conséquent être appliqués à la situation examinée ici*[94] *»*.

107. La Commission a réitéré cette jurisprudence en 2002 dans le cadre du contentieux des détenus de la base de Guantanamo. Dans sa décision du 12 mars 2002 sur la demande de mesures de précaution concernant les détenus de la base de Guantanamo, la Commission interaméricaine des droits de l'Homme a rappelé qu'*« en situation de conflit armé, les mesures de protection définies par le droit international des droits de l'Homme et par le droit international humanitaire peuvent se compléter et se renforcer mutuellement, puisqu'elles ont en commun un noyau de droits auxquels il est impossible de déroger ainsi qu'une mission commune au service de la vie et de la dignité humaine*[95] *»*.

108. Cette position de la jurisprudence de la Commission interaméricaine des droits de l'Homme est conforme à l'évolution du droit international des droits de l'Homme entamée depuis la Conférence

---

94 Comm. IADH, *Coard et autres c. États-Unis*, affaire 10.951, Rapport n° 109/99, 29 septembre 1999, § 39, traduction française *in* SASSOLI Marco et BOUVIER A. Antoine, *Un droit dans la guerre ? Volume II. Cas, documents et supports d'enseignement relatifs à la pratique contemporaine du droit international humanitaire,* Comité international de la Croix-Rouge, Genève, 2003, Cas n°125 , pp. 1154-1155.

95 Décision traduite en français *in* SASSOLI Marco et BOUVIER A. Antoine, *Un droit dans la guerre ?* Volume I, Genève, Comité international de la Croix-Rouge, 2003, p. 1863 et s ; voir également Comm. IADH, décision du 12 mars 2002, *Demande de mesures de précaution concernant les détenus de la base de Guantanamo, Human Rights Law Journal*, 30 septembre 2002, vol. 23, n°1-4, p. 16 cité *in* Commission européenne, *Guantanamo : une violation des droits de l'Homme et du droit international ?,* Strasbourg, Éditions du Conseil de l'Europe, 2007, p. 107.

des Nations Unies tenue à Téhéran en 1968 précitée. Il faut espérer que la Commission continue dans cette dynamique. Cependant, la Cour interaméricaine des droits de l'Homme est moins réceptive que la Commission en termes d'application de la complémentarité entre le droit international des droits de l'Homme et le droit international humanitaire devant son prétoire. Néanmoins, depuis 2007, une évolution positive de la position de la Cour de San José a été notée. Dans ses récents arrêts, la Cour oriente sa jurisprudence vers une complémentarité entre le droit international des droits de l'Homme et le droit international humanitaire afin d'octroyer une meilleure satisfaction aux pétitionnaires.

b) La position de la Cour interaméricaine des droits de l'Homme sur la complémentarité entre le droit international des droits de l'Homme et le droit international humanitaire

109. La Cour interaméricaine des droits de l'Homme se rapproche de plus en plus fréquemment de la position de la Commission sur la complémentarité entre le droit international des droits de l'Homme et le droit international humanitaire. En 2004, dans l'affaire *Les Sœurs Serrano Cruz c. Le Salvador*[96], la Cour a consacré la complémentarité entre les droits de l'Homme et le droit international humanitaire. Dans le § 112 de l'arrêt, *Les Sœurs Serrano Cruz* sur les exceptions préliminaires, la Cour interaméricaine des droits de l'Homme a consacré expressément la complémentarité entre le droit international des droits de l'Homme et le droit international humanitaire. Dans le § 113 du même arrêt, la Cour a précisé leur convergence dans les termes suivants : « *En ce qui concerne la complémentarité entre le droit international des droits de l'Homme et le droit international humanitaire, la Cour considère que l'accent doit être mis sur le fait que durant les conflits armés internationaux, toutes les personnes sont protégées par les dispositions du droit international des droits de l'Homme telles que la Convention américaine des droits de l'Homme et par les dispositions spécifiques du droit international humanitaire*[97]». Dans cet arrêt, la Cour de San José a rejoint la Commission interaméricaine des droits de l'Homme sur la complémentarité entre le

[96] CIADH, affaire *Las Hermanas Serrano Cruz c. El Salvador* (Objections préliminaires), sentence du 23 novembre 2004, Série C, n° 118, §§ 112-117.

[97] CIADH, *Affaires Las hermanas Serrano Cruz c. El Salvador* (exceptions preliminaries), 23 novembre 2004, Série C, n° 118, §§ 112-113, (traduction non-officielle).

droit international des droits de l'Homme et le droit international humanitaire[98]. De plus, selon les professeurs Pierre-Marie Dupuy et Yann Kerbrat, « dans son arrêt *Massacres d'Ituango c. Colombie*[99] du 16 juillet 2006, la Cour interaméricaine des droits de l'Homme manifeste de façon explicite la volonté d'abolir la distinction entre droits de l'Homme et droit humanitaire à propos de la protection à laquelle ont droit les personnes déplacées lors d'un conflit armé, fut-ce un conflit armé non-international en analysant le droit de propriété et le droit de circuler à la lumière du Protocole additionnel n° II du 8 juin 1977 aux Conventions de Genève[100]». En effet, dans l'arrêt *Massacres d'Ituango c. Colombie* précité, la Cour a énoncé que *« lorsqu'elle examine la portée de l'article 21 de la Convention dans le cas d'espèce, la Cour considère qu'il est utile et approprié, conformément à l'article 29, d'utiliser les conventions internationales autres que la Convention américaine telles que le Protocole additionnel II aux Conventions de Genève du 12 août 1949 relatives à la protection des victimes des conflits armés internationaux pour interpréter leurs dispositions conformément à l'évolution du système interaméricain de protection des droits de l'Homme en prenant en considération les évolutions correspondantes du droit international humanitaire*[101] ».

110. L'arrêt, *Les Sœurs Serrano Cruz*, a été bien accueilli par la doctrine favorable à la complémentarité entre les droits de l'Homme et le droit international humanitaire. Selon le professeur Monica Pinto, « ce n'est que lors de l'affaire *Les Sœurs Serrano Cruz c. Le Salvador* que la Cour explicite ses vues sur la complémentarité du droit international humanitaire et le droit des droits de l'Homme. Elle considère que tant les règles de l'un comme celles de l'autre corps juridique protègent les personnes pendant le déroulement du conflit armé (interne ou international). Cette convergence normative suppose une protection plus spécifique de la part du premier, mais cela n'empêche pas que le second soit en vigueur. Elle rappelle ses décisions

---

98 CIADH, *Affaires Las hermanas Serrano Cruz c. El Salvador* (exceptions preliminaries), 23 novembre 2004, Série C, n° 118, §§ 112-113.

99 179. CIADH, *Massacre d'Ituango c. Colombie* (Exceptions preliminaries, fond et reparations, 1er juillet 2006), Série C, n° 148, §§ 179-183, (traduction non-officielle).

100 Voir DUPUY Pierre-Marie et KERBRAT Yann, *Droit international public*, 10e édition, Paris, Dalloz, 2010, p. 276.

101 CIADH, *Massacre d'Ituango c. Colombie* (Exceptions preliminaries, fond et reparations, 1er juillet 2006), Série C, n° 148, §§ 179-183.

dans l'affaire *Bamaca Velasquez* et *Molina Theissen* ainsi que les mesures conservatoires qu'elle avait ordonnées dans différentes situations comme la preuve de cette convergence. Aussi, elle soutient que l'article 27 de la Convention américaine relatif à la suspension des garanties confirme qu'elle continue à être en vigueur en cas de guerre, de danger public ou dans toute autre situation de crise qui menace l'indépendance ou la sécurité d'un État partie et que, dans le même ordre, l'article 3 commun aux quatre Conventions de Genève sur le droit international humanitaire prévoit des obligations des États pendant le conflit armé, y compris la prohibition des atteintes contre la vie, la dignité et l'intégrité des personnes protégées. La Cour retient l'argument de complémentarité énoncé au Protocole II additionnel aux Conventions de Genève ainsi que la décision de la Commission de la Vérité du Salvador d'appliquer le droit international humanitaire[102] ».

111. Toute cette jurisprudence possède un seul objectif. Elle tend à consacrer l'idée selon laquelle lorsque les droits fondamentaux de la personne humaine sont violés, toute norme juridique nationale ou internationale pertinente pour faire cesser cette violation est censée s'appliquer. Par conséquent, il est tout à fait logique que la répression se fasse sur la base de ces deux branches du droit international que constituent le droit international des droits de l'Homme et le droit international humanitaire en ayant comme seul objectif le souci de l'impératif et de l'efficacité de la répression.

112. La nécessité de la complémentarité entre le droit international des droits de l'Homme et le droit international humanitaire se justifie également eu égard au caractère coutumier des exigences du droit international humanitaire. En effet, le caractère coutumier des exigences du droit international humanitaire a été reconnu à la fois par la doctrine et la jurisprudence. Ainsi, les exigences du droit international humanitaire s'ajoutent aux obligations conventionnelles des États pour assurer une meilleure protection des droits fondamentaux de la personne humaine surtout dans les situations de conflit armé.

---

102 PINTO Monica, « L'emploi de la force dans la jurisprudence des tribunaux internationaux », *RCADI*, vol. 331, 2007, p. 119.

§2.- La justification de la complémentarité en raison du caractère coutumier du droit international humanitaire

113. Le droit international humanitaire possède, notamment, une origine coutumière. Par conséquent, ses exigences s'imposent en vertu de la coutume internationale. Néanmoins, avant d'approfondir l'analyse, il serait utile d'apporter quelques éclairages sur la coutume en tant que source du droit international. En effet, l'article 38 du Statut de la Cour internationale de justice définit *« la coutume internationale comme la preuve d'une pratique générale acceptée comme étant le droit »*. Ainsi, la formation de la coutume internationale requiert deux conditions. D'une part, une pratique générale résultant d'une accumulation de précédents concordants (élément matériel) ; d'autre part, une conviction juridique : la conviction qu'en se conformant à cette pratique, les États exercent un droit ou s'acquittent d'une obligation, *opinio juris*[103], (élément psychologique).

114. La consécration du caractère coutumier du droit international humanitaire **(A)** implique une obligation de répression des violations graves de ce droit. Une telle obligation incombe d'abord aux États qui doivent la mettre en application dans leur ordre juridique interne **(B).**

A. La consécration par le droit international du caractère coutumier du droit international humanitaire

115. Avant d'être codifiée par le droit conventionnel et le droit pénal interne, la répression des violations graves du droit international humanitaire relevait de la coutume internationale. L'obligation de répression des infractions graves s'est depuis longtemps établie en l'absence de tout lien conventionnel. Les règles conventionnelles sont venues confirmer dans ce sens les exigences coutumières qui existaient antérieurement. Les États sont liés par les obligations coutumières de répression des violations graves du droit international humanitaire même s'ils n'ont pas adhéré aux conventions internationales qui les codifient. Ce point de vue est illustré à la fois par la jurisprudence du Tribunal de Nuremberg **(1)**, celle de la Cour internationale de justice **(2)** et enfin celle de la Cour européenne des droits de l'Homme **(3).**

---

[103] Voir BUGNION François, « Droit international humanitaire coutumier », *Revue suisse de droit international et européen*, 17e année, n° 2-2007, pp. 165-214.

1. La reconnaissance par le Tribunal de Nuremberg du caractère coutumier du droit international humanitaire

116. Le Tribunal de Nuremberg a consacré le droit international humanitaire coutumier. À Nuremberg, les accusés ont été jugés sur le fondement du droit international coutumier. Selon le professeur Éric David, *« à Nuremberg, les accusés ont été poursuivis pour crimes de guerre (Statut, article 6, b), c'est-à-dire des violations du Règlement de La Haye alors que ce Règlement ne contenait aucune incrimination. C'est pourtant au nom de l'incrimination coutumière de ces violations que le Tribunal de Nuremberg a condamné pénalement leurs auteurs »*[104]. Le Tribunal a déclaré que si la Convention (IV) de La Haye relative aux lois et coutumes de la guerre sur terre du 18 octobre 1907 constituait au moment de son adoption un progrès du droit international, les États avaient reconnu en 1939 que ses dispositions codifiaient le droit coutumier[105]. Selon le Tribunal, *« les règles de la guerre terrestre contenues dans la Convention réalisaient certes un progrès du droit international. Mais il résulte de ses termes mêmes, que ce fut une tentative pour réviser les lois générales et les coutumes de la guerre, dont l'existence était reconnue. En 1939, ces règles contenues dans la Convention étaient admises par tous les États civilisés et regardées par eux comme l'expression codifiée des lois et coutumes de la guerre*[106]*»*. Le Tribunal ajoute que *« la Convention de La Haye de 1907 proscrivait l'emploi dans la conduite de la guerre de certaines méthodes. Elle visait le traitement inhumain des prisonniers, l'usage illégal du drapeau parlementaire, d'autres pratiques du même ordre. Le caractère illicite de ces méthodes avait été dénoncé longtemps avant la signature de la Convention ; mais c'est depuis 1907 qu'on les considère comme des crimes passibles de sanctions en tant que violant les lois de la guerre. Nulle part, cependant, la Convention de La Haye ne qualifie ces pratiques de criminelles ; elle ne prévoit aucune peine ; elle ne porte mention d'aucun tribunal chargé d'en juger et de punir les auteurs. Or, depuis nombre d'années, les tribunaux militaires jugent et*

---

[104] DAVID Éric, « Opposabilité du droit international humanitaire coutumier aux acteurs non-étatiques », *in* TAVERNIER Paul et HENCKAERTS Jean-Marie (dir.), *Droit international humanitaire coutumier : enjeux et défis contemporains*, Bruxelles, Bruylant, 2008, p. 83.

[105] Voir BUGNION François, précité, p. 165 et s.

[106] *Procès des grands criminels de guerre devant le Tribunal militaire international, Nuremberg,* 14 novembre 1945-1er octobre 1946, Tribunal militaire international, Nuremberg, 1947, vol. I, p. 267.

punissent des personnes coupables d'infractions aux règles de la guerre sur terre établies par la Convention de la Haye[107]».

117. Ainsi, le Tribunal de Nuremberg s'est donc fondé sur la pratique des tribunaux militaires nationaux pour conclure à l'existence d'une incrimination des violations des lois et coutumes de la guerre et l'a appliquée aux accusés. Cela corrobore l'idée selon laquelle, avant toute codification, l'obligation de répression des violations graves du droit international humanitaire possède d'abord une origine coutumière et la jurisprudence de la Cour internationale de justice abonde dans le même sens.

2. La confirmation de la nature coutumière du droit international humanitaire par la Cour internationale de justice

118. La Cour internationale de justice a consacré ce principe devant son prétoire en 1996 lors de son *Avis consultatif sur la licéité de la menace ou de l'emploi d'armes nucléaires*[108]. Dans cet avis, la Cour déclarait : *« C'est sans doute parce qu'un grand nombre de règles du droit international humanitaire applicables dans les conflits armés sont si fondamentales pour le respect de la personne humaine et pour des "considérations élémentaires d'humanité", selon l'expression utilisée par la Cour dans son arrêt du 9 avril 1949 rendu en* l'affaire du Détroit de Corfou *[...], que la Convention IV de La Haye et les Conventions de Genève ont bénéficié d'une large adhésion des États. Ces règles fondamentales s'imposent d'ailleurs à tous les États, qu'ils aient ou non ratifié les instruments conventionnels qui les expriment, par ce qu'elles constituent des principes intransgressibles du droit international coutumier*[109] *»*.

119. La consécration du caractère coutumier du droit international humanitaire par la Cour de La Haye revêt une importance capitale. En réalité, la Cour internationale de justice est l'organe judiciaire principal des Nations Unies[110]. Et même si ses décisions ne possèdent qu'un effet

---

[107] *Ibidem*, pp. 232-233, cité par DAVID Éric précité, p. 83.

[108] CIJ, 8 juillet 1996, *Avis consultatif sur la licéité de la menace ou de l'emploi d'armes nucléaires*, *Recueil*, CIJ 1996.

[109] *Ibidem*, § 79.

[110] Voir l'article 92 de la Charte des Nations Unies selon lequel « la Cour internationale de justice constitue l'organe judiciaire principal des Nations Unies ».

relatif[111], une telle prise de position va avoir une portée universelle. De plus, l'autorité des décisions de la Cour et le dialogue des juges vont faciliter sa reprise ou son acceptation comme une référence par d'autres juridictions. En effet, dans son arrêt *Kononov c. Lettonie* du 17 mai 2010, la Cour européenne des droits de l'Homme a consacré, à son tour, le caractère coutumier des exigences du droit international humanitaire coutumier durant les conflits armés.

3. La consécration de la nature coutumière du droit international humanitaire par la Cour européenne des droits de l'Homme

120. Dans cet arrêt *Kononov* précité, la Cour européenne reconnaît la nature coutumière du droit international humanitaire en se référant notamment à la jurisprudence du Tribunal de Nuremberg. Cette nature coutumière du droit international humanitaire implique une obligation de répression en dehors de tout lien conventionnel. Selon la Cour, *« dans son jugement, le Tribunal* (de Nuremberg) *émit l'opinion que les règles humanitaires qui figuraient dans la Convention et le Règlement de La Haye de 1907 étaient "admises par tous les États civilisés et regardées par eux comme l'expression, codifiée, des lois et coutumes de la guerre" qui étaient applicables en 1939 et que les violations de ces textes constituaient des crimes dont les auteurs devaient être punis. La doctrine reconnaissait à l'époque que le droit international définissait déjà les crimes de guerre et exigeait que des poursuites fussent engagées contre leurs auteurs. Le Statut du TMI de Nuremberg n'était donc pas une législation pénale* ex-post facto. *Quant aux "principes de Nuremberg", dégagés ultérieurement du Statut et du jugement du TMI de Nuremberg, ils réitéraient la définition de la notion de crimes de guerre qui avait été énoncée dans le Statut et le principe selon lequel tout auteur d'un acte constitutif d'un crime de droit international est responsable de ce chef et passible d'un châtiment*[112] *»*. La Cour poursuit en affirmant que *« tout au long de cette période de codification, les lois et coutumes de la guerre furent surtout appliquées par les juridictions pénales et militaires nationales, les poursuites internationales par le biais des TMI revêtant un caractère exceptionnel. Le jugement du TMI*

---

[111] Voir l'article 94 § 1 de la Charte des Nations Unies aux termes duquel « chaque membre des Nations Unies s'engage à se conformer à la décision de la Cour internationale de justice dans tout litige auquel il est partie ».

[112] CEDH, grande chambre, requête n° 36376/04, 17 mai 2010, *affaire Kononov c. Lettonie* § 207.

de Nuremberg reconnut du reste explicitement que les juridictions internes continuaient d'avoir un rôle à jouer en la matière. Par conséquent, l'avènement de la responsabilité internationale des États fondée sur les traités et conventions n'avait pas supprimé l'obligation que le droit coutumier faisait peser sur les États de poursuivre et punir, par l'entremise de leurs juridictions pénales et militaires, les individus s'étant rendus coupables de violations des lois et coutumes de la guerre[113] ».

121. Non seulement la Cour réaffirme la nature coutumière du droit international humanitaire, mais elle insiste sur le rôle que les États doivent jouer dans l'effectivité de la protection des droits fondamentaux durant les conflits armés. L'avènement de conventions ayant trait à la protection des droits de l'Homme ne change en rien la nature des obligations des États procédant des lois et coutumes de la guerre. Lorsque le droit international humanitaire est violé, il incombe aux États de procéder au châtiment des auteurs présumés. Cette obligation s'impose en tant que norme coutumière.

B. Les obligations étatiques de respecter les exigences du droit international humanitaire coutumier

122. L'obligation de poursuivre les auteurs d'infractions graves constitue une prescription du droit international humanitaire coutumier. La justice pénale internationale a consacré ce principe. Dans son arrêt *Tihomir Blaskic*, la Chambre d'appel du TPIY avait énoncé que « *les juridictions nationales des États de l'ex-Yougoslavie, comme celles de tout État, sont tenues par le droit coutumier de juger ou d'extrader les personnes présumées responsables de violations graves du droit international humanitaire*[114] ».

123. Par ailleurs, les obligations étatiques de respecter le droit international humanitaire coutumier sont mises en exergue par la doctrine. Selon certains auteurs, l'ensemble du droit international humanitaire serait constitué aujourd'hui de normes coutumières

---

[113] *Ibidem*, § 208.

[114] TPIY, Ch. d'appel, affaire n° IT-95-41, *Le procureur c. Tohimir Blaskic (Arrêt relatif à la requête de la République de Croatie aux fins d'examen de la décision de la chambre de première instance II*, rendu le 18 juillet 1997), 29 octobre 1997, § 29.

impératives[115]. Il lie tous les États. Jean Pictet considère que les normes du droit humanitaire ont un caractère impératif (*jus cogens)* et non dispositif[116]. La nature impérative du *« droit de La Haye »* et du *« droit de Genève »* a également été soulignée par le professeur Emmanuel Decaux. D'après ce dernier, *« l'importance de ce corpus juridique tient également à son acceptation universelle par les États. Non seulement les Conventions de Genève sont ratifiées par l'ensemble des États et les Protocoles en cours de ratification universelle, mais ces engagements constituent également des normes coutumières, voire dans le cadre de l'article 3 commun des principes de* jus cogens, *insusceptibles de dérogation, valables en tout lieu et en tout temps. Ce caractère impératif se trouve renforcé par l'accent récemment mis sur la répression et la réparation des violations graves du droit international humanitaire [...]*[117]*»*. Dans ce sens, la doctrine confirme le caractère coutumier de la compétence universelle en matière de torture, esclavage, piraterie, crimes de guerre, crimes contre l'humanité et génocide[118].

124. En 2005, le Comité international de la Croix-Rouge a mené une étude tendant à identifier un ensemble de règles applicables aux conflits armés internationaux et non-internationaux qui possèdent un caractère coutumier[119]. Cette étude est fondée sur la pratique des États. Le Comité international de la Croix-Rouge considère que le droit international humanitaire coutumier s'applique à tous les États. Selon la règle 157, *« les États ont le droit de conférer à leurs tribunaux nationaux une compétence universelle en matière de crimes de*

---

[115] PELLET Alain et SZUREK Sandra, « Réponses à la question 1, a », *RBDI*, n° 9-2000, p. 376.

[116] PICTET Jean, *Développement et principes du droit international humanitaire*, Institut Henry-Dunant, Paris, Pédone, 1983, p. 105, cité par PELLET Alain et SZUREK Sandra, précités, p. 376.

[117] DECAUX Emmanuel, « Conventions internationales spéciales », *in* Chagnollaud Dominique et Drago Guillaume (dir.), *Dictionnaire des droits fondamentaux*, Paris, Dalloz, 2010, p. 110.

[118] Voir DAVID Éric, *Éléments de droit pénal international et européen*, Bruxelles, Bruylant, 2009, p. 709.

[119] Voir HENCKAERTS Jean-Marie et DOSWALD-BECK Louise, *Droit international humanitaire coutumier. Volume I : Règles,* Bruxelles, Bruylant, 2006, 878 p ; TAVERNIER Paul et HENCKAERTS Jean-Marie (dir.), *Droit international humanitaire coutumier : enjeux et défis contemporains*, Bruxelles, Bruylant, 2008, 289 p ; EMMANUELLI Claude, « L'étude du CICR sur le droit humanitaire coutumier : la coutume en question », *RGDIP*, 2006, pp. 436-444.

guerre[120]». Le Comité international de la Croix-Rouge a précisé que, selon la pratique des États, cette règle constitue une norme de droit international coutumier en ce qui concerne les crimes de guerre commis dans des conflits armés tant internationaux que non-internationaux[121]. La règle 158 énonce que *« les États doivent enquêter sur les crimes de guerre qui auraient été commis par leurs ressortissants ou par leurs forces armées, ou sur le territoire, et, le cas échéant, poursuivre les suspects. Ils doivent aussi enquêter sur les autres crimes de guerre relevant de leur compétence et, le cas échéant, poursuivre les suspects*[122] ».

125. La pratique des États en matière de répression des auteurs de violations graves du droit international humanitaire est en train de se développer. Toutefois, la jurisprudence des tribunaux pénaux internationaux dans ce domaine sera analysée ici afin de mettre en évidence les obligations étatiques de répression des violations graves du droit international humanitaire coutumier.

126. La justice pénale internationale a pris en considération la nécessité de sanctionner les auteurs présumés de violations graves des droits de l'Homme sur le fondement du droit international humanitaire coutumier. Cet impératif a été consacré par le rapport intérimaire de la Commission d'experts constituée conformément à la résolution 780 (1992) du Conseil de sécurité des Nations Unies afin de faire la lumière sur les violations du droit international humanitaire commises en ex-Yougoslavie. Selon ce rapport, *« la compétence pour ce qui est des crimes de guerre est régie par le principe d'universalité et tous les États ont cette compétence qu'ils soient parties ou non aux conflits*[123]». De plus, dans son rapport sur la constitution du TPIY, le Secrétaire général des Nations Unies a souligné l'appartenance au droit international coutumier de nombreuses dispositions du droit international humanitaire. Selon le Secrétaire général, *« la partie du droit international humanitaire conventionnel qui est sans doute devenue partie du droit international coutumier est le droit applicable*

---

[120] HENCKAERTS Jean-Marie et DOSWALD-BECK Louise, *Droit international humanitaire coutumier. Volume I : Règles*, Bruxelles, Bruylant, 2006, p. 801.

[121] *Ibidem*, p. 802.

[122] *Ibidem*, p. 806.

[123] Doc. ONU S/25274,10 février 1993, Rapport intérimaire de la Commission d'experts constituée conformément à la résolution 780 (1992) du Conseil de sécurité, § 72.

aux conflits armés qui fait l'objet des instruments suivants : les Conventions de Genève du 12 août 1949 pour la protection des victimes de la guerre ; la Convention de la Haye (IV) concernant les lois et coutumes de la guerre sur terre et les règles annexées du 18 octobre 1907 ; la Convention pour la prévention et la répression du crime de génocide du 9 décembre 1948 et le Statut du Tribunal militaire de Nuremberg du 8 août 1945[124] ».

127. Afin de concrétiser cette position du Secrétaire général des Nations Unies, le droit international humanitaire coutumier a été codifié dans le Statut du TPIY. Selon l'article 3 du Statut, *« le Tribunal est compétent pour poursuivre les personnes qui commettent des violations des lois et coutumes de la guerre »*. Toutefois, il faut préciser l'application de cette disposition par le TPIY.

128. Le TPIY a donné une interprétation large des dispositions de l'article 3 de son Statut. Rappelons que dans l'arrêt *Dusko Tadic*[125], l'accusé contestait la compétence du Tribunal pour connaître des exactions commises en ex-Yougoslavie sur le fondement de l'article 3 du Statut. L'accusé Tadic soutenait que le Tribunal n'était pas compétent pour juger les actes qui ont été commis durant un conflit interne. Il précisait que seules les infractions au droit des conflits armés internationaux pouvaient être poursuivies sur le fondement de l'article 3 du Statut du TPIY. Cependant, le TPIY ne l'a pas suivi dans son argumentation et a donné une interprétation de l'article 3 de son Statut allant dans le sens d'une répression de toutes les violations du droit international humanitaire de nature conventionnelle ou coutumière. La Chambre d'appel du TPIY interprète les termes *« lois et coutumes de la guerre »* comme se référant à toutes les *« violations sérieuses »* des règles du droit international humanitaire coutumier et conventionnel autres que les infractions graves aux Conventions de Genève[126]. De ce fait, l'article 3 opère comme une *« clause supplétive »*[127] et couvre ainsi l'ensemble des conflits armés non-internationaux. Il permettra la

---

[124] Rapport du Secrétaire général des Nations Unies établi conformément au paragraphe 2 de la résolution 808 (1993) du Conseil de sécurité, 3 mai 1993, Doc. ONU, S/25704, § 35.

[125] TPIY, Affaire n° IT-94-1, Chambre d'appel, *Le Procureur c. Dusko Tadic. (Arrêt relatif à l'appel de la défense concernant l'exception préjudicielle d'incompétence)*, 2 octobre 1995.

[126] *Ibidem*, § 87.

[127] *Ibidem*, § 91.

criminalisation des dispositions de l'article 3 commun aux quatre Conventions de Genève et du Protocole additionnel II de 1977. Là où le droit conventionnel n'opère pas, la coutume internationale impose le respect du droit international humanitaire[128].

129. La solution retenue dans cette affaire *Tadic* par le TPIY a été appuyée par l'opinion séparée du juge Abi-Saab. Selon ce dernier, « l'un des mérites de la décision est qu'en déclarant que les infractions graves sont couvertes par les violations des lois et coutumes de la guerre, elle a fermement restitué le Statut [du TPIY] dans la tendance moderne qui reconnaît l'identité essentielle du régime juridique des violations des deux branches du *jus in bello* [...] ». Le juge précise « qu'une pratique et une *opinio juris* grandissantes, tant des États que des organisations internationales, ont établi le principe de la responsabilité pénale personnelle pour les actes figurant dans les articles relatifs aux infractions graves ainsi que les autres violations du *jus in bello*, même lorsqu'ils sont commis au cours d'un conflit armé interne [...][129] ».

130. Ainsi, l'affaire *Dusko Tadic* a permis à la Chambre de première instance et à la Chambre d'appel du TPIY de confirmer que l'article 3 du Statut se rapportait aux violations du droit international humanitaire coutumier[130]. Par conséquent, les États disposent d'un ensemble de normes conventionnelles ou coutumières leur imposant la répression des violations du droit international humanitaire. Toute violation du droit international humanitaire coutumier engage la responsabilité

---

[128] GRADONI Lorenzo, « L'attestation du droit international pénal coutumier dans la jurisprudence du Tribunal pour l'ex-Yougoslavie : régularité et règles », *in* DELMAS-MARTY Mireille, FRONZA Emanuela et LAMBERT-ABDELGAWAD Élisabeth (dir.), *Les sources du droit international pénal*, Paris, Société de législation comparée, 2004, pp. 26-74.

[129] Affaire *Tadic* précitée, Opinion séparée du juge Georges Abi-Saab, § IV, disponible en ligne à l'adresse internet suivante http://www.icty.org/x/cases/tadic/acdec/fr/51002723.htm, consulté le 26 mars 2013.

[130] Voir ZAPALA Salvatore, « Le droit international humanitaire devant les tribunaux pénaux internationaux des Nations Unies pour l'ex-Yougoslavie et le Rwanda », *in* FLAUSS Jean-François (dir.), *Les nouvelles frontières du droit international humanitaire*, Bruxelles, Bruylant, 2003, pp. 89-116 ; PALOMBINO Fulvio M, « Les crimes de guerre dans l'évolution du droit international des conflits armés et la jurisprudence du Tribunal pénal international pour l'ex-Yougoslavie », *in* FRONZA Emanuela et MANACORDA Stéfano, (dir.), *La justice pénale internatio-nale dans les décisions des tribunaux ad hoc,* Paris, Dalloz, 2003, pp. 83-93.

pénale individuelle de son auteur et les États sont tenus de poursuivre les personnes présumées responsables de telles violations.

131. La jurisprudence *Tadic* du TPIY sur le droit international humanitaire coutumier a prospéré et une partie de la doctrine a estimé qu'elle a joué un rôle décisif dans l'élaboration de l'article 8 du Statut de la Cour pénale internationale considéré comme une codification du droit international humanitaire coutumier. Selon le professeur Luigi Condorelli, « on a assisté à la formation, à des temps très courts, d'un régime coutumier relatif aux crimes de guerre dans les conflits armés, dont l'article 8 du Statut de Rome peut être considéré désormais comme l'enregistrement et la codification[131] ». L'article 8 du Statut de la Cour pénale internationale reprend les violations des lois et coutumes de la guerre contenues dans ce que l'on appelle « droit de la Haye ». Pour le professeur Emmanuel Decaux, « avec le Statut de la Cour pénale internationale adopté à Rome en juillet 1998, les infractions graves aux Conventions de Genève de 1949 énumérées à l'article 8 sur les crimes de guerre se trouvent minutieusement complétées par une série d'infractions relevant largement du droit coutumier car on se trouve cette fois en présence d'une nouvelle codification faisant toute sa place au développement progressif du droit international[132] ».

132. Le droit international humanitaire coutumier a reçu une consolidation à travers cette codification et cela permettra une meilleure répression par les États de toutes personnes présumées responsables de telles violations car le Statut de la Cour pénale internationale confère aux États la primauté pour réprimer les violations graves des droits de l'Homme dans leur ordre juridique interne. Le principe de complémentarité de la compétence de la Cour pénale internationale s'inscrit dans cette logique.

Conclusion du chapitre 1

133. La consécration des droits de l'Homme par la communauté internationale remonte à très loin. De plus, elle ne s'est pas effectuée au

[131] CONDORELLI Luigi, « La répression des crimes et la Cour pénale internationale : une innovation majeure en droit international », *in* BEN ACHOUR Rafâa et LAGHMANI Slim, (dir.), *Justice et juridictions internationales*, Paris, Pédone, 2000, p. 154.

[132] DECAUX Emmanuel, *Droit international public*, 6e édition, Paris, Dalloz, 2008, p. 50.

même moment. Les différents instruments de protection des droits de l'Homme ont vu le jour dans des circonstances relatives aux vicissitudes de la société internationale. Autrement dit, le processus de création des instruments de protection des droits de l'Homme suit l'évolution sociale à l'échelle internationale. Les nombreuses crises internes et internationales ont joué un rôle déterminant dans ce sens. Les nombreuses atrocités commises depuis la Deuxième Guerre mondiale jusqu'à nos jours ont toujours marqué la communauté internationale dans son ensemble. Ainsi, à la suite de chaque crise, sa réaction est notée dans le domaine de la protection des droits fondamentaux. Une telle réaction vise à renforcer la protection des droits de l'Homme inhérents à la dignité de la personne humaine. Pour ce faire, la communauté internationale s'est notamment appuyée sur des normes juridiques proscrivant les atrocités commises. L'ensemble de ces normes est ancré dans les différents instruments internationaux de protection des droits fondamentaux consacrés à l'échelle internationale, régionale et nationale. De plus, la vulgarisation de la démocratie et de l'État de droit partout dans le monde a joué un rôle important dans ce sens. En effet, depuis les années 1960, la communauté internationale s'évertue, à travers les Nations Unies, à conférer une meilleure effectivité aux différents instruments de protection des droits de l'Homme. Pour ce faire, une dynamique de complémentarité entre le droit international des droits de l'Homme et le droit international humanitaire est notée dans les différents instruments de protection des droits de l'Homme, surtout les plus récents. Par conséquent, la consécration de la complémentarité analysée dans ce chapitre était nécessaire. Il s'agissait principalement de décrire une évolution positive de la protection internationale des droits de l'Homme saluée par de nombreux auteurs.

134. Cette évolution du système international de protection des droits de l'Homme susmentionnée se remarque également en matière d'interprétation des différents instruments relatifs aux droits fondamentaux. En effet, de nombreuses instances de contrôle des droits de l'Homme interprètent, de manière évolutive, les instruments consacrés dans ce domaine aux fins de prendre en considération les autres obligations étatiques internationales afférentes à la protection des droits fondamentaux. Les analyses qui seront menées dans le chapitre suivant se proposeront d'essayer d'apporter plus d'éclairages dans ce sens.

CHAPITRE 2

L'INTERPRÉTATION ÉVOLUTIVE DES INSTRUMENTS DE PROTECTION DES DROITS DE L'HOMME POUR FAVORISER LEUR COMPLÉMENTARITÉ AVEC LE DROIT INTERNATIONAL HUMANITAIRE

135. En principe, les cours régionales de protection des droits de l'Homme appliquent des textes prévus par les conventions qui les instituent. Cela procède du principe de spécialité qui les caractérise. Cependant, dans certaines circonstances de violations graves des droits fondamentaux, ces cours peuvent avoir recours à d'autres sources de droit international afin d'accorder une meilleure protection aux victimes ou à leurs ayants droit. Ainsi, les conventions régionales de protection des droits de l'Homme offrent des possibilités d'appliquer d'autres sources de droit international. L'idée est de faire appliquer ces possibilités par les cours régionales de contrôle des droits de l'Homme pour mieux s'impliquer dans la protection internationale des droits fondamentaux. Afin d'atteindre cet objectif, il faudrait interpréter les conventions régionales de manière évolutive aux fins de mieux prendre en considération les autres exigences internationales afférentes à la protection des droits fondamentaux qui ne sont pas encore ancrées dans lesdites conventions (Section 1). De plus, les exigences du droit international des droits de l'Homme et du droit international humanitaire sont valables à l'échelle universelle. De ce fait, les organes de contrôle des droits de l'Homme doivent interpréter la notion de juridiction (compétence juridictionnelle de l'État) afin d'appliquer les instruments internationaux afférents aux droits de l'Homme aux conflits armés extraterritoriaux (Section 2).

SECTION 1 : L'INTERPRÉTATION ÉVOLUTIVE DES CONVENTIONS RÉGIONALES DES DROITS DE L'HOMME DANS LA PERSPECTIVE D'UNE MEILLEURE PROTECTION DES DROITS FONDAMENTAUX

136. Le droit doit suivre l'évolution de la société. Le droit international des droits de l'Homme ne saurait déroger à ce principe. Au XXIe siècle, la lutte contre l'impunité des violations graves des droits de l'Homme constitue l'une des préoccupations majeures de la communauté internationale. Les conventions régionales de protection des droits de l'Homme et leurs organes de contrôle qui ont pour principale vocation la protection des droits des citoyens face à la toute-puissance des institutions étatiques devraient évoluer et s'intéresser davantage aux autres instruments internationaux existant en matière de protection des droits fondamentaux. Ainsi, l'interprétation évolutive des conventions régionales afin de mieux lutter contre les violations graves des droits de l'Homme s'impose. Par ailleurs, l'interprétation évolutive des traités est consacrée par le droit international **(§1).** Ensuite, la méthode d'interprétation évolutive a été ancrée dans les conventions régionales des droits de l'Homme telles que la Convention européenne des droits de l'Homme et la Convention américaine des droits de l'Homme **(§2).**

§1. La consécration par le droit international du principe d'interprétation évolutive des traités

137. Il faut rappeler le fait que les droits de l'Homme et le droit international humanitaire ont en commun un noyau dur correspondant aux droits indérogeables qui s'imposent à la communauté internationale dans son ensemble. Les interdictions de commettre des crimes internationaux s'ajoutent à cet ensemble pour former un corps de règles dont l'objectif principal est de préserver les principes et valeurs considérés comme essentiels par l'ensemble des États démocratiques. La protection desdits principes et valeurs constitue une obligation à la charge de tous les acteurs de la communauté internationale. Selon le professeur Gérard Cohen-Jonathan, « l'expression la plus large de cette obligation se trouve dans la Résolution adoptée par l'Institut de droit international le 13 décembre 1989, article 1er : "Les droits de l'Homme sont l'expression directe de la dignité de la personne humaine. L'obligation pour les États d'en assurer le respect découle de la reconnaissance même de cette dignité que proclament déjà la Charte des Nations Unies et la Déclaration universelle des droits de l'Homme. Cette obligation a un caractère international dont le fondement est coutumier"[133] ». Dans cette perspective, l'interprétation des conventions régionales en vue d'améliorer la lutte contre l'impunité des violations graves des droits de l'Homme devrait être plus dynamique devant les

[133] COHEN-JONATHAN Gérard, « Responsabilité pour atteinte aux droits de l'Homme », *in SFDI*, Colloque du Mans, *La responsabilité dans le système international*, Paris, Pédone, 1999, p. 120.

prétoires des juridictions régionales. Afin d'illustrer ce point de vue, des précisions seront d'abord apportées sur le principe d'interprétation évolutive en droit international. Cette démarche permettra de mieux comprendre et d'analyser la position des juridictions régionales de protection des droits de l'Homme dans ce domaine.

138. L'interprétation évolutive des traités est bien ancrée dans le droit international[134]. Les conventions régionales de protection des droits de l'Homme font partie des traités internationaux. Par conséquent, les règles instituées par le droit international dans le domaine de l'interprétation s'appliquent également à elles. L'article 31 § 3 *c)* de la Convention de Vienne de 1969 sur le droit des traités dispose que pour interpréter un traité, « il sera tenu en compte, en même temps que le contexte : de *toutes règles pertinentes de droit international applicables dans les relations entre États parties*[135] ». Or, depuis 1948 et l'avènement de la Déclaration universelle des droits de l'Homme notamment, les membres de la communauté internationale s'évertuent à rendre effective la protection des droits fondamentaux par le biais de la répression des auteurs présumés de violations graves des droits de l'Homme. De plus, parmi les règles pertinentes du droit international figurent les traités ayant trait à la répression des auteurs de violations graves des droits fondamentaux. À ces conventions s'ajoute le droit international humanitaire conventionnel et coutumier tel qu'il est codifié par le droit de Genève et celui de la Haye. Aujourd'hui, les Conventions de Genève sont reconnues à l'échelle universelle et font sans doute partie des règles pertinentes du droit international entrant en ligne de compte dans l'interprétation des traités visée par cette disposition précitée de la Convention de Vienne. À partir de ce postulat, tout traité international de protection des droits de l'Homme devrait être interprété de manière dynamique aux fins de faciliter la poursuite des auteurs présumés de violations des droits garantis par ce traité. La jurisprudence des tribunaux pénaux internationaux s'oriente vers cette logique.

---

[134] TOUZÉ Sébastien, « Les techniques d'interprétation des organes de protection des droits de l'Homme », *RGDIP*, n°2-2011, pp. 517-532.

[135] Souligné par nous.

139. L'interprétation évolutive est également consacrée par la justice pénale internationale[136]. Elle a même été à l'origine d'un progrès majeur dans cette branche du droit international. L'arrêt *Tadic* a permis au TPIY d'appliquer une interprétation dynamique de l'article 3 de son Statut afin de réprimer les violations graves du droit international humanitaire commises durant le conflit armé interne intervenu en ex-Yougoslavie. Dans l'arrêt *Tadic*, la défense soutenait que le Tribunal n'était pas compétent pour connaître des violations du droit international humanitaire commises en ex-Yougoslavie sur le fondement de l'article 3 du Statut du Tribunal. D'après la défense, la compétence du Tribunal au titre de l'article 3 est basée sur le droit de Genève. Or, le mécanisme de répression des infractions graves de ce droit n'est applicable qu'en cas de conflits armés internationaux. Selon la défense de Tadic, le conflit armé intervenu en ex-Yougoslavie était un conflit interne et ne pouvait pas déclencher la compétence du Tribunal sur le fondement de l'article 3 de son Statut. Pour rejeter l'argument de la défense, la Chambre d'appel fait une interprétation évolutive de l'article 3 du Statut du Tribunal. Pour les juges, l'article 3 ne vise pas seulement les conflits armés internationaux mais *« vise également à se référer à toutes les violations du droit international humanitaire »,* y compris celles commises durant les conflits armés internes. Cette interprétation évolutive a permis au TPIY d'appliquer les lois et coutumes de la guerre même à l'occasion d'un conflit interne ou guerre civile[137].

140. Dans l'arrêt *Tadic*, le TPIY a consacré une interprétation évolutive de l'article 3 de son Statut dans les termes suivants : *« La Chambre d'appel souhaite ajouter que, dans l'interprétation du sens et du but des expressions "violations des lois ou coutumes de la guerre" ou "violations du droit international humanitaire", il convient de tenir compte du contexte de l'ensemble du Statut. Une interprétation systématique du Statut met l'accent sur le fait que diverses dispositions, en expliquant le but et les tâches du Tribunal international ou en définissant ses fonctions, se réfèrent aux violations graves du droit international humanitaire [...]. Il est, par conséquent, approprié*

---

[136] Pour une analyse approfondie, voir UBEDA-SAILLARD Muriel, « Les techniques interprétatives des tribunaux pénaux internationaux », *RGDIP*, n°2-2011, pp. 421-458.

[137] Voir MOMTAZ Djamchid, « Le droit international humanitaire applicable aux conflits armés non-internationaux », *RCADI*, Vol. 292, 2001, p. 123 et s.

d'interpréter l'expression "violations des lois ou coutumes de la guerre" comme couvrant des violations graves du droit international humanitaire. Ainsi, l'article 3 confère au Tribunal international compétence sur toute violation grave du droit international humanitaire qui n'est pas couverte par les articles 2, 4 ou 5. L'article 3 est une disposition fondamentale établissant que toute violation grave du droit international humanitaire doit faire l'objet de poursuites par le Tribunal international. En d'autres termes, l'article 3 opère comme une clause supplétive visant à garantir qu'aucune violation grave du droit international humanitaire n'échappe à la compétence du Tribunal international. L'article 3 vise à rendre cette compétence inattaquable et incontournable. Cette interprétation de l'article 3 est aussi corroborée par l'objet et le but de la disposition. Quand il a décidé de créer le Tribunal international, le Conseil de sécurité visait à mettre un terme à toutes les violations graves du droit international humanitaire perpétrées sur le territoire de l'ex-Yougoslavie et pas simplement à des catégories spéciales de ces violations, à savoir les "infractions graves" aux Conventions de Genève ou les violations des "règles de La Haye". Par conséquent, si l'interprétation est correcte, l'article 3 concrétise pleinement l'objectif fondamental de la création du Tribunal international, c'est-à-dire de ne laisser impuni aucun auteur de ces violations graves, quel que soit le contexte de leur perpétration[138] ».

141. Par le biais d'une interprétation évolutive, le TPIY arrive à la conclusion selon laquelle les dispositions concernant les lois et coutumes de la guerre consacrées dans l'article 3 de son Statut étaient également applicables aux violations graves du droit international humanitaire des conflits internes, y compris aux violations de l'article 3 commun aux quatre Conventions de Genève[139]. Par conséquent, le caractère interne du conflit intervenu en ex-Yougoslavie n'est pas de

---

[138] Pour plus de détails, voir TPIY, affaire n° IT-94-1-AR72, 2 octobre 1995, *Tadic, Décision relative à l'appel de la défense concernant l'exception préjudicielle de compétence*, §§ 90-92.

[139] Pour une analyse approfondie du travail du TPIY dans ce sens, voir CONDORELLI Luigi, « Le Tribunal pénal international pour l'ex-Yougoslavie et sa jurisprudence » *in Cours euro-méditerranéens, Bancaja de droit international,* vol. 1. 1997, (Castellón de La Plana), p. 241 ; DAVID Éric, « Méthodes et formes de participation des Nations Unies à l'élaboration du droit international humanitaire », *in* CONDORELLI Luigi, LA ROSA Anne-Marie (dir.), *Les Nations Unies et le droit international humanitaire*, Paris, Pédone, 1996, p. 61.

nature à empêcher la compétence du Tribunal sur le fondement de l'article 3 de son Statut[140].

142. L'importance de cette méthode d'interprétation évolutive mise en exergue dans l'arrêt *Tadic* a été soulignée par une Chambre de première instance du TPIY dans l'affaire *Delalic.* Dans cette dernière affaire, la Chambre a affirmé que *« l'interprétation des dispositions du Statut et du Règlement* [du Tribunal] *doit [...] tenir compte des objectifs du Statut ainsi que des considérations sociales et politiques qui ont présidé à la création du Tribunal. Les violations graves du droit international humanitaire qui ont justifié sa mise en place continuent à se reproduire dans d'autres régions du monde, sous des formes nouvelles et changeantes. La communauté internationale ne peut s'attaquer à l'hydre insaisissable du comportement humain que par une interprétation raisonnable des dispositions existantes du droit international coutumier qui prend en compte les finalités de celle-ci. Le recours aux règles d'interprétation littérale, d'interprétation par la logique et l'interprétation téléologique s'avère donc payant[141] ».*

143. À la suite de la jurisprudence *Tadic* sur l'interprétation évolutive, le TPIY a consacré *« une conception large des populations civiles victimes d'un crime contre l'humanité »* à l'occasion de son arrêt *Mile Mrksic*[142]. Dans cet arrêt, l'un des moyens de défense de l'accusé consistait à affirmer que l'article 5 du Statut du TPIY implique que les victimes de crimes contre l'humanité doivent être toutes des civils, excluant de ce fait les personnes mises hors de combat. Par le biais d'une interprétation dynamique de l'article 5 du Statut du TPIY, la Chambre d'appel énonce que rien n'impose que les victimes d'un crime contre l'humanité soient des civils, et le statut civil des victimes n'est pas constitutif du crime contre l'humanité[143]. Cette jurisprudence démontre que les tribunaux pénaux internationaux font évoluer les textes qui sont à la base de la répression des violations graves du droit international humanitaire. La réflexion sur l'interprétation évolutive des

---

140 Pour plus de détails, voir TPIY, affaire n° IT-94-1-AR72, 2 octobre 1995, *Tadic, Décision relative à l'appel de la défense concernant l'exception préjudicielle de compétence*, §§ 128-137.

141 TPIY, Chambre de première instance II, Jugement du 16 novembre 1998, *Le Procureur c. Zejnil Delalic et autres*, affaire n° IT-96-21, § 170.

142 Voir UBEDA-SAILLARD Muriel, précitée, *in RGDIP*, 2011, p. 426.

143 TPIY, Chambre d'appel, *Le Procureur c. Mile Mrksic, Veselin Sljivancanin,* affaire n° IT-95-13/1-A, 5 mai 2009, §§ 29-31.

conventions régionales de protection des droits de l'Homme s'inscrira dans cette même logique.

144. La dynamique de complémentarité entre le droit international des droits de l'Homme et le droit international humanitaire devant les prétoires des juridictions de contrôle des droits de l'Homme peut s'analyser sous un autre angle. Il s'agit d'interpréter les conventions régionales des droits de l'Homme de manière évolutive et dans la perspective d'une prise en considération d'autres sources de droit international relatives à la protection des droits fondamentaux.

§2.- L'interprétation évolutive des conventions régionales des droits de l'Homme et leurs apports en matière de protection effective des droits fondamentaux

145. Les juridictions régionales de contrôle des droits de l'Homme doivent s'impliquer davantage dans la dynamique de protection internationale des droits fondamentaux notamment à travers une interprétation dynamique et évolutive qui leur permettrait d'appliquer toute norme internationale pertinente en termes de lutte contre l'impunité[144]. La protection des droits fondamentaux constitue une obligation *erga omnes.* De surcroît, de nombreuses interdictions de violation de ces droits relèvent des normes impératives du droit international *(jus cogens).* Par conséquent, les juges ne sauraient invoquer une absence de titre de compétence afin de ne pas intervenir lorsque la répression s'impose en dehors de tout lien conventionnel. De plus, les conventions régionales elles-mêmes contiennent des possibilités d'une interprétation évolutive qui prend en considération d'autres sources de droit international telles que le droit international humanitaire.

146. La Convention européenne des droits de l'Homme prévoit une interprétation en prenant en considération les autres instruments de protection ratifiés par les États parties. D'après l'article 53 de la Convention, « aucune des dispositions de la présente Convention ne sera interprétée comme limitant ou portant atteinte aux droits de l'Homme et aux libertés fondamentales qui pourraient être reconnus conformément aux lois de toute Partie contractante ou à toute autre

[144] Voir PANOUSSIS Ionannis K, *La combinaison normative : recherches sur une méthode d'interprétation au service des droits de l'Homme*, Thèse Université Lille II, 2006, 613 p.

Convention à laquelle cette Partie contractante est partie ». La même exigence se retrouve dans la Convention américaine des droits de l'Homme dans son article 29 *b*, qui énonce : « Aucune disposition de la présente Convention ne peut être interprétée comme : b), restreignant la jouissance et l'exercice de tout droit ou de toute liberté reconnus par la législation d'un État partie ou dans une convention à laquelle cet État est partie ; c), excluant d'autres droits et garanties inhérents à la personne humaine [...] ». Sur le fondement de ces dispositions, les juridictions régionales pourraient mieux prendre en considération d'autres sources de droit international afin de faire face, de manière plus efficiente, aux violations graves des droits de l'Homme. Même si les textes originels relatifs aux droits de l'Homme ne prévoient pas une protection des droits garantis sur le fondement de l'ensemble des instruments internationaux existant dans ce domaine, leur interprétation à la lumière des exigences actuelles en matière de lutte contre l'impunité est nécessaire.

147. Les organes de contrôle de la Convention américaine des droits de l'Homme se montrent très réceptifs par rapport aux autres instruments internationaux de protection des droits de l'Homme. Les organes de contrôle de la Charte africaine des droits de l'Homme et des peuples ont également souvent recours aux autres instruments internationaux de protection des droits fondamentaux pour interpréter les dispositions de la Charte. Par conséquent, la question de l'interprétation ne soulève pas trop de difficultés dans les systèmes interaméricain et africain de protection des droits de l'Homme. En revanche, la Cour européenne des droits de l'Homme se montre beaucoup plus réticente quand il s'agit d'avoir recours à d'autres sources de droit international. Cependant, les disposions de la Convention européenne sont fréquemment interprétées de manière très évolutive par la Cour européenne des droits de l'Homme. La jurisprudence de la Cour interaméricaine des droits de l'Homme **(A)**, celle de son homologue de Strasbourg **(B)** et celle de la Cour de justice de la CEDEAO **(C)** en matière d'interprétation évolutive seront analysées afin de voir comment les autres instruments internationaux relatifs à la protection des droits fondamentaux peuvent être pris en considération devant les prétoires des juridictions régionales de contrôle des droits de l'Homme.

A. L'interprétation dynamique de la Convention américaine des droits de l'Homme afin d'améliorer la protection des droits fondamentaux

148. Les organes de contrôle de la Convention américaine des droits de l'Homme ont souvent interprété ce texte de manière large afin de prendre en considération d'autres instruments internationaux pertinents en termes de protection des droits fondamentaux garantis dans le système interaméricain. La Cour de San José a effectué un travail important dans ce domaine. Sa jurisprudence lui a permis d'inscrire le système interaméricain de protection des droits de l'Homme dans le mécanisme universel de protection des droits fondamentaux et de promouvoir ainsi la lutte contre l'impunité des violations graves des droits fondamentaux dans de nombreux États parties à la Convention américaine des droits de l'Homme.

149. Dans son arrêt, *Les Enfants de la rue (Villagran-Morales),* la Cour interaméricaine des droits de l'Homme a explicité la manière dont la Convention devrait être interprétée en insistant notamment sur les dispositions de la Convention de Vienne sur le droit des traités ayant trait à l'interprétation évolutive. Cette méthode d'interprétation lui a permis de jouer un rôle capital dans le recul de l'impunité des auteurs de violations graves des droits fondamentaux notamment en Amérique latine. La position de la Cour de San José sur l'interprétation dynamique de la Convention permettra de démontrer que les cours régionales peuvent améliorer la protection internationale des droits de l'Homme en interprétant les conventions régionales de manière évolutive. Dans *l'affaire des Enfants de la rue* précitée, la Cour a énoncé qu'*« elle a auparavant indiqué que sa focalisation sur l'article 31 §§ 1 et 2 de la Convention de Vienne de 1969 quand elle interprète un traité est particulièrement importante en ce qui concerne le droit international des droits de l'Homme qui a substantiellement progressé grâce à l'interprétation évolutive des instruments de protection. Sur ce point, cette Cour a compris que l'interprétation évolutive constitue une conséquence des règles générales d'interprétation des traités consacrées dans la Convention de Vienne. Cette Cour et la Cour européenne des droits de l'Homme ont indiqué que les traités relatifs aux droits de l'Homme sont des instruments vivants dont l'interprétation doit évoluer avec le temps en tenant* *compte des circonstances actuelles*[145] ». À partir d'une telle position, lorsque des violations graves des droits de l'Homme sont commises dans la juridiction d'un État partie, les juridictions régionales peuvent enjoindre à l'État mis en cause de poursuivre les auteurs sur le fondement d'une interprétation dynamique des conventions.

150. Au cours de l'année 2009, la Cour de San José a rendu un arrêt qui traitait, entre autres, de la question de l'interprétation la mieux adaptée des instruments de protection des droits de l'Homme. Il s'agit de l'arrêt *Gonzales et autres c. Mexique* rendu le 16 novembre 2009. Dans cette affaire, *« la Cour souligne que le droit international des droits de l'Homme est composé à la fois d'une série de règles (conventions, traités et autres documents internationaux) et d'une série de valeurs que ces règles tentent de développer. Par conséquent, les normes doivent être interprétées en se fondant sur un modèle de valeurs que le système interaméricain tente de sauvegarder dans la perspective d'une meilleure approche de la protection de l'individu. Dans cette optique, la Cour doit déterminer l'interprétation qui est la mieux adaptée à la série de règles et de valeurs du droit international des droits de l'Homme*[146] ».

151. La position de la Cour est cruciale en termes de protection des droits fondamentaux. De plus, elle a précisé l'attitude que les pouvoirs judiciaires des États parties doivent avoir par rapport à l'interprétation qu'elle a faite de la Convention. Dans l'affaire *Almonacid*, la Cour avait indiqué que *« le pouvoir judiciaire doit exercer une sorte de contrôle de conventionnalité entre les normes juridiques internes qui sont appliquées dans les affaires concrètes et la Convention américaine des droits de l'Homme. Dans le cadre de cette fonction, le pouvoir judiciaire doit prendre en compte non seulement le traité, mais également l'interprétation que la Cour interaméricaine des droits de l'Homme en a faite, celle-ci étant l'interprète ultime de la Convention*[147] ». La Cour de San José incite donc les États à un meilleur respect des droits fondamentaux à travers une interprétation très dynamique de la Convention. Cette position de la Cour a un impact

---

[145] CIADH, affaire *Les Enfants de la rue (Villagran-Morales et autres c. Guatemala)*, Série C, n° 63, §§ 192-193 (Traduction non-officielle).

[146] CIADH, *affaire Gonzales et autres c. Mexique, Série C*, n° 205, § 33 (Traduction non-officielle).

[147] CIADH, *affaire Almonacid Arellano et autres c. Chili,* (Arrêt sur le fond et les réparations), Série C, n° 154, § 124.

majeur sur la répression nationale des auteurs de violations des droits de l'Homme dans l'ordre juridique interne des États parties. La même tendance s'observe dans la jurisprudence de la Cour européenne des droits de l'homme.

B. L'apport de l'interprétation évolutive de la Convention européenne des droits de l'Homme à la protection des droits fondamentaux

152. Depuis les années 1970, la Cour de Strasbourg a commencé à interpréter la Convention de manière évolutive[148]. L'arrêt *Tyrer* du 25 avril 1978 est illustratif dans ce domaine. Dans cet arrêt, les juges énoncent que *« la Convention s'interprète à la lumière des conceptions prévalant de nos jours dans les États démocratiques ».* Les juges ajoutent que « *la Convention est un instrument vivant à interpréter [...] à la lumière des conditions de vie actuelles*[149] ». La Cour a précisé sa position dans ce sens dans l'arrêt *Loizidou c. Turquie (exceptions préliminaires)* du 23 février 1995. Dans cet arrêt, elle a énoncé que les *« dispositions* [de la Convention] *ne sauraient s'interpréter uniquement en conformité avec les intentions de leurs auteurs telles qu'elles furent exprimées voici plus de quarante ans. [...] L'objet et le but de la Convention, instrument de protection des êtres humains, appellent à interpréter et à appliquer ses dispositions d'une manière qui en rende les exigences concrètes et effectives*[150] *».*

153. Ces dernières années, la Cour a effectué un travail intéressant en matière d'interprétation dynamique de la Convention. Cette méthode d'interprétation pourrait être mise à profit pour améliorer l'effectivité du droit international des droits de l'Homme devant le prétoire de la Cour.

154. Cette dynamique d'interprétation évolutive s'inscrit dans le cadre de la protection globale des droits fondamentaux. Il ne s'agit plus pour le juge chargé de contrôler une convention régionale des droits de

---

[148] Voir SUDRE Frédéric, *L'interprétation de la CEDH,* Bruxelles, Bruylant, collection « Droit et justice » n° 21, 1998, 356 p ; ROLLAND Patrice, « L'interprétation de la Convention européenne des droits de l'Homme », *RUDH,* 1991, pp. 280-288.

[149] Arrêt *Tyrer c. Royaume Uni*, 25 avril 1978, A. 26, § 31 cité par SUDRE Frédéric, « À propos du dynamisme interprétatif de la Cour européenne des droits de l'Homme », *JCP G,* 2001, I, 335.

[150] CEDH, requête n° 15318, *affaire Loizidou c. Turquie (Exceptions préliminaires),* 23 février 1995, §§ 71-72.

l'Homme de se borner seulement à invoquer les dispositions de la convention devant son prétoire. Le dialogue des juges et l'évolution du droit international des droits de l'Homme lui permettent notamment d'avoir recours à d'autres jurisprudences ou normes juridiques mieux adaptées à la situation des requérants. Cette démarche est souvent justifiée par la lettre et l'esprit des conventions régionales d'assurer une protection effective des droits garantis. Les arrêts rendus par la Cour de Strasbourg, ces dernières années, s'inscrivent dans cette logique.

155. Dans son arrêt *Golder c. Royaume-Uni*, la Cour a confirmé la méthode d'interprétation évolutive consacrée en droit international. Selon la Cour, *« en son paragraphe 3 c), l'article 31 de la Convention de Vienne invite à tenir compte, en même temps que du contexte, de toute règle pertinente de droit international applicable dans les relations entre les parties ». Parmi ces règles figurent des principes généraux de droit, notamment des "principes généraux de droit reconnus par les nations civilisées" (article 38 par. 1 c) du Statut de la Cour internationale de justice*[151]». Les principes généraux dont il s'agit sont codifiés dans le droit international humanitaire conventionnel et dans les autres instruments internationaux de protection des droits fondamentaux. Par conséquent, la Convention ne devrait pas constituer la seule norme applicable par la Cour afin de faire face à des violations graves des droits de l'Homme. Par ailleurs, la Cour a expressément reconnu que la Convention faisait partie des principes du droit dans son arrêt *Bankovic*. En effet, la Cour avait énoncé à l'occasion de cet arrêt que *« la Convention doit être interprétée, dans toute la mesure du possible, en harmonie avec les autres principes du droit international dont elle fait partie* [152]*[…] ».*

156. L'interprétation évolutive est récurrente dans la jurisprudence de la Cour de Strasbourg et concerne les différents droits garantis par la Convention. Cependant, la position de la Cour en matière d'interprétation évolutive dans le domaine de la répression pénale des auteurs de violations graves des droits de l'Homme retiendra particulièrement notre attention. Dans son arrêt *Korbely*, la position de la Cour concernant l'interprétation évolutive est décisive. Dans cet arrêt, la Cour a énoncé ce qui suit : *« Aussi clair que le libellé d'une disposition légale puisse être, dans quelque système juridique que ce*

[151] CEDH, requête n° 4451/70, 21 janvier 1975, *Golder c. Royaume-Uni*, § 35.
[152] CEDH, gd. ch. 12 décembre 2001, *Bankovic c. Belgique*, § 57.

soit, y compris le droit pénal, il existe immanquablement un élément d'interprétation judiciaire. Il faudra toujours élucider des points douteux et s'adapter à des changements de situation. En effet, il est solidement établi dans la tradition juridique des États parties à la Convention que la jurisprudence, en tant que source du droit, contribue nécessairement à l'évolution progressive du droit pénal[153]*»*. La jurisprudence de la Cour dans le domaine de l'interdiction absolue de la torture et la nécessité de sanctionner pénalement les auteurs de ce crime s'inscrit dans cette optique.

157. L'arrêt *Demir et Baykara c. Turquie* a permis à la Cour d'affiner sa jurisprudence sur la prise en considération d'autres sources de droit international afin de réprimer les auteurs présumés de crimes de torture. Dans cet arrêt, les juges ont affirmé que *« [...] la Cour n'a jamais considéré les dispositions de la Convention comme l'unique cadre de référence dans l'interprétation des droits et libertés qu'elle contient. Au contraire, elle doit également prendre en considération toute règle et tout principe de droit international applicables aux relations entre les Parties contractantes. La Cour rappelle également qu'elle s'est toujours référée au caractère "vivant" de la Convention à interpréter à la lumière des conditions de vie actuelles et qu'elle a tenu compte de l'évolution des normes de droit national et international dans son interprétation des dispositions de la Convention*[154] *»*. De plus, dans son arrêt *Al-Adsani c. Royaume-Uni*, *« la Cour a constaté, à partir de textes universels et de leur interprétation par des juridictions pénales internationales, l'existence d'une norme impérative de droit international ou* jus cogens *quant à l'interdiction de la torture, qu'elle a incorporée à sa jurisprudence dans ce domaine*[155]». Autrement dit, la Cour européenne des droits de l'Homme a appliqué d'autres sources de droit international pour consacrer le caractère impératif *(jus cogens)* de l'interdiction de la torture et la nécessité de réprimer les auteurs de ce crime. Dès lors, elle pourrait également s'engager sur la répression des autres violations graves des droits de l'Homme sur la base des mêmes sources. Lorsque les conventions régionales constituent des instruments vivants, elles doivent prendre en considération la dynamique de protection globale des droits de l'Homme initiée par la communauté

---

[153] CEDH, gd. Ch. 19 septembre 2008, *Korbely c. Hongrie*, § 71.

[154] CEDH, gd. Ch., requête n° 34503/97, *affaire Demir et Baykara c. Turquie*, 12 novembre 2008, § 71.

[155] *Ibidem*, § 73.

internationale dans son ensemble. La Cour de justice de la CEDEAO a mis en application cette méthode d'interprétation évolutive lorsqu'elle a connu des violations de la Charte africaine des droits de l'Homme et des peuples relatives à certaines pratiques d'esclavage au Niger.

C. L'interprétation évolutive de la Charte africaine des droits de l'Homme et des peuples par la Cour de justice de la CEDEAO en faveur d'une interdiction absolue des pratiques d'esclavage moderne

158. À l'instar de la Commission et de la Cour africaine des droits de l'Homme et des peuples, la Cour de justice de la CEDEAO a également recours à la Charte africaine des droits de l'Homme et des peuples pour trancher les affaires qui sont portées devant son prétoire. Dans l'affaire *Dame Hadijatou Mani Koraou c. République du Niger*[156] relative à des pratiques d'esclavage, la Cour de justice de la CEDEAO a interprété de manière évolutive l'article 5 de la Charte africaine des droits de l'Homme et des peuples aux termes duquel « tout individu a droit au respect de la dignité inhérente à la personne humaine et à la reconnaissance de sa personnalité juridique. Toutes formes d'exploitation et d'avilissement de l'Homme notamment l'esclavage, la traite des personnes, la torture physique ou morale, et les peines ou les traitements cruels inhumains ou dégradants sont interdites ».

159. En l'espèce, en 1996 à l'âge de douze ans, la requérante a été vendue à deux cent quarante mille FCFA à un monsieur pour lui servir de domestique et de concubine. Elle était ainsi considérée comme une esclave. En 2005, son maître lui délivre un certificat d'affranchissement d'esclave. Elle décide ainsi de quitter le domicile de son ancien maître et de partir vivre ailleurs. Son ancien maître lui oppose un refus catégorique. Elle saisit les juridictions de son pays pour, entre autres, recouvrer sa liberté et obtenir une réparation. N'ayant pas eu gain de cause dans l'ordre juridique interne, elle saisit la Cour de justice de la CEDEAO afin qu'elle condamne la République du Niger pour violations des articles 1, 2, 3, 5 et 18 § 3 de la Charte africaine des droits de l'Homme et des peuples et exige, entre autres, de la République du Niger qu'elle abolisse les coutumes et pratiques néfastes fondées sur l'idée d'infériorité. Aux fins de donner une meilleure

---

[156] Cour de justice de la CEDEAO, affaire n° ECW/CCJ/JUD/06/08, 28 octobre 2008, *Dame Hadijatou Mani Koraou c. République du Niger*, Doc. CEDEAO, ECW/CCJ/JUD/06/08.

satisfaction à la requérante, la Cour interprète la notion d'esclavage de manière large. Pour ce faire, elle s'appuie sur plusieurs instruments internationaux de protection des droits de l'Homme prohibant les pratiques d'esclavage. Elle cite notamment la Convention européenne des droits de l'Homme, les Conventions de Genève, le Pacte international relatif aux droits civils et politiques et la jurisprudence du Tribunal pénal international pour l'ex-Yougoslavie. La Cour s'appuie sur la Charte africaine des droits de l'Homme et des peuples et d'autres instruments internationaux pour déclarer que la situation de Dame Hadijatou Mani Koraou relevait de l'esclavage. De plus, elle condamne la République du Niger en raison de l'inaction de ses autorités administratives et judiciaires à défendre les droits fondamentaux de la requérante.

160. Cette méthode d'interprétation évolutive a permis à la Cour de qualifier d'esclavagistes certaines pratiques africaines coutumières considérées comme « normales ». En effet, certaines populations sont considérées, depuis des générations, comme des esclaves en raison du seul fait que leurs aïeuls avaient subi des pratiques esclavagistes dans le passé. Ces pratiques se perpétuent de nos jours au détriment des enfants et des petits enfants des anciens esclaves. Par conséquent, lorsque la Cour les condamne, cela revêt une importance cruciale dans la mesure où elle crée un précédent qui pourra être invoqué par d'autres victimes ou repris par d'autres juridictions dans des cas semblables.

161. Par ailleurs, cette affaire *Dame Hadijatou Mani Koraou* soulève une autre question relative à ce que beaucoup d'observateurs qualifient d'esclavage moderne. Dans un pays comme le Sénégal par exemple, il existe les employées de maison souvent appelées « bonnes ». Il s'agit fréquemment de jeunes filles travaillant jour et nuit au domicile de leurs « patrons » employeurs. Certaines d'entre elles ne travaillent pas sur la base d'un contrat de travail. Par conséquent, elles ne bénéficient d'aucune protection légale en cas d'accident de travail. Par ailleurs, elles sont souvent mal payées et sont totalement à la merci de leurs « patrons » employeurs. Leurs conditions de travail se rapprochent de plus en plus des pratiques d'esclavage moderne. Par ailleurs, dans le système européen de protection des droits de l'Homme, ce phénomène des « bonnes à tout faire » a expressément été qualifié de servitude par la Cour européenne des droits de l'Homme à travers ses arrêts *Siliadin* *c. France* du 26 juillet 2005[157] et *CN et V c. France* du 11 octobre 2012[158]. De plus, la Cour avait condamné la France en raison du manque de criminalisation de ces pratiques d'esclavage moderne dans son ordre juridique interne[159].

162. Cette position de la jurisprudence de la Cour de Strasbourg était considérée à l'époque comme très importante[160]. En effet, la Cour avait qualifié de servitude certaines conditions dans lesquelles travaillent les employées de maison. De plus, elle avait enjoint à la France de modifier sa législation pénale afin que cette dernière contienne des incriminations pénales permettant la répression effective de toutes les pratiques d'esclavage moderne. La jurisprudence de la Cour de justice de la CEDEAO dans l'affaire *Dame Hadijatou Mani Koraou* s'inscrit dans cette dynamique de proscription absolue de toute forme d'esclavage, de traitement inhumain et dégradant[161]. Ainsi, il est légitime de penser qu'à l'instar de la Cour de justice de la CEDEAO, les autres juridictions africaines de contrôle de la Charte et des autres instruments de protection des droits de l'Homme et des peuples vont orienter leurs jurisprudences dans le même sens et enjoindre aux États parties de mettre en place une législation pénale adéquate, et surtout effective, permettant d'avancer vers une éradication de toutes les formes d'esclavage moderne sur le continent africain. Il s'agit d'une entreprise difficile à réaliser car certaines coutumes et pratiques ancestrales sont tellement ancrées dans les sociétés africaines qu'il sera très difficile de dissuader les gens de les abandonner. Pour cette raison, la criminalisation de ces pratiques constitue l'une des meilleures solutions pour lutter contre leur perpétuation. Toutefois, cela suppose que les lois existant dans ce domaine soient effectivement appliquées. En effet, les exigences de respect de la dignité de la personne humaine ne s'accommodent pas de certains traitements inhumains et dégradants

---

157 CEDH, deuxième section, requête n° 73316/01, 26 juillet 2005, *affaire Siliadin c. France,* § 129.

158 CEDH, 5e section, requête n° 67724/09, 11 octobre 2012, *CN et V c. France.*

159 MASSIAS Florence, « *L'arrêt Siliadin* : l'esclavage domestique demande une incrimination spécifique, *RSC*, n° 1-2006, p. 139 et s.

160 Voir dans ce sens, ANDRIANTSIMBAZOVINA Joel, « L'esclavage, la servitude et le travail forcé ou obligatoire dans la jurisprudence de la Cour européenne des droits de l'Homme. Une échelle pertinente des formes d'exploitation de l'être humain ? », *Revue Droits*, 2010, n° 52, pp. 97-120.

161 Voir VAZ CABRAL Georgina, *La traite des êtres humains : réalités de l'esclavage moderne contemporain*, Paris, La Découverte, 2006, 260 p.

que subissent certains individus les plus vulnérables. Et aux fins de les éradiquer, il faudra un réel engagement à la fois des instances de contrôle des droits de l'Homme et des États.

163. L'interprétation dynamique des conventions régionales ne constitue pas le seul moyen pour les juridictions régionales de s'impliquer dans la protection globale des droits fondamentaux. Leur intervention dans ce domaine peut également être envisagée sous l'angle de la juridiction des États parties. Afin de mieux lutter contre l'impunité des violations graves des droits fondamentaux, les cours régionales peuvent inciter les États à respecter les droits garantis par les conventions de protection des droits de l'Homme dans les situations de conflits armés extraterritoriaux à travers une interprétation extensive de la notion de juridiction.

SECTION 2 : L'INTERPRÉTATION ÉVOLUTIVE DE LA NOTION DE JURIDICTION AFIN D'APPLIQUER LES CONVENTIONS RÉGIONALES DES DROITS DE L'HOMME AUX CONFLITS ARMÉS EXTRATERRITORIAUX

164. Les États parties aux conventions régionales de protection des droits de l'Homme s'engagent à assurer le respect des droits qui y sont garantis à tous les individus se trouvant dans le ressort de leurs juridictions. Par conséquent, le respect des droits s'impose aux États en dehors de leur territoire chaque fois qu'ils exercent un contrôle sur les auteurs de violations graves des droits garantis. Ce point de vue soulève la question de l'application extraterritoriale des instruments de protection des droits de l'Homme. Cette interrogation mérite d'être soulignée car les États parties aux conventions relatives aux droits de l'Homme sont souvent impliqués dans des conflits armés en dehors de leur territoire et au cours desquels des violations graves des droits de l'Homme sont commises. L'idée est de se demander si les cours régionales peuvent se fonder sur les obligations des États en vertu des conventions régionales pour exiger des États la répression des violations graves des droits de l'Homme commises durant ces conflits armés. Une réponse positive à cette interrogation est logique. En effet, il serait contradictoire de laisser les États commettre, en toute impunité, des violations graves des droits de l'Homme dans un pays étranger alors que de telles violations sont proscrites dans leur propre ordre juridique interne. Eu égard à leurs engagements régionaux et internationaux, les États sont tenus de respecter les prescriptions du droit international en matière de protection des droits de l'Homme. Cette obligation ne saurait cesser lorsque les conflits les impliquant se déroulent à l'étranger. En réalité, le lieu de commission des violations graves des droits fondamentaux importe peu ! Lorsqu'elles sont commises par des États membres de conventions régionales de protection des droits de l'Homme en dehors de leurs territoires, les organes de contrôle de ces conventions doivent se déclarer compétents afin d'enjoindre aux États de poursuivre les présumés responsables.

165. Depuis les attentats du 11 septembre 2001 et la lutte internationale contre le terrorisme, une recrudescence des activités militaires extraterritoriales de certains États a été constatée. Cette guerre contre le terrorisme a souvent engendré la commission de violations graves des droits de l'Homme. Ainsi, l'implication des organes régionaux de protection des droits de l'Homme dans l'application extraterritoriale des conventions régionales pourrait apporter un concours majeur en termes de lutte contre l'impunité de telles exactions. Une application extraterritoriale des droits de l'Homme se justifie par l'exigence de respect des obligations internationales des États en matière de protection des droits fondamentaux même en dehors du territoire national.

166. Certaines prescriptions du droit international telles que l'interdiction de commettre des infractions internationales sont valables partout dans le monde. Les États qui se sont engagés à les respecter doivent le faire, quel que soit l'endroit où ils exercent leur juridiction. Il ne devrait pas y avoir de zone de non-droit où les États peuvent violer les droits fondamentaux de la personne humaine sans rendre des comptes. Depuis quelques années, le droit international tente de promouvoir l'application extraterritoriale des droits de l'Homme aux conflits armés **(§1).** Cette évolution est également intervenue devant les prétoires des organes de contrôle des conventions régionales de protection des droits de l'Homme **(§2).**

§1.- La consécration par le droit international de l'application extraterritoriale des instruments de protection des droits de l'Homme

167. De nos jours, la lutte contre l'impunité des auteurs de violations graves des droits fondamentaux a embrassé toutes les branches du droit international. Les auteurs présumés de violations graves des droits de l'Homme et du droit international humanitaire doivent être poursuivis et punis. Pour ce faire, l'application de toutes les normes internationales relatives à la protection des droits fondamentaux s'impose. Les valeurs qui sous-tendent l'obligation de protection des droits fondamentaux ne possèdent pas de frontières. Elles concernent l'humanité tout entière. Ces valeurs doivent être préservées impérativement. L'obligation de respecter les droits de l'Homme partout dans le monde peut jouer un rôle déterminant dans le maintien de la paix et de la sécurité internationales. Dans cette perspective, la Cour internationale de justice a développé, ces dernières années, une jurisprudence prônant une application extraterritoriale des droits de l'Homme **(A).** De plus, le Comité des droits de l'Homme des Nations Unies a orienté sa jurisprudence vers une application extraterritoriale des droits consacrés dans le Pacte international relatif aux droits civils et politiques **(B).**

A. La jurisprudence de la Cour internationale de justice sur l'application extraterritoriale des droits de l'Homme

168. En 2004, la Cour internationale de justice a énoncé que les instruments de protection des droits de l'Homme tels que le Pacte international relatif aux droits civils et politiques peuvent être appliqués de manière extraterritoriale. La Cour a pris cette position à l'occasion de son *Avis sur les conséquences juridiques de l'édification d'un mur dans les territoires palestiniens*, du 9 juillet 2004. Dans cet avis, *« la Cour observe que, si la compétence des États est avant tout territoriale, elle peut parfois s'exercer hors du territoire national. Compte tenu de l'objet et du but du Pacte international relatif aux droits civils et politiques, il apparaîtrait naturel que, même dans cette dernière hypothèse, les États parties au Pacte soient tenus d'en respecter les dispositions*[162]*»*. En définitive, la Cour estime que le Pacte international relatif aux droits civils et politiques est applicable aux actes d'un État agissant dans l'exercice de sa compétence en dehors de son propre territoire[163]. La Cour a réitéré la même argumentation dans l'affaire des *Activités militaires sur le territoire du Congo du 19 décembre 2005*. Dans cette affaire, elle a réaffirmé l'idée selon laquelle *« les instruments internationaux relatifs aux droits de l'Homme [sont] applicables aux actes d'un État agissant dans l'exercice de sa compétence en dehors de son propre territoire [...]*[164] *»*.

[162] CIJ, Avis consultatif du 9 juillet 2004, *Conséquences juridiques de l'édification du mur dans les territoires palestiniens*, § 109.

[163] *Ibidem*, § 111.

[164] CIJ, 19 décembre 2005, *Activités menées sur le territoire du Congo (République du Congo c. Ouganda)*, § 216.

169. La Cour internationale de justice a réitéré cette jurisprudence en 2008 à l'occasion de l'examen de l'affaire *Géorgie c. Russie*[165]. Dans cette affaire, la Fédération de Russie et la Géorgie s'opposaient, entre autres, sur l'application extraterritoriale de la Convention internationale portant sur l'élimination de toutes les formes de discriminations raciales (ci-après la CIEDR) et avaient porté l'affaire devant la Cour internationale de justice. En l'espèce, la Cour *« considère que les Parties sont en désaccord sur le champ d'application territorial des obligations incombant aux États parties en vertu de la CIEDR ; que la Géorgie avance que la CIEDR ne prévoit aucune limitation à son champ d'application territorial et que, en conséquence "les obligations incombant à la Russie en vertu de cet instrument s'étendent aux actes et omissions qui lui sont attribuables intervenus en territoire géorgien, et plus précisément en Abkhazie et en Ossétie du Sud" ; que la Fédération de Russie avance que les dispositions de la CIEDR n'ont pas d'applicabilité extraterritoriale et que, en particulier, les articles 2 et 5 de la CIEDR ne peuvent régir la conduite d'un État hors de ses frontières. La Cour fait observer que la CIEDR ne prévoit aucune limitation générale de son champ d'application territorial ; qu'elle note en outre qu'en particulier ni l'article 2 ni l'article 5 de la CIEDR, dont la Géorgie invoque la violation, ne contiennent de limitation territoriale spécifique ; et qu'elle en conclut que ces dispositions de la CIEDR, à l'instar d'autres dispositions d'instruments de même nature, (relatifs aux droits de l'Homme) paraissent généralement applicables aux actes d'un État partie lorsque celui-ci agit hors de son territoire*[166] *»*.

170. La position de la Cour dans cette affaire est très importante. Il s'agit pour l'organe judiciaire principal des Nations Unies de rappeler aux États que leurs engagements internationaux de respecter les droits fondamentaux sont valables à l'échelle universelle. Ainsi, même lorsque les violations de ces engagements se déroulent en dehors du territoire des États, ces derniers ne sont pas pour autant déliés de leur responsabilité d'en répondre devant une juridiction. Lorsque les États prennent des engagements pour protéger les droits de l'Homme, ils doivent les respecter partout où ils agissent dans le monde. En effet, le

---

[165] CIJ, Ordonnance du 15 octobre 2008, *affaire relative à la Convention internationale sur l'élimination de toutes les formes de discrimination raciale (Demande en indication de mesures conservatoires) Géorgie c. Fédération de Russie.*

[166] *Ibidem*, §§ 108-109.

lieu de commission des infractions internationales ne devrait pas constituer une cause d'exonération de la responsabilité internationale des États en matière de protection des droits fondamentaux. Leurs engagements internationaux dans ce domaine doivent être respectés partout dans le monde où ils exercent un contrôle effectif. L'application extraterritoriale des droits de l'Homme prônée par la communauté internationale a pour finalité de conférer une réelle effectivité à ce principe susmentionné.

171. Les États agissant en dehors de leurs territoires sont toujours liés par leurs engagements internationaux relatifs à la protection des droits fondamentaux[167]. Sur ce postulat, le rôle des organes de contrôle des droits de l'Homme pourrait être déterminant en termes de lutte contre l'impunité de ceux qui commettent des violations des droits de l'Homme en dehors du territoire de leur État. La jurisprudence du Comité des droits de l'Homme des Nations Unies s'oriente vers cette solution.

B. La jurisprudence du Comité des droits de l'Homme des Nations Unies sur l'application extraterritoriale du Pacte international relatif aux droits civils et politiques

172. Le Comité des droits de l'Homme des Nations Unies a développé une jurisprudence sur l'application extraterritoriale des droits de l'Homme. Dans de nombreuses situations de conflits armés extraterritoriaux, le Comité a affirmé que le Pacte international relatif aux droits civils et politiques s'appliquait à tout individu se trouvant sous l'autorité ou le contrôle effectif d'un État. L'un des premiers cas qui a permis au Comité de prendre cette position est l'affaire *Lopez Burgos c. Uruguay.* En l'espèce, le requérant avait été enlevé à Buenos Aires (Argentine) par des agents uruguayens avant d'être transféré secrètement en Uruguay. Le Comité, saisi, déclare qu'*« il serait excessif d'interpréter la responsabilité définie à l'article 2 du Pacte comme autorisant un État partie à perpétrer sur le territoire d'un autre État*

[167] Voir HIGGINS Rosalyn, « La Cour internationale de justice et la Cour européenne des droits de l'Homme : des partenaires pour la protection des droits de l'Homme», (Allocution prononcée à l'occasion de la cérémonie marquant le cinquantenaire de la Convention européenne des droits de l'Homme, 30 janvier 2009), http://www.echr.coe.int/NR/rdonlyres/59BB049E-B7BE-4165-A686-A80470350022/0/30012009PresidentHigginsAudience_fr_.pdf, consulté le 16 mars 2013.

des violations du Pacte qu'il ne serait pas autorisé à perpétrer sur son propre territoire[168] *».*

173. Dans sa jurisprudence ultérieure, le Comité a réitéré cette position à plusieurs reprises. Il s'agit de son observation générale n° 31 ayant trait à l'interprétation de l'article 2 du Pacte. Dans cette observation générale susmentionnée, le Comité a estimé qu'*« aux termes du paragraphe 1 de l'article 2, les États parties sont tenus de respecter et de garantir à tous les individus se trouvant sur leur territoire et à tous ceux relevant de leur compétence les droits énoncés dans le Pacte. Cela signifie qu'un État partie doit respecter et garantir à quiconque se trouve sous son pouvoir ou son contrôle effectif les droits reconnus dans le Pacte même s'il ne se trouve pas sur son territoire. [...] Ce principe s'applique aussi à quiconque se trouve sous le pouvoir ou le contrôle effectif des forces d'un État partie opérant en dehors de son territoire, indépendamment des circonstances dans lesquelles ce pouvoir ou ce contrôle effectif a été établi, telles que les forces constituant un contingent national affecté à des opérations internationales de maintien ou de renforcement de la paix*[169] *».*

174. La jurisprudence du Comité des droits de l'Homme des Nations-Unies sur l'application extraterritoriale des droits de l'Homme est corroborée par celle du Comité contre la torture. Dans son observation générale n° 2, le Comité contre la torture a consacré l'interdiction absolue de la torture même dans les situations de conflits armés extraterritoriaux. Selon le Comité, *« le paragraphe 1 de l'article 2 impose à tout État partie de prendre des mesures efficaces pour empêcher que des actes de torture ne soient commis non seulement sur son propre territoire mais aussi "dans tout territoire sous sa juridiction". Le Comité considère que le "territoire" s'étend à toutes les régions sur lesquelles l'État partie exerce de fait ou de droit, directement ou indirectement, en tout ou en partie, un contrôle effectif, conformément au droit international. Il considère que la référence à "tout territoire", à l'article 2 comme aux articles 5, 11, 12, 13 et 16, concerne les infractions commises, non seulement à bord d'un navire*

---

[168] Comité des droits de l'Homme, 29 juillet 1981, *affaire Lopez Burgos c. Uruguay*, Doc. ONU, CCPR/C/13/D/52/1978.

[169] Comité des droits de l'Homme, 26 mai 2004, Observation générale n° 31, Doc. ONU, CCPR/C/21/Rev.1/Add.13 § 10 ; pour plus de détails, voir DROEGE Cordula, « Droits de l'Homme et droit humanitaire : des affinités électives ? », *RICR*, vol. 90, 2008, p. 225 et s.

ou d'un aéronef immatriculé sur le registre d'un État partie, mais aussi pendant une occupation militaire ou des opérations de maintien de la paix et dans des lieux tels qu'une ambassade, une base militaire, des locaux de détention ou tout autre espace sur lequel un État partie exerce un contrôle effectif. Le Comité note qu'une telle interprétation renforce les dispositions de l'alinéa b du paragraphe 1 de l'article 5, qui imposent à tout État partie de prendre les mesures nécessaires pour établir sa compétence "quand l'auteur présumé de l'infraction est un ressortissant dudit État". Le Comité considère également que la notion de "territoire" à l'article 2 doit s'étendre en outre aux situations dans lesquelles l'État partie exerce, directement ou indirectement, de fait ou de droit, un contrôle sur des détenus[170] ».

175. Cette jurisprudence des instances juridictionnelles internationales s'inscrit dans le cadre de la protection globale des droits fondamentaux souvent mentionnée dans cette étude. Elle repose encore une fois sur une idée simple. Les exigences internationales afférentes à la protection des droits de l'Homme doivent être respectées partout dans le monde. Par conséquent, un État ne saurait se délier de ses obligations dans ce sens en invoquant le fait que les violations qui lui sont reprochées se sont déroulées en dehors de son territoire. Ce point de vue a également été défendu par certaines juridictions régionales et nationales lorsque des victimes de violations graves des droits de l'Homme les ont saisies afin qu'elles reconnaissent la responsabilité des États mis en cause en raison de violations extraterritoriales des droits fondamentaux reconnus dans leur propre ordre juridique interne.

§2.- La consécration par les juridictions régionales et nationales de l'application extraterritoriale des droits de l'Homme

176. Ces dernières années, la majorité des conflits armés se déroule en dehors des territoires des États qui y sont impliqués. Ce constat soulève la question de la répression des exactions commises durant ces conflits. L'obligation de protection des droits fondamentaux inhérents à la dignité de la personne humaine doit être rappelée avec insistance dans de pareilles situations. Même si les conflits armés sont inévitables, ils doivent être conduits avec humanité et les présumés auteurs de violations graves du droit international humanitaire lors de ces conflits doivent être poursuivis et punis quel que soit l'endroit où ces violations

[170] Comité contre la torture, 24 janvier 2008, *Observation générale n° 2*, (Application de l'article 2 par les États parties), Doc. ONU, CAT/C/GC/2, § 16.

sont commises. Dans cette perspective, les cours régionales de protection des droits de l'Homme se sont engagées dans la répression des violations des conventions régionales qui se déroulent en dehors des territoires des États parties. La Cour européenne des droits de l'Homme a développé une jurisprudence dans ce domaine. Les organes de contrôle de la Convention américaine des droits de l'Homme abondent également dans le même sens[171] **(A).** Certaines juridictions nationales ont réitéré cette jurisprudence sur la nécessité de l'application extraterritoriale des droits fondamentaux consacrés dans l'ordre juridique interne **(B).** L'analyse de cette jurisprudence permettra de démontrer que les juridictions régionales et nationales de contrôle des droits de l'Homme peuvent pallier les lacunes du mécanisme de répression des violations graves des droits de l'Homme commises durant les conflits armés extraterritoriaux.

A. L'application extraterritoriale des conventions européenne et américaine des droits de l'Homme

177. Les conflits armés sont propices à la commission de violations graves des droits de l'Homme et du droit international humanitaire. Les États impliqués dans ces conflits sont également parties à d'autres instruments de protection des droits de l'Homme. Ainsi, l'application des conventions régionales de protection des droits de l'Homme lors de ces conflits armés permet d'inciter les États à mieux respecter les droits qui y sont garantis et de favoriser la répression des auteurs présumés des violations graves du droit international humanitaire. Les organes de contrôle de la Convention européenne des droits de l'Homme ont joué un rôle déterminant dans ce sens. Lorsque les cours régionales appliquent les conventions régionales aux États parties impliqués dans des conflits se déroulant en dehors de leurs frontières, cela permet de faire reculer l'impunité des auteurs de violations des droits fondamentaux commises durant les conflits armés extraterritoriaux. Afin de mieux comprendre cela, la jurisprudence des organes de contrôle de la

[171] Pour plus de développements sur la question de l'application extraterritoriale des droits de l'Homme lors des conflits armés, voir GRISEL Guillaume, *L'application extraterritoriale du droit international des droits de l'Homme,* thèse Université de Lausanne, ronéo 2009 ; WILDE Ralph, « De Guantanamo à Abu Ghraib. L'application des droits de l'Homme aux activités extraterritoriales des États », *in* DELCOURT Barbara, DUEZ Denis et REMACLE Éric (dir.), *La Guerre en Irak. Prélude d'un nouvel ordre international ?,* Bruxelles, P.I.E.-PETER Lang, (Presses interuniversitaires européennes), 2004, pp. 87-125.

Convention européenne des droits de l'Homme en termes d'application extraterritoriale de la Convention et leurs apports potentiels en matière de protection des droits garantis lors des conflits armés sera d'abord étudiée **(1)**. Ensuite, la position de la jurisprudence de la Commission interaméricaine des droits de l'Homme sur l'application extraterritoriale des droits fondamentaux garantis dans le système interaméricain sera analysée **(2)**.

1) L'application extraterritoriale de la Convention européenne des droits de l'Homme

178. En principe, les droits garantis dans la Convention européenne des droits de l'Homme sont invocables sur le territoire des États membres du Conseil de l'Europe. Cependant, les organes de contrôle de la Convention ont apporté une nuance à ce principe susmentionné. En effet, depuis les années 1970, l'ancienne Commission européenne des droits de l'Homme et, à sa suite, la Cour européenne des droits de l'Homme, ont énoncé le principe selon lequel la Convention peut être appliquée en dehors du territoire des États membres chaque fois qu'il existe un contrôle effectif d'un État partie sur un territoire ou une partie d'un territoire étranger. Cette jurisprudence des organes de contrôle de la Convention européenne des droits de l'Homme sur l'application extraterritoriale de la Convention sera analysée dans les pages suivantes.

a) La jurisprudence de l'ancienne Commission européenne des droits de l'Homme sur l'application extraterritoriale de la Convention

179. L'ancienne Commission européenne des droits de l'Homme s'est beaucoup investie dans le respect des droits garantis par la Convention. À ce titre, elle s'est prononcée en faveur d'une application extraterritoriale de la Convention à des situations de conflits armés extraterritoriaux. Le conflit armé entre la Turquie et Chypre a donné l'occasion à la Commission d'affirmer que les droits garantis par la Convention étaient applicables à Chypre conformément aux prescriptions de l'article 1er de la Convention. Dans l'affaire *Chypre contre Turquie* de 1975, la Commission a considéré que les États parties doivent respecter les droits garantis par la Convention même en dehors de leur territoire national. D'après la Commission, *« à l'article 1er de la Convention, les Hautes Parties contractantes reconnaissent les droits et libertés définis au Titre 1 à toute personne "relevant de leur juridiction". La Commission a estimé que ce terme ne se limite pas, comme le déclare le gouvernement* *défendeur, au seul territoire national des Hautes Parties contractantes en cause. Il ressort du libellé, notamment de la version française, et de l'objet dudit article ainsi que du but de la Convention tout entière que les Hautes Parties contractantes sont tenues d'assurer ces droits et libertés à toutes personnes relevant effectivement de leur autorité et de leur responsabilité, que cette autorité s'exerce sur leur territoire ou à l'étranger*[172] ». Cette décision a permis à la Commission d'énoncer que la Convention s'applique au-delà des frontières des États parties et englobe les violations commises lors des conflits armés extraterritoriaux.

180. Cette position de la Commission a été réaffirmée à l'occasion de la requête n° 8007/77 concernant toujours le conflit armé entre Chypre et la Turquie. Dans cette affaire, la « *Commission conclut que la juridiction de la Turquie sur la partie septentrionale de la République de Chypre (existant du fait de la présence de ses forces armées sur ce territoire, présence qui empêche l'exercice de sa juridiction par le gouvernement requérant) ne saurait être écartée au motif que la juridiction sur cette zone serait exercée par l'État fédéré turc de Chypre.* De plus, la Commission déclare que *« les forces armées turques à Chypre ont fait passer les personnes ou les biens se trouvant à Chypre sous la juridiction de la Turquie au sens de l'article 1er de la Convention, pour autant qu'elles exerçaient leur autorité sur ces personnes ou ces biens*[173] ».

181. La reconnaissance de la juridiction de la Turquie à Chypre permettait à la Commission d'appliquer la Convention européenne des droits de l'Homme à ce conflit. En obligeant l'État turc à respecter ses engagements en vertu de la Convention, la Commission participait ainsi à la répression des violations graves des droits de l'Homme commises lors de ce conflit. La Cour européenne qui a pris la suite de l'ancienne Commission poursuit le même raisonnement[174]. Sa jurisprudence des dernières années s'oriente vers l'application extraterritoriale de la Convention lors des conflits armés impliquant des États parties à la Convention. L'analyse de cette jurisprudence permettra de montrer le

---

[172] Comm.EDH, requêtes n° 6780/74 et 6950/75, *Chypre c. Turquie*, 26 mai 1975, *Annuaire de la Convention européenne des droits de l'Homme*, v.18, pp. 118-120.

[173] Comm.EDH, requête n° 8007/77, 10 juillet 1978, *Chypre contre Turquie*, *Décisions et Rapports de la Commission*, vol. 13, p. 85 et p. 223.

[174] Voir FOURMENT François, « Les frontières du droit pénal et la Convention européenne des droits de l'Homme », *Revue pénitentiaire et de droit pénal*, n° 1-2011, pp. 125-132.

potentiel de ce mouvement jurisprudentiel en termes de lutte contre l'impunité des violations graves des droits de l'Homme commises durant les conflits armés extraterritoriaux.

b) La jurisprudence de la Cour européenne des droits de l'Homme sur l'application extraterritoriale de la Convention

182. L'application extraterritoriale de la Convention européenne des droits de l'Homme repose sur l'interprétation dynamique de son article 1er par la Cour de Strasbourg[175]. Selon cet article, « les Hautes Parties contractantes reconnaissent à toute personne relevant de leur juridiction les droits et libertés définis au titre I de la présente Convention ». Dans sa jurisprudence, la Cour a précisé ce qu'il fallait entendre par *juridiction* des États parties. Dans l'arrêt *Assanidzé c. Géorgie*[176] du 8 avril 2004, la Cour avait décidé que la Convention pouvait s'appliquer en dehors du territoire des États parties lorsque ces derniers exerçaient leur compétence à l'extérieur de leurs frontières surtout en cas d'occupation militaire. Selon la Cour, *« [...] les États parties répondent de toute violation des droits et libertés protégés que peuvent subir les individus placés sous leur "juridiction" (c'est-à-dire leur compétence) au moment de la violation. [...] En plus du territoire étatique proprement dit, la compétence territoriale englobe tout espace qui, au moment de la prétendue violation, se trouve sous le "contrôle global" de l'État en cause [...] notamment les territoires sous occupation [...] à l'exclusion des espaces qui échappent à ce contrôle*[177]*».* Le respect des droits garantis par la Convention s'impose aux États parties partout dans le monde où ils exercent leur compétence[178].

183. ***La notion de contrôle effectif.*** L'application extraterritoriale des droits de l'Homme lors des conflits armés est fondée, entre autres, sur la notion de *contrôle effectif.* Les États engagent leur responsabilité en vertu du droit international chaque fois qu'une infraction internationale est commise sous leur contrôle effectif ou sous leur

---

175 Voir DUBOUT Édouard, « Interprétation téléologique et politique jurisprudentielle de la Cour européenne des droits de l'Homme », *RTDH*, n° 74-2008, pp. 383-418.

176 CEDH, requête n° 71503/01, 8 avril 2004, *Assanidzé c. Géorgie.*

177 *Ibidem*, §§ 137-138.

178 Voir COSTA Jean-Paul, « L'État, le territoire et la Convention européenne des droits de l'Homme », *in* COHEN MARCELO Gérard (dir.), *La promotion de la justice, des droits de l'Homme et du règlement des conflits par le droit international, Liber Amicorum Lucius Caflisch,* Leiden, Koninklijke Brill NB, 2007, pp. 179-195.

autorité. Dans ce sens, la Cour privilégie un critère organique. Cela revient à se poser la question de savoir si les infractions commises à l'étranger sont imputables aux États parties sous l'autorité desquels elles ont été commises. Lorsque les États parties envoient leurs militaires ou leurs agents à l'étranger, les infractions internationales qu'ils commettent relèvent de l'autorité de ces États. Partant, les droits garantis par la Convention européenne des droits de l'Homme doivent être respectés conformément aux prescriptions de son article 1er.

184. Dans un arrêt de juillet 2011, la Cour de Strasbourg a précisé la notion de contrôle effectif. Dans l'arrêt *Al-Skeini et autres c. Royaume-Uni* du 7 juillet 2011, la Cour européenne des droits de l'Homme a énoncé que *« le principe voulant que la juridiction de l'État contractant au sens de l'article 1er soit limitée à son propre territoire connaît une autre exception lorsque, par suite d'une action militaire (légale ou non), l'État exerce un contrôle effectif sur une zone située en dehors de son territoire. L'obligation d'assurer dans une telle zone le respect des droits et libertés garantis par la Convention découle du fait de ce contrôle, qu'il s'exerce directement, par l'intermédiaire des forces armées de l'État ou par le biais d'une administration locale subordonnée [...]. Dès lors qu'une telle mainmise sur un territoire est établie, il n'est pas nécessaire de déterminer si l'État contractant qui la détient exerce un contrôle précis sur les politiques et actions de l'administration locale qui lui est subordonnée. Du fait qu'il assure la survie de cette administration grâce à son soutien militaire et autre, cet État engage sa responsabilité à raison des politiques et actions entreprises par elle. L'article 1er lui fait obligation de reconnaître sur le territoire en question la totalité des droits matériels énoncés dans la Convention et dans les Protocoles additionnels qu'il a ratifiés, et les violations de ces droits lui sont imputables [...][179] ».*

185. L'affaire *Loizidou c. Turquie*[180] a permis à la Cour de Strasbourg de consacrer l'application extraterritoriale de la Convention à un conflit armé qui se déroule en dehors du territoire national d'un

---

[179] CEDH, gde chambre, requête n° 55721/07, *affaire Al-Skeini et autres c. Royaume-Uni,* 7 juillet 2011, § 138.

[180] Pour plus de développements sur cette affaire, voir TAVERNIER Paul, « Le droit international dans la jurisprudence de la Cour européenne des droits de l'Homme : l'apport des arrêts *Loizidou c. Turquie* », *in Du droit interne au droit international,* Mélanges Raymond Goy, Rouen, Publications de l'Université de Rouen, 1998, pp. 411-427.

État partie. Dans cette affaire, la Cour reconnaissait la responsabilité de la Turquie en raison des violations des droits de l'Homme commises par ses troupes au nord de Chypre. Selon la Cour, *« [...] une Partie contractante peut également voir engager sa responsabilité lorsque, par suite d'une action militaire (légale ou non), elle exerce en pratique le contrôle sur une zone située en dehors de son territoire national. L'obligation d'assurer dans une telle région le respect des droits et libertés garantis par la Convention découle du fait de ce contrôle [...]*[181] ». La Cour a réitéré la même argumentation en examinant l'affaire au fond. Elle a rappelé qu'*« il ne s'impose pas de déterminer si, comme la requérante et le gouvernement chypriote l'avancent, la Turquie exerce en réalité dans le détail un contrôle sur la politique et les actions de la République turque de Chypre nord (ci-après RTCN). Le grand nombre de soldats participant à des missions actives dans le nord de Chypre [...] atteste que l'armée turque exerce en pratique un contrôle global sur cette partie de l'île. D'après le critère pertinent et dans les circonstances de la cause, ce contrôle engage sa responsabilité en raison de la politique et des actions de la RTCN [...]. Les personnes touchées par cette politique ou ces actions relèvent donc de la juridiction de la Turquie aux fins de l'article 1er de la Convention. L'obligation qui lui incombe de garantir à la requérante les droits et libertés définis dans la Convention s'étend en conséquence à la partie septentrionale de Chypre*[182] ».

186. En cas de conflit armé, dès lors qu'un État partie aux conventions régionales de protection des droits de l'Homme exerce son autorité sur un espace donné, les droits garantis par lesdites conventions doivent être respectés. Ainsi, lorsque des violations des droits de l'Homme sont commises lors de ces conflits, les cours régionales sont compétentes pour exiger des États leur répression. L'application extraterritoriale des droits de l'Homme peut ainsi apporter une alternative à l'impunité qui a souvent lieu dans ces zones de non-droit que constituent les conflits armés extraterritoriaux.

187. Cette jurisprudence *Loizidou* a été assouplie par l'affaire *Bankovic* dans laquelle la Cour de Strasbourg a affirmé le caractère exclusivement régional de la Convention européenne des droits de l'Homme. En l'espèce, il s'agissait de requêtes présentées devant la

[181] CEDH, 23 mars 1995, *affaire Loizidou c. Turquie* (exceptions préliminaires), §62.
[182] CEDH, 18 décembre 1996, *affaire Loizidou c. Turquie*, § 56.

Cour par des victimes yougoslaves de l'attaque effectuée par l'un des États membres de l'OTAN, le 23 avril 1999, sur le bâtiment de la Radiotélévision Serbe. Cette attaque avait entraîné la mort de plusieurs personnes. Les requérants demandent à la Cour de condamner les États responsables de cette attaque sur le fondement des dispositions de la Convention européenne des droits de l'Homme. La Cour se fonde sur le principe de territorialité de la Convention pour rejeter la demande des requérants. D'après la Cour, *« la Convention est un traité multilatéral opérant, sous réserve de son article 56, dans un contexte essentiellement régional, dont il est clair que la République fédérale de Yougoslavie ne relève pas. Elle n'a pas vocation à s'appliquer partout dans le monde, même à l'égard du comportement des États contractants*[183] *»*. Ici, la Cour se focalise sur le principe d'application de la Convention sur le seul territoire du Conseil de l'Europe. Cette jurisprudence est trop restrictive. Cependant, la Cour a prévu, dans cette même décision, la possibilité d'une application extraterritoriale de la Convention dans un certain nombre de circonstances exceptionnelles[184] : *« En résumé, il ressort de sa jurisprudence que la Cour n'admet qu'exceptionnellement qu'un État contractant s'est livré à un exercice extraterritorial de sa compétence : elle ne l'a fait jusqu'ici que lorsque l'État défendeur, au travers du contrôle effectif exercé par lui sur un territoire extérieur à ses frontières et sur ses habitants par suite d'une occupation militaire ou en vertu du consentement, de l'invitation ou de l'acquiescement du gouvernement local, assumait l'ensemble ou certains des pouvoirs publics relevant normalement des prérogatives de celui-ci*[185] *»*.

188. La jurisprudence ultérieure de la Cour est beaucoup plus favorable en termes d'application extraterritoriale de la Convention. De nombreux arrêts rendus depuis lors ont consacré le principe d'application extraterritoriale de la Convention pendant les conflits armés. Dans l'affaire *Öcalan c. Turquie*[186], la Cour européenne reconnaît la juridiction de la Turquie dans les termes suivants :

---

[183] CEDH, requête n° 52207/99, 12 décembre 2001, *Bankovic et autres c. Belgique et 16 autres États contractants,* § 80.

[184] Voir DUPUY Pierre-Marie, *Droit international public*, 9e édition, Paris, Dalloz, 2008, p. 262.

[185] CEDH, requête n° 52207/99, 12 décembre 2001, *Bankovic et autres c. Belgique et 16 autres États contractants*, § 71.

[186] Pour plus de détails sur cette affaire, voir WECKEL Philippe, « Jurisprudence internationale », *RGDIP*, 2002, pp. 472-478.

« L'arrestation du requérant a été effectuée par les membres des forces de l'ordre turques à l'intérieur d'un avion, dans la zone internationale de l'aéroport de Nairobi (Kenya). *Le requérant, dès sa remise par les agents kenyans aux agents turcs, s'est effectivement retrouvé sous l'autorité de la Turquie et relevait donc de la juridiction de cet État aux fins de l'article 1er de la Convention, même si, en l'occurrence la Turquie a exercé son autorité en dehors de son territoire*[187] *».*

189. La jurisprudence *Öcalan* a prospéré. La Cour européenne des droits de l'Homme a réitéré cette solution, avec insistance, dans l'affaire *Issa et autres c. Turquie.* Dans ce dernier arrêt, la Cour a énoncé qu'*« un État peut aussi être tenu responsable de violations des droits et des libertés garantis par la Convention touchant des personnes qui se trouvent sur le territoire d'un autre État, mais dont il est établi qu'elles sont sous son autorité et son contrôle, lorsque ces violations sont commises par ses agents opérant dans cet État, légalement ou illégalement. La responsabilité, dans ce type de situation, découle du fait que l'article 1er de la Convention ne saurait être interprété comme autorisant un État partie à perpétrer, sur le territoire d'un autre État, des violations de la Convention qu'il ne pourrait commettre sur son propre territoire*[188] *».*

190. La majorité des conflits armés internationaux se déroule sur des territoires considérés comme des zones de non-droit par les différents protagonistes. Ainsi, les violations graves des droits de l'Homme qui sont commises sont rarement réprimées. L'application extraterritoriale de la Convention européenne des droits de l'Homme dans des situations pareilles est très encourageante et permettra aux États parties à la Convention de respecter leurs engagements en vertu de la Convention même en dehors de leur territoire national. Le contentieux des violations graves des droits fondamentaux commises par les troupes britanniques en Irak en est une illustration.

191. ***L'application extraterritoriale de la Convention européenne des droits de l'Homme aux infractions internationales commises par les troupes britanniques en Irak : l'affaire Al Saadoon et Mufdhi c. Royaume-Uni.*** Le conflit qui a eu lieu en Irak à partir de 2003 a eu

---

[187] CEDH, 12 mars 2003, *Öcalan c. Turquie*, § 93.

[188] CEDH, 16 novembre 2004, *affaire Issa et autres c. Turquie*, § 71 [Traduction du CICR] cité *in* DROEGE Cordula, « Droits de l'Homme et droit humanitaire : des affinités électives ? », *RICR*, vol. 90, 2008, p. 231.

comme conséquence la mort de plusieurs civils irakiens. La mort de civils détenus dans des prisons contrôlées par des troupes britanniques est à l'origine de la saisine de la Cour de Strasbourg dans *l'affaire Al Saadoon et Mufdhi c. Royaume-Uni* du 30 juin 2009. En l'espèce, les requérants étaient détenus par les troupes britanniques dans des prisons sous leur contrôle total et exclusif. À la fin du contrôle des prisons par les troupes britanniques, ces détenus sont transférés aux autorités irakiennes et ils risquent la peine de mort devant le Tribunal spécial irakien. Ainsi, ils ont saisi la Cour européenne des droits de l'Homme au motif que le Royaume-Uni avait violé les droits garantis par la Convention. Leur argumentation repose sur le postulat selon lequel les prisons où ils ont été détenus étaient sous le contrôle effectif des troupes britanniques. Partant, ces prisons étaient sous leur juridiction au sens de l'article 1er de la Convention européenne des droits de l'Homme. En remettant les prisonniers aux autorités irakiennes tout en sachant qu'ils risquaient la peine de mort devant le Tribunal spécial irakien, les autorités britanniques ont violé les droits garantis par la Convention européenne des droits de l'Homme, notamment l'interdiction de la peine de mort.

192. Dans l'affaire *Al Saadoon et Mufdhi c. Royaume-Uni*[189], la Cour de Strasbourg a donné raison aux requérants en reconnaissant la juridiction du Royaume-Uni sur une prison irakienne qui était sous son contrôle effectif au moment des exactions commises. La Cour se fonde sur la théorie du contrôle effectif pour affirmer que les détenus irakiens étaient bel et bien sous la juridiction des troupes britanniques. Dès lors, les droits garantis par la Convention s'appliquent. À partir de ce moment, il est loisible à la Cour de connaître des exactions commises par les troupes britanniques dans des prisons irakiennes qu'elles contrôlaient. En effet, les prisonniers transférés risquaient la peine de mort. Eu égard à l'interdiction absolue de la peine de mort dans l'ordre juridique interne des États membres de la Convention européenne des droits de l'Homme, le Royaume-Uni devait répondre de violation des articles 2, 3, 6 de la Convention et 1 du protocole n° 13 du fait du transfert des requérants[190]. Les civils qui étaient détenus dans les

---

[189] CEDH, requête n° 61498/08, 30 juin 2009, *Al Saadoon et Mufdhi c. Royaume-Uni ; JDI*, n° 3-2010, p. 961 note RENAUT Céline.

[190] Pour plus de détails sur cette affaire, voir GONZALEZ Gérard, « Chronique de jurisprudence de la Cour européenne des droits de l'Homme (2009) », *RDP*, n°3-

centres de détention britanniques pouvaient donc revendiquer les droits garantis par la Convention devant la Cour de Strasbourg.

193. ***L'affaire Al-Skeini et autres c. Royaume-Uni***[191]. En l'espèce, six ressortissants irakiens dont les proches ont été tués par les troupes britanniques en Irak ont saisi la Cour européenne des droits de l'Homme afin que cette dernière reconnaisse la responsabilité du Royaume-Uni sur ces actes. Leur requête se fondait sur le principe selon lequel, lorsque leurs proches ont été tués par les militaires anglais, ils étaient sous la juridiction du Royaume-Uni. Par conséquent, l'État mis en cause était tenu de respecter, même sur le territoire irakien, ses obligations découlant de la Convention européenne des droits de l'Homme, notamment le respect inconditionnel du droit à la vie. Dans cette décision, la Cour a donné gain de cause aux requérants en réaffirmant le principe d'application extraterritoriale de la Convention européenne des droits de l'Homme.

194. Afin de répondre favorablement à la demande des requérants dans cet arrêt *Al-Skeini et autres c. Royaume-Uni*, « *la Cour a souligné qu'un État contractant qui, par le biais de ses forces armées, occupe le territoire d'un autre doit en principe être tenu pour responsable au regard de la Convention des violations des droits de l'Homme qui y sont perpétrées car, sinon, les habitants de ce territoire seraient privés des droits et libertés dont ils jouissaient jusque-là et il y aurait une "solution de continuité" dans la protection de ces droits et libertés au sein de l'"espace juridique de la Convention" [...]. Toutefois, s'il est important d'établir la juridiction de l'État occupant dans ce type de cas, cela ne veut pas dire*, a contrario, *que la juridiction au sens de l'article 1er ne puisse jamais exister hors du territoire des États membres du Conseil de l'Europe. La Cour n'a jamais appliqué semblable restriction dans sa jurisprudence [...]* [192] ».

2010, p. 856 ; FLAUSS Jean-François, « Actualité de la Convention européenne des droits de l'Homme (mars-août 2009) », *AJDA*, 2009, p. 1936.

[191] Voir également, CEDH, gde chambre, requête n° 27021/08, *affaire Al-Jedda c. Royaume-Uni*, 7 juillet 2011 qui retient le même principe d'application extraterritoriale de la Convention européenne des droits de l'Homme en ce qui concerne les exactions commises par les troupes britanniques sur des civils irakiens.

[192] CEDH, gde chambre, requête n° 55721/07, *affaire Al-Skeini et autres c. Royaume-Uni*, 7 juillet 2011, § 142.

195. La Cour a précisé que *« pour déterminer si l'un quelconque des proches des requérants relevait, au moment de son décès, de la juridiction du Royaume-Uni, la Cour prend pour point de départ le fait que, le 20 mars 2003, ce pays, avec les États-Unis et leurs partenaires de la coalition, avait pénétré en sol irakien, par le biais de ses forces armées, dans le but de chasser le régime baasiste alors au pouvoir. Ce but fut atteint le 1er mai 2003, lorsque la fin des principales opérations de combat fut prononcée et que les États-Unis et le Royaume-Uni devinrent des puissances occupantes au sens de l'article 42 du Règlement de La Haye. [...] Ces deux pays, après avoir chassé l'ancien régime, avaient créé l'Autorité provisoire de la coalition pour exercer les pouvoirs du gouvernement à titre temporaire. On peut donc voir qu'après le renversement du régime baasiste et jusqu'à l'instauration du gouvernement intérimaire, le Royaume-Uni a assumé en Irak [...] certaines des prérogatives de puissance publique qui sont normalement celles d'un État souverain, en particulier le pouvoir et la responsabilité du maintien de la sécurité dans le sud-est du pays. Dans ces circonstances exceptionnelles, la Cour considère que le Royaume-Uni, par le biais de ses soldats affectés à des opérations de sécurité à Bassorah lors de cette période, exerçait sur les personnes tuées lors de ces opérations une autorité et un contrôle propres à établir, aux fins de l'article 1er de la Convention, un lien juridictionnel entre lui et ces personnes[193] ».*

196. La solution retenue par la Cour a été soutenue par le juge Bonello dans son opinion concordante. Le juge y énonce que « les États contractants assurent le respect des droits de l'Homme de cinq manières primordiales : premièrement, en s'abstenant de les enfreindre par le biais de leurs agents ; deuxièmement, en mettant en place des systèmes propres à prévenir les violations des droits de l'Homme ; troisièmement, en enquêtant sur les plaintes relatives à pareils méfaits ; quatrièmement, en châtiant leurs agents qui bafoueraient les droits de l'Homme ; et, enfin, en indemnisant les victimes de violations de ce type. Ce sont là les fonctions minimales essentielles que chacun d'eux s'est engagé à assumer en adhérant à la Convention. En vertu du “critère fonctionnel”, un État contractant exerce effectivement sa juridiction dès lors qu'il est en son pouvoir d'accomplir ou de ne pas accomplir l'une quelconque de ces cinq fonctions. Dit très simplement,

---

193 *Ibidem*, §§ 141-149.

un État exerce sa juridiction au sens de l'article 1er si l'accomplissement ou le non-accomplissement de l'une de ces fonctions relève de son autorité et de son contrôle[194]».

197. L'application de la Convention dans ce conflit permet de lutter contre l'impunité dans ces zones de non-droit que constituent certains conflits armés internationaux. En effet, il faut rappeler qu'il est inacceptable que les États commettent, en toute impunité, des violations graves des droits de l'Homme à l'étranger sans pouvoir rendre des comptes. L'application extraterritoriale des droits de l'Homme constitue une alternative à cette impunité. Le rôle des juridictions régionales est décisif dans ce domaine car il permet d'obliger les États à agir en conformité avec les exigences de protection des droits de l'Homme auxquelles ils sont liés. La position de la jurisprudence de la Cour européenne des droits de l'Homme sur l'application extraterritoriale des dispositions de la Convention susmentionnée n'est pas isolée. D'autres organes régionaux de contrôle des droits de l'Homme tels que la Commission interaméricaine des droits de l'Homme ont pris la même position.

2. L'application extraterritoriale de la Convention américaine des droits de l'Homme

198. La Commission interaméricaine des droits de l'Homme joue un rôle déterminant dans la protection des droits fondamentaux consacrés dans le système interaméricain de protection des droits de l'Homme. Pour ce faire, elle a notamment énoncé que les droits fondamentaux consacrés dans la Convention américaine des droits de l'Homme doivent être respectés par les États parties même lorsque ces derniers agissent en dehors de leur territoire.

199. L'application extraterritoriale de la Convention américaine des droits de l'Homme par la Commission a pour soubassement les termes de l'article 1er selon lesquels « les États parties s'engagent à respecter les droits et libertés reconnus dans la présente Convention et à en garantir le libre et plein exercice à toute personne relevant de leur compétence, sans aucune distinction fondée sur la race, la couleur, le sexe, la langue, la religion, les opinions politiques ou autres, l'origine nationale ou sociale, la situation économique, la naissance ou toute

---

[194] CEDH, gde chambre, requête n° 55721/07, *affaire Al-Skeini et autres c. Royaume-Uni,* 7 juillet 2011, opinion concordante du juge Bonello, §§ 10-11.

autre condition sociale ». Cet article 1er constitue l'un des éléments déterminants du dispositif de protection des droits fondamentaux mis en place par la Convention américaine des droits de l'Homme. Par ailleurs, les analyses des spécialistes du système interaméricain de protection des droits de l'Homme abondent dans le même sens. Selon le professeur Christina Cerna, « la Cour interaméricaine considère que l'article 1er est le fondement conventionnel en vertu duquel les États parties sont tenus de respecter chacun des droits protégés et que tout grief allégué de violation de l'un des droits consacrés par la Convention implique en même temps qu'il y a eu violation de l'article 1er § 1. Cette dernière disposition, souligne la Cour, constitue un élément essentiel lorsqu'il s'agit de déterminer si une violation des droits de l'Homme reconnus par la Convention est imputable à l'État[195]». Ainsi, lorsque des violations des droits de l'Homme sont commises sur un territoire étranger par un État partie, ce dernier engage sa responsabilité en vertu de l'article 1er s'il exerce sa compétence sur ce territoire extérieur.

200. À l'instar de la Cour de Strasbourg, la Commission interaméricaine des droits de l'Homme a développé une jurisprudence afférente à l'application extraterritoriale des droits de l'Homme lors des conflits armés. La jurisprudence de la Commission repose sur les notions de contrôle effectif et d'autorité pour consacrer l'application extraterritoriale des droits de l'Homme. Selon la Commission, les droits garantis par le système interaméricain de protection des droits de l'Homme sont applicables à tout individu se trouvant sous la *juridiction* des États parties. La notion de juridiction est interprétée au sens large et permet la répression des violations des droits garantis qui se déroulent en dehors du territoire national d'un État partie. L'affaire *Coard et autres c. États-Unis* a permis à la Commission de prendre cette position.

201. L'affaire *Coard* est intervenue dans le cadre de l'invasion de la Grenade, en 1983, par les forces armées américaines. À la suite de l'invasion, des personnes ayant été détenues par les forces armées américaines avaient saisi la Commission en raison de nombreuses violations des droits fondamentaux consacrés par la Convention américaine des droits de l'Homme.

---

[195] CERNA Christina, « Questions générales de droit international examinées par la Cour interaméricaine des droits de l'Homme », *AFDI*, vol. 42, 1996, p. 730.

202. Dans l'affaire *Coard,* la Commission avait estimé que *« si l'application extraterritoriale de la Déclaration américaine n'a pas été débattue par les parties, la Commission juge pertinent de relever que, dans certaines circonstances, l'exercice de sa juridiction sur des actes se caractérisant par leur extraterritorialité est non seulement conforme aux normes en vigueur mais exigé par elles. Les droits fondamentaux de l'individu sont proclamés dans les Amériques sur la base des principes d'égalité et de non-discrimination "sans distinction de race, de nationalité, de religion ou de sexe". [...] Étant donné que les droits individuels procèdent directement de la qualité d'être humain de tout individu, chaque État américain est tenu d'assurer à toute personne relevant de sa juridiction le bénéfice des droits protégés. Si sont ainsi le plus souvent concernées les personnes se trouvant sur le territoire de l'État envisagé, il peut arriver que le soient aussi des personnes dont la situation présente un élément d'extraterritorialité, ce qui est le cas de celles qui se trouvent sur le territoire d'un État mais relèvent du contrôle d'un autre État (d'ordinaire au travers des actes accomplis par les agents de ce dernier à l'étranger). En principe, l'examen ne tourne pas autour de la nationalité de la victime présumée ou de sa présence sur une aire géographique déterminée, mais autour de la question de savoir si, dans les circonstances de l'espèce, l'État mis en cause a respecté les droits d'une personne relevant de son autorité et de son contrôle[196] ».*

203. La Commission interaméricaine des droits de l'Homme a réitéré sa jurisprudence sur l'application extraterritoriale des droits de l'Homme lors des conflits armés à l'occasion du contentieux des détenus de la base de Guantanamo[197]. La Commission a décidé, dans cette affaire, que les droits de l'Homme s'appliquent, dans le cas d'un conflit armé, à toute personne soumise à l'autorité et au contrôle d'un État. Dans la décision du 12 mars 2002 sur la *demande de mesures de prévention concernant les détenus de la base de Guantanamo*, la Commission a estimé qu'*« aucune personne, placée sous l'autorité ou le contrôle d'un État quelle que soit sa situation, ne peut être privée de*

---

[196] Comm. IADH, n° 10951, *affaire Coard c. États-Unis,* §§ 37, 39, 41 et 43 cité par la CEDH dans l'arrêt *Bankovic* (décision sur la recevabilité), § 23.

[197] Pour plus de détails sur la situation des détenus de la base de Guantanamo, voir MASTOR Wanda, « La prison de Guantanamo : réflexions juridiques sur une zone de non-droit », *AFDI*, 2008, pp. 23-44.

la protection juridique de ses droits de l'Homme fondamentaux et auxquels il ne peut être dérogé[198] *»*.

204. Cette jurisprudence des cours régionales sur l'application extraterritoriale des droits de l'Homme lors des conflits armés est cruciale en termes de protection internationale des droits fondamentaux. Il n'existe pas encore d'émulation des États afin de poursuivre leurs agents auteurs d'infractions internationales. Même s'il existe une répression dans ce sens, elle se fait souvent avec parcimonie. Par conséquent, l'implication des organes de contrôle des droits de l'Homme dans ce domaine est d'une importance capitale. Si les conflits armés hors territoire national sont des zones de non-droit où les États ne respectent pas toujours leurs obligations internationales en matière de protection des droits de l'Homme, les cours régionales peuvent appliquer les conventions régionales à ces États en interprétant la notion de juridiction de manière large afin de les inciter à un meilleur respect de leurs engagements internationaux.

205. La pratique des juridictions nationales en termes d'application extraterritoriale des droits de l'Homme s'oriente vers la même position que celle des instances judiciaires internationales et régionales susmentionnées. Ainsi, il est intéressant d'étudier les affaires *Al-Skeini au Royaume-Uni*[199] et *Rasoul c. Bush aux États-Unis*[200]. À l'occasion de ces affaires, les juridictions internes anglaises et américaines ont énoncé que les droits garantis dans l'ordre juridique interne des deux États s'appliquent également en dehors du territoire national chaque fois que ces États exercent un contrôle effectif sur un territoire étranger. Cette jurisprudence est intervenue dans le cadre de l'intervention militaire des deux pays en Irak et en Afghanistan.

B. L'application extraterritoriale des droits de l'Homme par les juridictions nationales

206. Avant l'intervention des juridictions internationales et régionales, la tâche de faire respecter les droits de l'Homme dans

---

[198] Comm. IADH, 12 mars 2002, *Demande de mesures de précaution concernant les détenus de la base de Guantanamo*, cité *in* SASSOLI Marco et BOUVIER A. Antoine, *Un droit dans la guerre ?,* Volume II, Genève, Comité international de la Croix-Rouge, 2003, p. 1864.

[199] *R Al-Skeini et autres c. Le Secrétaire d'État à la défense*, 2004, EWHC, 2911.

[200] Cour suprême des États-Unis, affaire n° 03-334, 28 juin 2004, *Rasul c. Bush*, 542 US (2004), p. 446.

l'ordre juridique interne incombe d'abord aux États. Pour ce faire, ils sont tenus d'organiser leur système judiciaire de telle sorte que les justiciables puissent demander aux juges internes l'application effective des droits fondamentaux. Dans ce sens, toutes violations des droits de l'Homme commises sous la juridiction des États doivent être dénoncées et réprimées devant les prétoires des juridictions nationales même lorsqu'elles ont été commises en dehors du territoire des États. La jurisprudence nationale qui sera analysée dans les pays suivants illustre ce point de vue susmentionné. Il s'agit de *l'affaire Al-Skeini* devant les juridictions britanniques (1) et de l'affaire des détenus de la base de Guantanamo devant les juridictions américaines, notamment la Cour suprême dans son *affaire Rasul c. Georges W. Bush* (2).

1) L'affaire Al Skeini devant les juridictions britanniques

207. Les violations graves des droits de l'Homme commises lors de la guerre en Irak ont été jugées devant les juridictions britanniques. Dans l'affaire *Al-Skeini*, les forces britanniques étaient mises en cause dans la mort de cinq civils irakiens dans la région de Bassorah ainsi que dans la mort en détention d'une sixième personne dans une prison administrée par l'armée britannique. La mort de la sixième personne est due à de mauvais traitements.

208. Dans cette affaire, les requérants (des civils irakiens) invoquaient devant les juridictions britanniques les dispositions du *Human Rights Act* de 1998 qui incorporent dans l'ordre juridique interne du Royaume-Uni les dispositions de la Convention européenne des droits de l'Homme. En effet, le Royaume-Uni est un pays dualiste. Dans le système dualiste, les normes de droit international et de droit interne sont considérées comme distinctes. Il s'agit en l'occurrence de deux ordres juridiques différents. Dans la théorie dualiste, le droit international tend à régir les rapports interétatiques. Le droit interne quant à lui s'intéresse aux rapports entre individus. Par conséquent, dans les pays dualistes les individus ne peuvent pas en principe demander au juge l'application du droit international. Toutefois, l'État peut édicter une norme de droit interne reprenant les droits garantis par une convention internationale. Dans ce cas, les justiciables des pays dualistes peuvent l'invoquer devant le juge interne. Au Royaume-Uni, le *Human Rights Act* insérant les dispositions de la Convention européenne des droits de l'Homme dans l'ordre juridique interne constitue une illustration de cette possibilité susmentionnée. Cela revient à se poser la question de savoir si le *Human Rights Act* était applicable à des infractions imputées aux troupes britanniques et commises sur le sol irakien. Autrement dit, est-ce que le *Human Rights Act* pouvait s'appliquer de manière extraterritoriale ? Est-ce que la responsabilité du Royaume-Uni pouvait être mise en cause en raison d'infractions commises par ses troupes en Irak sur le fondement du *Human Rights Act* et de la Convention européenne des droits de l'Homme ? Le droit international a beaucoup évolué sur la question de l'application extraterritoriale des droits de l'Homme. Ainsi, il est utile d'étudier la position des juges britanniques sur cette affaire *Al-Skeini* et de voir l'évolution que cette jurisprudence peut apporter en termes de lutte contre l'impunité des auteurs de violations des droits de l'Homme commises en dehors du territoire des États.

209. La protection des droits de l'Homme constitue un impératif du droit international. Elle est mise en œuvre à travers tous les instruments internationaux y afférents et toutes les juridictions existant dans ce domaine. Dans ce sens, l'application extraterritoriale des droits de l'Homme par les juridictions étatiques est d'une importance cruciale.

210. Dans l'affaire *Al-Skeini* était discutée la question de l'application extraterritoriale du *Human Rights Act.* Pour trancher la question ayant trait à la violation du *Human Rights Act* par les troupes britanniques en Irak, les juges se fondent sur l'interprétation de l'article 1er de la Convention européenne des droits de l'Homme et surtout sur la jurisprudence de la Cour européenne des droits de l'Homme dans l'affaire *Bankovic.* Les juges se sont fondés sur la jurisprudence *Bankovic* pour affirmer que la Convention européenne des droits de l'Homme n'avait pas vocation à s'appliquer en dehors du territoire de la Convention. Cependant, pour la situation de l'un des requérants, en l'occurrence M. Mousa, les juges avaient reconnu l'application extraterritoriale du *Human Rights Act.* Une des victimes détenue par l'armée britannique en Irak est décédée en détention, des suites de mauvais traitements. Son père saisit les tribunaux britanniques pour obtenir la condamnation des militaires responsables de la mort de son fils sous le fondement du *Human Rights Act.* Selon les requérants, les droits fondamentaux garantis par la Convention européenne des droits de l'Homme ont été violés par les troupes britanniques en Irak qui se sont rendues coupables de meurtres et de tortures sur des civils irakiens. À la suite de la saisine des juridictions britanniques, la Chambre des Lords, confirmant les décisions des juges de première instance et de la Cour d'appel, a décidé qu'une personne détenue par l'armée britannique en

Irak était sous le contrôle effectif, et donc sous la *juridiction* du Royaume-Uni au sens de l'article 1er de la Convention[201]. Les juges de la Chambre des Lords ont affirmé que le *Human Rights Act* peut s'appliquer chaque fois que les autorités britanniques exercent un contrôle effectif sur les auteurs d'une violation de la Convention. Pour le cas d'espèce, il s'agit de la mise en détention de personnes dans une prison sous le contrôle des troupes britanniques. Par conséquent, les violations commises dans cette prison relèvent bel et bien du *Human Rights Act.*

211. M. Mousa a été placé en garde à vue dans un centre de détention contrôlé par les militaires britanniques. Il est décédé dans ce centre à la suite de mauvais traitements. La Chambre des Lords valide la position suivante de la Cour d'appel. Cette dernière avait conclu que ce cas relevait de la juridiction du Royaume-Uni. Selon elle, *« dans ces circonstances, il est de la responsabilité des autorités pénitentiaires militaires britanniques d'expliquer comment il en est venu à perdre sa vie alors qu'il était gardé à vue par les Britanniques. Il nous semble que cela ne revient pas à fausser les exemples de juridictions extraterritoriales discutés dans la jurisprudence que nous avons abordée plus haut que de considérer qu'une prison militaire britannique opérant en Irak avec le consentement des autorités souveraines et contenant des suspects arrêtés, tombe dans une exception limitée comme les ambassades, les consulats, les navires et les avions, et une prison comme dans le cas* Hess vs. Royaume-Uni. *Il nous semble également que notre interprétation de* Drozd *vient renforcer nos conclusions tout comme les deux cas canadiens et américains discutés, à savoir* Viz Cokk vs. The Queen et Rasul vs. Bush. *Nous ne voyons aucune raison, que ce soit dans les considérations du droit international ou dans les principes, pour que le Royaume-Uni ne réponde pas à une plainte portée dans le cadre des articles 2 et/ou 3 de la Convention[202] ».*

212. Les prisons irakiennes sous le contrôle des troupes britanniques étaient sous la juridiction du Royaume-Uni conformément à l'article 1er

[201] Voir LAGRANGE Evelyne, « L'application de la Convention de Rome à des actes accomplis par les États parties en dehors du territoire national », *RGDIP*, n° 3-2008, p. 559.

[202] *R Al-Skeini and others vs Secretary of State for Defence, 2004, EWHC* 2911 cité par GUILD Elspeth *in* « L'état d'exception, le juge, l'étranger et les droits de l'Homme : trois défis des cours britanniques », *Cultures & Conflits,* n° 58 été 2005, § 38.

de la Convention européenne des droits de l'Homme. Par conséquent, toutes les infractions commises dans ces prisons pouvaient engager la responsabilité du Royaume-Uni au regard de la Convention européenne des droits de l'Homme. La Chambre des Lords en a décidé ainsi en assimilant les prisons contrôlées par les troupes britanniques aux ambassades, vaisseaux et navires relevant de l'étroite « exception consulaire[203] ». La position des juges britanniques dans *l'affaire Mousa* est très encourageante en termes de lutte contre l'impunité des violations des droits de l'Homme commises par les organes étatiques à l'étranger. Elle démontre que les juridictions nationales sont préoccupées par le respect des engagements internationaux des États en matière de protection des droits fondamentaux même en dehors de leur territoire. Cette jurisprudence britannique a été réitérée par d'autres juridictions nationales. En effet, les juridictions internes des États-Unis ont également considéré que les droits fondamentaux consacrés dans l'ordre juridique interne américain notamment le *due process of law* et *l'habeas corpus* s'appliquent également sur tout territoire sous le contrôle effectif des États-Unis.

2) L'application extraterritoriale des droits fondamentaux garantis dans l'ordre juridique interne américain aux détenus de la base de Guantanamo

213. La jurisprudence *Al-Skeini* devant les juridictions britanniques est loin d'être isolée. La même solution a été retenue par la Cour suprême des États-Unis à propos des prisonniers de la base de Guantanamo. Dans sa lutte contre le terrorisme, « l'administration Bush » soutenait que les prisonniers de la base de Guantanamo ne bénéficient pas de la protection du droit international humanitaire tant qu'ils sont détenus en dehors du territoire des États-Unis. La Cour suprême a rejeté cette argumentation dans son arrêt *Rasul c. Bush*[204]. Elle a affirmé que la base de Guantanamo relevait de la juridiction des États-Unis même si ce centre ne fait pas formellement partie du territoire américain. Par conséquent, les droits garantis dans l'ordre juridique américain, notamment *l'habeas corpus*, peuvent être invoqués

---

[203] Voir ROMAINVILLE Céline, « Contentieux irakien et extra-territorialité : de la nécessité de dépasser *Bankovic* », *RTDH*, n° 80-2009, p. 1033.

[204] Cour suprême des États-Unis, affaire n° 03-334, 28 juin 2004, *Rasul c. Bush*, 542 US (2004), pp. 446.

par les prisonniers de la base de Guantanamo devant les prétoires des juridictions américaines.

214. L'affaire *Rasul c. Bush* a permis à la Cour suprême des États-Unis d'énoncer que la base de Guantanamo constitue un territoire sur lequel les États-Unis exercent une compétence et un contrôle absolu[205]. Selon la juridiction suprême américaine, *« les États-Unis occupent la base de 45 miles² sur la côte sud-est de Cuba en vertu de l'Accord de location de 1903 pris avec la République de Cuba nouvellement indépendante après la guerre avec l'Espagne. Selon l'Accord "les États-Unis reconnaissent la continuité de la souveraineté de la République de Cuba sur le territoire loué", alors que "la République de Cuba consent à ce que pendant la période d'occupation américaine [...] les États-Unis exercent une compétence et un contrôle complet sur ce territoire". En 1934, les parties décidèrent par traité, qu'en l'absence d'un accord modifiant ou abrogeant la location, celle-ci resterait valide aussi longtemps que les États-Unis n'abandonneraient pas [...] la base navale de Guantanamo[206] »*. Ainsi, la protection des droits de l'Homme garantis dans l'ordre juridique américain s'applique également à cette base[207]. Les États-Unis exercent un contrôle effectif sur cette base. Partant, leurs engagements en matière de protection des droits de l'Homme y sont valables et applicables[208]. Cette jurisprudence renforce l'idée selon laquelle il ne saurait y avoir de zones de non-droit

---

205 Voir Commission européenne, *Guantanamo : une violation des droits de l'homme et du droit international ?,* Strasbourg, *Éditions du Conseil de l'Europe*, 2007, p. 46.

206 Cour suprême des États-Unis, affaire n° 03-334, 28 juin 2004, *Rasul c. Bush*, p. 2-3 Traduction non-officielle, citée par FOURÇANS Claire, « L'ineffectivité du droit de ne pas être détenu arbitrairement pour les prisonniers de Guantanamo », *in* CHAMPEIL-DESPLATS Véronique et LOCHAK Danièle, (dir.), *À la recherche de l'effectivité des droits de l'homme*, Paris, Presses universitaires de Paris 10, 2008, p. 165.

207 Pour davantage de détails sur cette affaire, voir FLETCHER P. George, « Citoyenneté et dignité de la personne dans la jurisprudence du droit de la guerre : Hamdi, Padilla et les détenus de Guantanamo Bay (À propos de l'arrêt du 28 juin 2004 de la Cour suprême des États-Unis en cause *Rasul et autres c. Georges W. Bush) », RTDH*, n° 60-2004, pp. 841-859.

208 Pour plus de détails sur ces questions, voir BOTREAU-BONNETERRE Sébastian, « Le contrôle par les juridictions américaines de la guerre globale contre le terrorisme : aspects internationaux », *Cahiers de la recherche sur les droits fondamentaux*, n° 6-2007, pp. 101-112 ; CLEYET-MAREL Julien et FERCHICHE Nassima, « La législation américaine antiterroriste et le droit international », *L'Observatoire des Nations Unies*, 2008-1, vol.24, pp. 330-359.

partout dans le monde où les États violeraient leurs obligations internationales en toute impunité.

215. La position des juges britanniques et américains sur l'application extraterritoriale des droits garantis dans l'ordre juridique interne est logique. Cette application extraterritoriale s'impose davantage lorsque l'État exerce un contrôle effectif sur un territoire ou une partie d'un territoire étranger. Le cas échéant, le respect des droits fondamentaux sur ce territoire lui incombe. Il s'agit dans ce cas d'une continuité de la juridiction (compétence juridictionnelle) de cet État. Par conséquent, tous les droits garantis dans son ordre juridique interne doivent être respectés dans cette situation. Dès lors, lorsque des violations des droits fondamentaux sont commises, les victimes et leurs ayants droit peuvent demander aux juges internes de mettre en œuvre la responsabilité de l'État dans les exactions commises et de réclamer des réparations lorsque cela est nécessaire.

216. Au-delà de l'interprétation dynamique des conventions régionales, les juridictions de protection des droits de l'Homme peuvent également intervenir dans une meilleure protection des droits fondamentaux dans les situations de dérogation aux droits garantis dans les instruments régionaux. Dans cette dernière hypothèse, il s'agit de faire usage d'autres sources de droit international expressément prévues par les conventions afin d'obliger les États à respecter les autres exigences du droit international en matière de protection des droits de l'Homme. Cette possibilité est prévue par les clauses de renvoi aux autres sources de droit international contenues dans les conventions régionales de protection des droits de l'Homme. Cela constitue un moyen pour les juridictions régionales de contrôle des droits de l'Homme de se déclarer compétentes pour exiger des États la répression des violations graves des droits de l'Homme dans certaines circonstances. Dans la partie suivante, l'analyse se focalisera sur les différentes possibilités d'utiliser ces clauses de renvoi au droit international afin d'améliorer la lutte contre l'impunité devant les prétoires des juridictions nationales.

Conclusion du chapitre 2

217. Comme il a déjà été souligné dans cette étude, de nombreuses règles de droit procèdent souvent de l'évolution de la société. Par conséquent, aucune norme juridique ne saurait rester statique une fois qu'elle est posée et a acquis valeur de droit positif. Il s'agit là d'un principe réaliste ayant pour finalité d'éviter l'inadéquation de nombreuses normes juridiques consacrées à l'échelle internationale, régionale et nationale. Les développements afférents à l'interprétation évolutive contenus dans ce chapitre s'inscrivent dans cette logique. Par ailleurs, de nombreux organes de contrôle des conventions régionales des droits de l'Homme ont orienté leur jurisprudence dans ce sens en énonçant que lesdites conventions constituent des instruments vivants à interpréter à la lumière des conditions de vie et des exigences sociales actuelles. L'interprétation évolutive de la notion de juridiction et l'application extraterritoriale des droits de l'Homme par les juridictions chargées de contrôler le respect des droits de l'Homme entrent également dans ce cadre. Il s'agit tout simplement d'adapter le droit à l'évolution des relations internationales. En effet, de nombreux États sont souvent appelés à intervenir militairement à l'étranger, soit dans le cadre de la mise en œuvre de la sécurité collective prévue par les Nations Unies, soit dans le cadre du maintien de la paix à l'échelle régionale. Il peut aussi s'agir d'une action unilatérale. Par conséquent, une obligation de respecter les droits fondamentaux consacrés dans leur propre ordre juridique interne leur doit être imposée dans ces circonstances. Dans la perspective de rendre effective cette exigence, les juridictions chargées de contrôler le respect des droits de l'Homme interprètent de manière évolutive les différents instruments existant dans ce domaine aux fins de prendre en considération toutes les violations graves des droits fondamentaux, quels que soient l'endroit et les circonstances de paix ou de conflit dans lesquelles elles ont été commises. Une interprétation évolutive des différents instruments des droits de l'Homme a notamment permis aux juges de mettre en application les principes d'interprétation évolutive et d'application extraterritoriale des instruments de protection des droits de l'Homme. Cela a été constaté devant les prétoires des juridictions internationales, régionales et nationales.

Conclusion de la première partie

218. L'interaction entre les différentes normes juridiques afférentes à la protection des droits fondamentaux analysée dans la première partie de cette étude est utile, voire nécessaire. Il s'agissait tout simplement de rendre effective cette idée de plus en plus fréquemment défendue selon laquelle les obligations internationales de respecter les droits de l'Homme reposent sur un ordre juridique international de protection des droits fondamentaux constitué de l'ensemble des prescriptions contenues dans les différents instruments existant dans ce domaine. Une meilleure efficacité d'un tel ensemble ne peut s'obtenir qu'avec une application concomitante des différentes normes juridiques qui le composent. Ce principe de complémentarité est en soi très important. Partant, sans sa formulation concrète, il ne peut pas avoir d'utilité. Les instances chargées de contrôler le respect des droits de l'Homme à l'échelle internationale, régionale et nationale ont bien compris cela. Par conséquent, depuis 1968 notamment, elles essaient de mettre à exécution ce principe de complémentarité entre le droit international des droits de l'Homme et le droit international humanitaire. Une telle dynamique est notée au sein des organisations interétatiques universelles et régionales. Cela était indispensable eu égard au rôle qu'elles doivent jouer dans le maintien de la paix et de la sécurité internationales. Il faut souligner dans ce sens les menaces que représentent les violations graves des droits de l'Homme sur le maintien de la paix et la sécurité internationales. Ainsi, le fait d'énoncer que toutes les violations graves des droits fondamentaux peuvent être réprimées sur la base de n'importe quel instrument juridique pertinent dans ce domaine et liant les États représente une avancée majeure en matière d'effectivité des droits de l'Homme. Voilà, entre autres, le soubassement de la consécration universelle de la complémentarité entre le droit international des droits de l'Homme et le droit international humanitaire.

219. Par ailleurs, il est important de mettre en exergue les différents efforts de la doctrine et de la jurisprudence en termes de complémentarité entre les différents instruments de protection des droits de l'Homme. Cela a été déterminant pour l'application concrète du principe de complémentarité entre les différents instruments susmentionnés consacré par la communauté internationale. En effet, de nombreuses normes juridiques créées par cette communauté deviennent caduques en raison notamment de leur inapplication. Ainsi, le rôle de la doctrine et de la jurisprudence dans la vulgarisation et l'application concrète de la complémentarité entre le droit international des droits de l'Homme et le droit international humanitaire mérite d'être souligné. Cela est d'autant plus nécessaire que les normes juridiques ne procèdent pas exclusivement du travail du « législateur international » ou du législateur national. En réalité, la doctrine et la jurisprudence sont souvent impliquées, de manière directe ou indirecte, dans le processus législatif à l'échelle internationale, régionale et nationale. La complémentarité implique également une interconnexion entre le droit international des droits de l'Homme et le droit international humanitaire. Il ne s'agissait pas dans cette première partie d'énoncer uniquement cette idée de complémentarité. Il fallait ensuite essayer d'apporter des éclairages sur la pertinence d'une telle complémentarité. Pour ce faire, les différents renvois des instruments de protection des droits de l'Homme à d'autres sources de droit international ont été analysés. Leur mise en application par certaines juridictions de contrôle des droits de l'Homme a notamment permis de réduire l'impunité de nombreuses violations graves des droits de l'Homme.

220. De nos jours, aucun instrument afférent à la protection des droits fondamentaux ne peut plus être considéré comme protégeant uniquement les droits qu'il consacre expressément. Ces derniers entrent dans le cadre d'une protection globale des droits fondamentaux à l'échelle universelle que les juges doivent prendre en considération. Pour ce faire, la mise en application de la complémentarité entre le droit international des droits de l'Homme et le droit international humanitaire prônée dans cette étude constitue l'une des meilleures solutions. De plus, la deuxième partie de cette étude s'intéressera, de manière concrète, à la mise en œuvre de cette complémentarité susmentionnée, surtout par les organes régionaux de contrôle des droits de l'Homme créés par les conventions régionales relatives à la protection des droits fondamentaux.

DEUXIÈME PARTIE

LA MISE EN ŒUVRE DE LA COMPLÉMENTARITÉ ENTRE LE DROIT INTERNATIONAL DES DROITS DE L'HOMME ET LE DROIT INTERNATIONAL HUMANITAIRE

221. L'analyse de la convergence entre les différents instruments de protection des droits de l'Homme s'appuie notamment sur la jurisprudence de certaines juridictions de contrôle des droits de l'Homme. Cela signifie qu'il ne s'agit pas tout simplement de relever dans cette étude les différentes positions doctrinales sur la question de la complémentarité entre les droits de l'Homme et le droit international humanitaire. De plus, il est utile, voire nécessaire, d'illustrer la position de la doctrine sur la complémentarité susmentionnée. Autrement dit, il est important d'étudier la jurisprudence mettant en œuvre, de manière concrète, la complémentarité entre le droit international des droits de l'Homme et le droit international humanitaire dans la perspective d'obliger les États à respecter tous leurs engagements internationaux relatifs aux droits de l'Homme et d'octroyer la meilleure protection aux victimes ou à leurs ayants droit. Pour ce faire, l'analyse qui sera effectuée dans cette deuxième partie s'appuiera sur la jurisprudence des instances internationales de contrôle des droits de l'Homme et surtout sur celle des juridictions régionales. En ce qui concerne les juridictions régionales, il s'agira d'insister sur la jurisprudence des organes de contrôle des conventions européenne et américaine des droits de l'Homme. Les juridictions créées par les organismes interétatiques régionaux et chargées de contrôler le respect des droits de l'Homme jouent un rôle crucial en termes d'effectivité des droits fondamentaux dans l'ordre juridique interne des États. Dans ce sens, leur implication dans la dynamique de complémentarité entre le droit international des droits de l'Homme et le droit international humanitaire revêt une double importance. D'une part, cela renforce cette complémentarité à l'échelle internationale dans la mesure où ces juridictions régionales possèdent une grande autorité en matière de protection internationale des droits de l'Homme. En effet, leur jurisprudence est souvent citée ou reprise par d'autres juridictions. D'autre part, ces juridictions exercent une influence considérable sur les juridictions internes. Par conséquent, la jurisprudence des cours régionales sur la complémentarité entre le droit international des droits de l'Homme et le droit international humanitaire sera sans doute suivie dans l'ordre juridique interne des États. Ainsi, dans cette réflexion portant sur la complémentarité entre les différents instruments internationaux précités, il est utile d'analyser la mise en œuvre concrète de cette complémentarité à travers la jurisprudence régionale. Cela a pour finalité d'essayer de démontrer que la thèse des différents auteurs sur la complémentarité analysée dans la première partie de cette étude a été confortée par la jurisprudence de nombreuses juridictions internationales, régionales et nationales chargées de contrôler le respect des droits de l'Homme. Il s'agit tout simplement pour l'ensemble de ces organes de contrôle des droits de l'Homme de mettre à la charge des États une obligation de respecter tous leurs engagements internationaux en matière de protection des droits de l'Homme. Pour ce faire, ces juridictions ont souvent recours, de manière complémentaire, au droit international des droits de l'Homme et au droit international humanitaire aux fins d'octroyer une meilleure réparation aux victimes de violations graves des droits de l'Homme.

222. L'idée de complémentarité analysée dans la première partie de cette étude est très novatrice dans la perspective d'une protection plus effective des droits de l'Homme à l'échelle universelle. Cependant, elle ne sera pas utile sans son application concrète. Pour cette raison, la deuxième partie de cette étude se propose de réfléchir à la mise en œuvre de la complémentarité entre le droit international des droits de l'Homme et le droit international humanitaire à travers la jurisprudence des organes de contrôle des droits de l'Homme. Pour ce faire, il s'agira d'abord d'essayer d'analyser la convergence entre les différents instruments de protection des droits de l'Homme à travers les clauses de renvoi contenues dans les différents traités existant dans ce domaine. Selon une interprétation doctrinale très répandue, ces clauses contenues principalement dans les conventions régionales de protection des droits de l'Homme renvoient notamment au droit international humanitaire conventionnel et coutumier. Par conséquent, l'exigence de leur respect par les organes de contrôle des conventions régionales des droits de l'Homme s'inscrit dans le cadre de la complémentarité entre le droit international des droits de l'Homme et le droit international humanitaire (Chapitre 1). Par ailleurs, cette complémentarité ne se limite pas seulement à des clauses de renvoi à d'autres sources de droit international afférentes à la protection des droits de l'Homme. En effet, certaines juridictions de contrôle des droits de l'Homme font de plus en plus fréquemment référence au droit international humanitaire ou l'appliquent directement devant leurs prétoires. Ce mouvement jurisprudentiel s'observe surtout depuis les années 1990. Cela est surtout facilité par le développement de la justice pénale internationale et la jurisprudence fulgurante des tribunaux pénaux internationaux. En réalité, le dialogue des juges favorise de plus en plus souvent la sophistication de la protection internationale des droits de l'Homme. L'application du droit international humanitaire devant les prétoires de certaines juridictions de protection des droits de l'Homme s'inscrit dans cette logique (Chapitre 2).

CHAPITRE PREMIER

LE RENVOI DES INSTRUMENTS DE PROTECTION DES DROITS DE L'HOMME AU DROIT INTERNATIONAL HUMANITAIRE

223. Les cours régionales de protection des droits de l'Homme possèdent une compétence fixée par les prescriptions des conventions qui les ont instituées. Toutefois, ces conventions sont considérées comme des standards minima de protection des droits de l'Homme. Pour cette raison, elles font référence à d'« autres obligations découlant du droit international » que les États parties doivent respecter lorsqu'ils veulent déroger à certains droits fondamentaux qu'elles garantissent. Dans les situations exceptionnelles de dérogation aux conventions régionales, les cours régionales doivent se déclarer compétentes afin d'exiger la répression de toutes les violations des droits de l'Homme découlant des autres obligations des États auxquelles font référence les instruments régionaux de protection des droits fondamentaux. En effet, en cas de dérogation aux droits de l'Homme, les États ne sont plus liés par certaines prescriptions contenues dans les conventions régionales. Par conséquent, il existe une possibilité d'impunité lorsque des violations des droits garantis sont commises dans de pareilles circonstances.

224. Le principe selon lequel les conventions régionales conditionnent la validité d'une dérogation au respect d'autres obligations des États découlant du droit international signifierait que ces conventions reconnaissent ces autres obligations internationales des États comme étant applicables devant les juridictions chargées du contrôle de leur respect. Selon une interprétation de la doctrine, ces autres obligations découlant du droit international comprennent principalement les autres instruments de protection des droits de l'Homme et surtout le droit international humanitaire. L'idée à développer ici est relativement simple. Il s'agit de déduire de cette reconnaissance du droit international humanitaire une compétence permettant aux cours régionales des droits de l'Homme d'exiger des États la répression des violations graves du droit international humanitaire en cas de dérogation aux droits l'Homme. Pour ce faire, il faudra analyser la portée de ces autres obligations du droit international auxquelles font référence les conventions régionales des droits de l'Homme (Section 1). Ensuite, il s'agira de conclure de cette analyse une compétence des cours régionales des droits de l'Homme pour s'impliquer dans la répression des violations graves du droit international humanitaire sur la base des clauses de renvoi contenues dans les conventions régionales des droits de l'Homme, surtout dans les situations de conflit armé. La jurisprudence de la Cour européenne des droits de l'Homme sera prise comme exemple afin d'illustrer le point de vue susmentionné (Section 2).

SECTION 1 : LE RENVOI EXPLICITE DES CONVENTIONS RÉGIONALES DES DROITS DE L'HOMME AU DROIT INTERNATIONAL HUMANITAIRE

225. La nécessité de la convergence entre les nombreux instruments de protection des droits de l'Homme est illustrée par leurs différentes interactions. Ces dernières peuvent procéder de la jurisprudence, c'est-à-dire du dialogue des juges. Il peut s'agir également de l'interprétation d'un instrument à la lumière des dispositions plus pertinentes d'un autre. Cependant, l'une des meilleures illustrations de cette convergence entre les différents instruments de protection des droits fondamentaux est constituée par le renvoi explicite des conventions afférentes aux droits de l'Homme aux autres obligations internationales existant dans ce domaine. Aux fins d'illustrer ce point de vue, le principe de renvoi des instruments de protection des droits de l'Homme à d'autres obligations du droit international sera d'abord explicité (§1). Ensuite, la position de la doctrine sur le contenu de ces renvois sera étudiée (§2). Enfin, la mise en œuvre des clauses de renvoi par les organes de contrôle des droits de l'Homme sera analysée (§3).

§1.- Le principe de renvoi des instruments de protection des droits de l'Homme aux autres obligations des États découlant du droit international

226. Les conventions régionales de protection des droits de l'Homme fixent des règles minimales. Il appartient donc aux États et aux juges de les compléter par d'autres instruments internationaux mieux adaptés afin de rendre plus efficace la lutte contre l'impunité des violations des droits fondamentaux. En ce qui concerne la Convention européenne des droits de l'Homme, le professeur Jean-François Flauss explique que cette Convention n'est qu'un standard minimum qu'il faut enrichir par l'application d'autres sources de droit international. Selon lui, « les engagements souscrits par un État partie à la Convention européenne des droits de l'Homme ne constituent qu'un standard minimum. Dès lors qu'un autre instrument conventionnel liant un État contractant (ou une norme de droit international général) garantirait un standard de protection plus élevé, il y aurait lieu de faire application de la clause du traitement le plus favorable à l'individu, d'ailleurs inscrite à l'article 53 de la Convention[209] ». Or, tous les États parties aux conventions de protection des droits de l'Homme sont également parties aux Conventions de Genève qui exigent la répression des infractions graves au droit international humanitaire. Plusieurs autres conventions internationales relatives aux droits fondamentaux ont été ratifiées par ces mêmes États. Dès lors, même si les conventions régionales n'ont pas prévu, à l'origine, la possibilité de réprimer certaines violations des droits de l'Homme découlant d'autres sources de droit international, les clauses de renvoi contenues dans lesdites conventions pourraient permettre aux juridictions régionales d'intervenir dans la protection des droits fondamentaux garantis par des instruments de protection des droits de l'Homme différents des conventions régionales.

227. Par ailleurs, l'usage d'autres obligations internationales liant les États afin de réprimer les violations des droits de l'Homme est consacré par les juridictions pénales internationales. La jurisprudence du TPIY s'oriente dans ce sens. Dans l'arrêt *Tadic*, le TPIY avait estimé qu'il lui était loisible d'utiliser tout instrument international liant les États pour procéder à la répression des crimes internationaux. Selon le TPIY, *« il s'ensuit que le Tribunal international est autorisé à appliquer, outre le droit international coutumier, tout traité qui lie incontestablement les Parties à la date de la commission du crime* [et qui] *ne s'oppose pas ou ne déroge pas aux normes impératives du droit international, comme dans le cas de la plupart des règles coutumières du droit international humanitaire[210] ».*

228. Au XXIe siècle, la lutte contre l'impunité des violations graves des droits de l'Homme constitue une obligation consacrée par la communauté internationale dans son ensemble. Le noyau dur des droits

---

209 FLAUSS Jean-François, « Convention européenne des droits de l'Homme », *in* CHAGNOLLAUD Dominique et DRAGO Guillaume (dir.), *Dictionnaire des droits fondamentaux*, Paris, Dalloz, 2010, p. 80.

210 TPIY, 2 octobre 1995, arrêt *Tadic*, (arrêt relatif à l'appel de la défense concernant l'exception préjudicielle d'incompétence), § 143.

de l'Homme correspond aux droits indérogeables et aux normes de *jus cogens* qui s'imposent à la communauté internationale dans son ensemble. Les conventions régionales de protection des droits de l'Homme, qui fixent des limites aux possibilités de dérogation, renvoient aux « autres obligations découlant du droit international » qui correspondent à certaines normes de *jus cogens*, au noyau dur des droits de l'Homme et au droit international humanitaire. Les cours régionales peuvent s'appuyer sur de telles clauses afin de revendiquer une compétence pour exiger des États la répression des violations des droits fondamentaux lorsque les conditions de dérogation aux droits de l'Homme sont remplies. Les autres obligations internationales des États ne peuvent s'entendre sans la nécessité de poursuivre et de réprimer les auteurs de violations graves des droits de l'Homme. En exploitant toutes les possibilités contenues dans les conventions régionales, les juges régionaux peuvent trouver les moyens leur permettant d'assurer une meilleure effectivité des droits de l'Homme comme l'exigent les conventions à travers les clauses de renvoi aux autres obligations internationales des États. Cette idée est confortée par les clauses de renvoi contenues dans de nombreux instruments de protection des droits de l'Homme. Quelles sont ces clauses de renvoi et quelle a été la position de la doctrine sur ces questions ? L'analyse du point suivant tentera de répondre à ces interrogations.

229. Les différents instruments de protection des droits de l'Homme sont institués dans des zones géographiques et dans des contextes différents. Cependant, ils se recoupent et visent le même objectif de protection des droits fondamentaux. Ainsi, l'article 4 §1 du Pacte international relatif aux droits civils et politiques, dans ses dispositions afférentes aux possibilités de dérogations aux droits garantis, se réfère aux autres obligations internationales relatives aux droits de l'Homme liant les États. Aux termes de l'article 4 § 1 du Pacte, « dans le cas où un danger public exceptionnel menace l'existence de la nation et est proclamé par un acte officiel, les États parties au présent Pacte peuvent prendre, dans la stricte mesure où la situation l'exige, des mesures dérogeant aux obligations prévues dans le présent Pacte, sous réserve que ces mesures ne soient pas incompatibles avec *les autres obligations que leur impose le droit international*[211] et qu'elles n'entraînent pas une discrimination fondée uniquement sur la race, la couleur, le sexe, la

[211] Souligné par nous.

langue, la religion ou l'origine sociale ». Les conventions régionales des droits de l'Homme créées notamment au niveau européen et interaméricain reprennent cette même exigence de respect des autres obligations internationales des États parties en cas de dérogation.

230. Dans leurs dispositions concernant les possibilités de dérogation aux droits garantis, les conventions régionales européenne et interaméricaine des droits de l'Homme renvoient expressément au droit international humanitaire[212]. L'article 15 § 1 de la Convention européenne des droits de l'Homme énonce qu'« en cas de guerre ou en cas d'autre danger public menaçant la vie de la nation, toute Haute Partie contractante peut prendre des mesures dérogeant aux obligations prévues par la présente Convention, dans la stricte mesure où la situation l'exige et *à la condition que ces mesures ne soient pas en contradiction avec les autres obligations découlant du droit international*[213] ». Quant à la Convention américaine des droits de l'Homme, son article 27 prévoit qu'« en cas de guerre, de danger public ou dans toute autre situation de crise qui menace l'indépendance ou la sécurité d'un État partie, celui-ci pourra, strictement en fonction des exigences du moment, prendre des mesures qui suspendent les obligations contractées en vertu de la présente Convention, *pourvu que ces mesures ne soient pas incompatibles avec les autres obligations imposées par le droit international*[214] et n'entraînent aucune discrimination fondée uniquement sur des considérations de race, de couleur, de sexe, de langue, de religion ou d'origine sociale ». Ces deux dispositions énoncent clairement que les conventions renvoient au droit

---

[212] Pour plus de détails sur ces questions, voir ERGEC Rusen, *Les droits de l'Homme à l'épreuve des circonstances exceptionnelles,* Bruxelles, Bruylant, 1987, p. 214 et s ; GONZALEZ Gérard, « L'état d'urgence au sens de l'article 15 de la Convention européenne des droits de l'Homme », *Cahiers de la recherche sur les droits fondamentaux*, n° 6-2007, pp. 93-100 ; TAVERNIER Paul, « Article 15 », *in* PETTITI Louis Edmond, DECAUX Emmanuel et IMBERT Pierre-Henry (dir.), *Convention européenne des droits de l'Homme. Commentaire article par article*, 2e édition, Paris, Economica, 1999, p. 500 et s ; DE DEUS PINHEIRO Farinha Joao, « L'article 15 de la Convention (européenne des droits de l'Homme) », *in* FRANZ Matscher Hebert (dir.), La *protection des droits de l'Homme : la dimension européenne*, Mélanges Gérard J.Wiarda, Berlin, Carlheymanns Verlag HG, 1988, pp. 521-529 ; DUFFY Peter, « Note sur l'article 15 de la Convention européenne des droits de l'Homme », *in* PRÉMONT Daniel (dir.), *Droits intangibles et états d'exception*, Bruxelles, Bruylant, 1996, pp. 193-201.

[213] Souligné par nous.

[214] Souligné par nous.

international, y compris au droit international humanitaire. La jurisprudence sur ces dispositions de renvoi au droit international humanitaire est rare. Néanmoins, les analyses doctrinales démontrent que les conventions font notamment référence au droit international humanitaire afin de limiter les violations graves des droits de l'Homme commises dans les circonstances exceptionnelles de dérogation.

231. Avant que les cours régionales puissent se déclarer compétentes pour appliquer le droit international humanitaire, il faut que toutes les conditions de la dérogation soient réunies. Autrement dit, lorsque les États ne font pas savoir leur volonté de déroger aux conventions régionales, les clauses de renvoi aux autres obligations découlant du droit international ne s'appliquent pas. En revanche, lorsque les États dérogent aux droits garantis en cas de circonstances exceptionnelles, les cours régionales sont compétentes pour veiller au respect des autres obligations internationales des États en matière de protection des droits de l'Homme y compris du droit international humanitaire. À ce titre, toutes les violations de ce droit peuvent être dénoncées par elles.

232. Il faut tout de même souligner le fait que la Charte africaine des droits de l'Homme et des peuples créée par l'Union africaine (ex-Organisation de l'unité africaine) ne prévoit aucune possibilité de dérogation aux droits garantis. La Commission africaine des droits de l'Homme et des peuples a interprété ce silence de la Charte comme équivalent à une absence totale de dérogation aux droits garantis. Dans sa Communication n° 74/92 (1995), *Commission nationale des droits de l'Homme et des libertés c. Tchad,* la Commission a énoncé que *« contrairement aux autres instruments des droits de l'Homme, la Charte africaine ne permet pas une dérogation aux obligations du traité en raison des situations d'urgence. Ainsi, même une situation de guerre civile au Tchad ne peut être invoquée pour justifier la violation par l'État ou son autorisation de violation de la Charte africaine des droits de l'Homme et des peuples*[215] *».*

233. Cette position de la jurisprudence de la Commission africaine des droits de l'Homme et des peuples est remarquable surtout dans le contexte africain. En effet, de nombreuses crises débouchant sur des

---

[215] Commission africaine des droits de l'Homme, Communication n° 74/92, *Commission nationale des droits de l'Homme et des libertés c. Tchad,* paragraphe 36, http://www.achpr.org/files/sessions/18th/comunications/74.92/achpr18_74_92_fra.pdf, consulté le 21 mars 2013.

conflits internes ou des guerres civiles interviennent très fréquemment en Afrique. Par conséquent, le fait de permettre une dérogation aux droits garantis dans la Charte africaine des droits de l'Homme et des peuples dans les situations fréquentes de guerres civiles ou de conflits internes aboutirait *in fine* à une ineffectivité quasi permanente de la Charte africaine des droits de l'Homme et des peuples dans de nombreux États africains. En effet, de nombreux États africains font face, de manière chronique, à des conflits internes ou guerres civiles. Ainsi, une possibilité de dérogation aux droits garantis dans la Charte africaine des droits de l'Homme et des peuples aurait des conséquences dramatiques sur la protection des droits de l'Homme en Afrique qui se trouve déjà dans une situation d'inefficacité incontestable. C'est pour cette raison que cette décision de la Commission africaine des droits de l'Homme susmentionnée est importante.

234. Même s'il n'existe pas encore de jurisprudence sur la portée des autres obligations découlant du droit international susmentionnées, un certain nombre d'auteurs s'accordent pour dire qu'il s'agit principalement des autres instruments de protection des droits de l'Homme et surtout du droit international humanitaire. Dans le paragraphe suivant, les analyses tenteront d'apporter plus d'éclairages dans ce sens.

§2.- La position de la doctrine sur le renvoi des conventions régionales des droits de l'Homme au droit international humanitaire

235. Il existe une doctrine abondante sur les clauses de renvoi des conventions régionales aux autres obligations des États en matière de protection des droits de l'Homme découlant du droit international. Afin d'étudier ce courant doctrinal, il sera utile d'insister sur la Convention européenne des droits de l'Homme et ses renvois aux autres obligations internationales des États parties.

236. Selon l'article 15 § 1 de la Convention européenne des droits de l'Homme précité, les dérogations aux droits garantis par la Convention doivent être en conformité avec les autres obligations du droit international s'imposant aux États parties. La question qui se pose est de savoir quelles sont les normes auxquelles fait référence l'article 15 § 1 de la Convention européenne des droits de l'Homme. En l'absence d'une jurisprudence importante dans ce domaine, les analyses doctrinales permettront de déterminer ce qu'il faut entendre par « autres obligations découlant du droit international ». Selon plusieurs auteurs, il s'agit du droit international des droits de l'Homme et surtout du droit international humanitaire dans son ensemble.

237. D'après le professeur Gérard Cohen-Jonathan, l'expression « "autres obligations du droit international", vise en particulier les règles du droit humanitaire en cas de guerre ; elle signifie que la Convention n'est qu'un standard minimum et que les exigences plus strictes en faveur des droits de l'Homme posées par d'autres normes du droit international doivent être respectées. Autrement dit, le droit international n'intervient pas dans ce cadre pour accroître les pouvoirs d'exception d'un État contractant mais au contraire pour enrichir le standard minimum de la Convention au profit de l'individu[216] ». Les renvois au droit international sont instaurés par les conventions pour permettre aux juges d'accorder une plus grande protection des droits de l'Homme aux individus. Sur cette base, les autres obligations internationales de protection des droits fondamentaux ne sauraient être ignorées par les cours régionales de contrôle des droits de l'Homme.

238. D'autres auteurs se sont penchés sur la question des « autres obligations découlant du droit international » auxquelles font référence les conventions de protection des droits de l'Homme en cas de dérogation aux droits garantis. Selon MM. Thomas Buergenthal et Alexandre Kiss, « cette disposition a une importance spéciale pour les États qui sont parties aux conventions de droit humanitaire et à un ou plusieurs des principaux traités garantissant les droits de l'Homme. En effet, le droit humanitaire entre dans la catégorie d'obligations de droit international visées par les dispositions relatives aux dérogations. Autrement dit, les gouvernants qui entendent déroger ne peuvent pas le faire en ignorant le droit international humanitaire[217] ».

239. Cette particularité a également été soulignée par M. Leandro Despouy, rapporteur spécial de la Commission des droits de l'Homme des Nations Unies, dans son rapport intitulé « l'administration de la justice et des droits de l'Homme des détenus : droits de l'Homme et

[216] Voir COHEN-JONATHAN Gérard et JACQUÉ Jean-Paul, « Activité de la Commission européenne des droits de l'Homme », *AFDI*, vol. 25, 1979, p. 388 ; voir également COHEN-JONATHAN Gérard, *La Convention européenne des droits de l'Homme*, Paris, Economica, Puam, 1989, p. 561.

[217] BUERGENTHAL Thomas et KISS Alexandre, *La protection internationale des droits de l'Homme*, Strasbourg, Éditions Engel, 1991, p. 152.

états d'exception ». Dans ce document, le rapporteur spécial réfléchit aux rapports entre les conventions de protection des droits de l'Homme et les autres obligations du droit international que les États doivent respecter en cas de situation d'urgence justifiant une dérogation aux droits garantis. Dans ce sens, le rapporteur spécial explique que le respect par les États des autres obligations du droit international en cas de dérogation « a pour objet d'harmoniser les diverses obligations assumées par les États en droit international et à renforcer la protection des droits de l'Homme dans les situations de crise grâce à l'application concordante et complémentaire de l'ensemble des règles établies en vue de protéger ces droits en cas d'état d'exception[218] ». Le rapporteur spécial poursuit en précisant que « la primauté des règles les plus propices à la protection des droits de l'Homme est implicite dans cette prescription en matière de compatibilité. Il faut préciser que ces règles ne s'excluent pas mutuellement, mais se complètent et se renforcent. C'est dans les situations de crises graves qui débouchent sur des conflits armés relativement intenses, et où les dispositions des instruments internationaux des droits de l'Homme et le droit international humanitaire s'appliquent de manière simultanée et complémentaire, que ce phénomène est plus manifeste[219] ».

240. Lorsqu'un État déroge aux droits garantis dans les conventions régionales des droits de l'Homme, il doit respecter les exigences du droit international inhérentes au droit international humanitaire. Selon le professeur Peter Duffy, « le droit international humanitaire et notamment les Conventions de Genève et les Protocoles additionnels s'y rapportant relèvent de cette exigence. Il serait contraire à l'article 15 (de la Convention européenne des droits de l'Homme) qu'un État prenne des mesures dérogatoires qui ne respecteraient pas le droit international humanitaire ainsi que les lois de la guerre et/ou la Convention des Nations Unies contre la torture et autres peines ou traitements cruels, inhumains ou dégradants du 10 décembre 1984[220] ». Dès lors, toutes les violations graves des droits de l'Homme commises

---

[218] DESPOUY Leandro, « L'administration de la justice et les droits de l'Homme des détenus : droits de l'Homme et états d'exception », (Dixième rapport annuel) 23 juin 1997, Doc. ONU, E/CN.4/Sub.2/19997/19, § 95.

[219] *Ibidem*, E/CN.4/Sub.2/19997/19, § 97.

[220] DUFFY Peter, « Note sur l'article 15 de la Convention européenne des droits de l'Homme », *in* PRÉMONT Daniel (dir.), *Droits intangibles et états d'exception*, Bruxelles, Bruylant, 1996, p. 198.

dans ces situations relèvent de la compétence des juridictions régionales qui peuvent exiger des États le respect de leurs engagements internationaux.

241. Pour certains auteurs, les autres obligations auxquelles font référence les conventions régionales de protection des droits de l'Homme en cas de dérogation englobent également le droit international humanitaire coutumier. Selon le professeur Gérard Cohen-Jonathan, « cette dernière clause concerne le droit humanitaire, coutumier ou conventionnel[221]. La Cour européenne des droits de l'Homme tient certainement compte de ces règles coutumières [...] surtout lorsque la Convention le lui demande. Tel est le cas au titre de l'article 15, § 1, en cas de troubles graves menaçant la vie de la nation, puisque certains des droits garantis peuvent être suspendus mais à condition de ne pas méconnaître d'autres obligations internationales conventionnelles ou non-conventionnelles qui engagent l'État en cause[222]. Cela revient donc à demander aux organes de Strasbourg (qui normalement n'ont à appliquer que le droit de la Convention) à contrôler eux-mêmes à l'égard des États parties qui ont ratifié le Pacte international relatif aux droits civils et politiques l'observation de ces dispositions dudit Pacte ainsi que du droit international humanitaire qui n'aura jamais bénéficié d'un contrôle aussi sophistiqué[223] ». Le professeur Paul Tavernier, quant à lui, affirme que « les autres obligations découlant du droit international peuvent aussi viser, éventuellement, le *jus cogens* ou les règles coutumières[224] ». En faisant un renvoi aux autres obligations étatiques procédant du droit international, les conventions régionales obligent les États à respecter les principes fondamentaux qui sous-tendent la protection des droits de l'Homme à l'échelle universelle en période de guerre ou de danger

---

[221] COHEN-JONATHAN Gérard, *Aspects européens des droits fondamentaux*, 3e éditions, Paris, Montchrestien, 2002, p. 157.

[222] Voir COHEN-JONATHAN Gérard, « Conclusion générale », *in La protection des droits de l'Homme et l'évolution du droit international, SFDI*, Colloque de Strasbourg, Paris, Pédone, 1998, p. 320.

[223] Voir COHEN-JONATHAN Gérard, « La France, la Convention européenne des droits de l'Homme et le Pacte international relatif aux droits civils et politiques », *LPA*, 25 mai 2000, n° 104, p. 41.

[224] TAVERNIER Paul, « Article 15 », *in* PETTITI Louis Edmond, DECAUX Emmanuel et IMBERT Pierre-Henry (dir.), *Convention européenne des droits de l'Homme. Commentaire article par article*, 2e édition, Paris, Economica, 1999, p. 500.

public. L'interdiction de commettre des violations graves des droits fondamentaux fait sans doute partie des « autres obligations du droit international » auxquelles font référence les conventions régionales de protections des droits de l'Homme. Ainsi, toutes les violations graves des droits fondamentaux doivent faire l'objet de répression effective des auteurs présumés, quelle que soit la situation dans laquelle elles ont été commises.

§3.- La compétence des cours régionales pour appliquer le droit international humanitaire « en cas de guerre ou autre danger public menaçant la vie de la nation »

242. Lorsque les situations décrites par les articles 15 de la Convention européenne des droits de l'Homme et 27 de la Convention américaine des droits de l'Homme se présentent, les cours régionales doivent se déclarer compétentes pour appliquer le droit international humanitaire car les conventions leur confèrent cette compétence de manière explicite. Les conditions de dérogation aux droits de l'Homme en situation exceptionnelle offrent une possibilité d'intégrer le droit international humanitaire par renvoi dans les droits garantis par les conventions européenne et américaine des droits de l'Homme[225]. Cette situation revêt une importance particulière en ce qui concerne les Conventions de Genève. En effet, l'article 3 commun aux quatre Conventions de Genève vise une protection des individus par leurs propres États dans tous les types de conflit armé. Cela correspond aux finalités des conventions relatives aux droits de l'Homme. Ce constat fait dire à certains auteurs qu'en cas de guerre, les droits de l'Homme et le droit international humanitaire fusionnent et forment un corpus commun. Parmi les règles communes de ces deux branches du droit international, il existe des normes indérogeables. Certains droits de l'Homme font partie de ces règles. Par conséquent, les cours régionales sont compétentes pour enjoindre aux États belligérants d'organiser les poursuites des auteurs de violations graves des droits de l'Homme commises durant les conflits armés.

243. Les cours régionales de protection des droits de l'Homme possèdent une compétence *ratione materiae* limitée à la protection des droits de l'Homme. Toutefois, en cas de guerre ou de danger public menaçant la vie de la nation, ces cours deviennent compétentes pour

---

[225] Voir DIVAC Öberg Marco, « Le suivi par le Conseil de l'Europe du conflit en Tchétchénie », *AFDI*, 2004, p. 760.

appliquer le droit international humanitaire à travers les clauses de renvoi au droit international décrites ci-dessus. La situation de guerre ou de danger public menaçant la vie de la nation correspond principalement aux conflits armés internationaux ou non-internationaux[226]. De plus, la commission de violations des droits de l'Homme intervient de plus en plus fréquemment dans de pareilles situations. Les conventions régionales reconnaissent les situations de guerre. Elles font référence à la guerre de manière explicite. Dans ce sens, l'article 15 § 3 de la Convention européenne des droits de l'Homme reconnaît les *« actes licites de guerre*[227] *»*. Sur cette base, les cours régionales sont compétentes pour assurer le respect du droit international humanitaire. Les analyses de la doctrine et la jurisprudence abondent dans ce sens. Pour illustrer ce point de vue, la jurisprudence de la Commission interaméricaine des droits de l'Homme **(A)** et celle de la Cour européenne des droits de l'Homme sur le contrôle du respect des droits fondamentaux en cas de dérogation seront analysées **(B).**

A. La position de la Commission interaméricaine des droits de l'Homme sur l'application de l'article 27 de la Convention américaine des droits de l'Homme en cas de dérogation aux droits garantis

244. Dans l'affaire *Tablada*, la Commission a apporté des précisions sur le respect du droit international humanitaire par les États parties à la Convention dans les situations exceptionnelles où ils dérogent aux droits garantis. En somme, la Commission énonce qu'il est loisible aux États de suspendre un certain nombre de droits garantis par la Convention. Cependant, ils doivent respecter les exigences fixées par cet article, en l'occurrence le respect « des autres obligations imposées par le droit international ».

245. Dans la décision *Tablada, « la Commission considère judicieux [...] de bien définir la relation entre les traités de droit humanitaire applicables et l'article 27 § 1er de la Convention américaine qui*

[226] Voir POPESCU Corneliu-Liviu, « Le rôle de la Cour européenne des droits de l'Homme dans la protection de la population civile (Développements jurisprudentiels récents), *in* SOREL Jean-Marc et alii (dir.), La *protection des personnes vulnérables en temps de conflit armé* », Bruxelles, Bruylant, 2010, p. 133.

[227] Souligné par nous.

concerne la suspension des garanties. Cet article autorise un État partie à la Convention américaine à déroger temporairement, c'est-à-dire à suspendre, certaines garanties définies par la Convention en cas de situation d'urgence authentique. L'article 27 § 1er exige toutefois que les mesures ne soient pas incompatibles avec les autres obligations imposées par le droit international. Ainsi, si l'on ne peut considérer qu'il incorpore par référence dans la Convention américaine l'ensemble des autres obligations légales internationales d'un État, l'article 27 § 1er empêche bel et bien un État d'adopter des mesures de dérogation qui violeraient ses autres obligations au regard du droit conventionnel ou coutumier [...]. Dans son examen de légalité des mesures dérogatoires prises par un État partie à la Convention américaine en raison d'un conflit armé auquel sont applicables aussi bien la Convention américaine que les autres traités de droit humanitaire, la Commission ne saurait pas se référer uniquement au texte de l'article 27 de la Convention américaine. Elle doit plutôt déterminer si les droits touchés par ces mesures sont garantis de la même manière par les traités de droit humanitaire applicables. Si elle conclut que les droits en question ne peuvent être suspendus en vertu de ces instruments de droit humanitaire, la Commission devrait conclure que ces mesures de dérogation enfreignent les obligations assumées par les États parties dans le cadre de la Convention américaine et des traités de droit humanitaire pertinents [...][228] ».

246. La position de la Commission sur l'application de l'article 27 § 1er démontre que durant une période de dérogation aux droits de l'Homme, les organes de contrôle de la Convention américaine sont compétents pour assurer le respect des autres obligations internationales des États parties. L'exigence de respect des droits fondamentaux fait partie des obligations précitées. Par conséquent, les juridictions régionales du système interaméricain de protection des droits de l'Homme deviennent compétentes afin de connaître des violations graves des droits fondamentaux commises dans les situations exceptionnelles sur le fondement de l'article 27 § 1er de la Convention américaine. Elle permet de veiller au respect de certains droits considérés comme indérogeables par l'ensemble des instruments ayant

[228] CommIADH, *affaire Juan Carlos Abella c. Argentine (La Tablada),* Rapport n° 55/97, 18 novembre 1997, §§ 168-170, traduite en français *in* SASSOLI Marco et BOUVIER B Antoine (dir.), *Un droit dans la guerre Volume II, Cas et documents, Plans de cours*, Genève, Comité international de la Croix-Rouge, 2003, p. 1297.

trait à la protection des droits fondamentaux même dans une situation de dérogation. Ainsi, lorsque des exactions sont commises dans le cadre des dérogations, la Commission ou la Cour peuvent enjoindre à l'État responsable de poursuivre les auteurs dans son ordre juridique interne. À l'instar de la Commission interaméricaine des droits de l'Homme, la Cour de Strasbourg s'est prononcée sur le respect des autres obligations internationales des États en cas de dérogation aux droits garantis par la Convention européenne des droits de l'Homme.

B. La jurisprudence de la Cour de Strasbourg sur les mesures dérogatoires de l'article 15 de la Convention européenne des droits de l'Homme

247. La pratique des États et la jurisprudence de la Cour européenne des droits de l'Homme sur la mise en œuvre de l'article 15 de la Convention européenne des droits de l'Homme sont rares. À notre connaissance, il n'existe pas encore de jurisprudence de la Cour de Strasbourg se prononçant spécifiquement sur la portée des « autres obligations découlant du droit international » par rapport au droit international humanitaire. Néanmoins, il faut souligner que le Royaume-Uni a fait une déclaration en vertu de l'article 15 de la Convention européenne des droits de l'Homme lors de l'adoption d'une nouvelle législation faisant suite aux attentats du 11 septembre 2001. Cette nouvelle législation avait pour principal objectif d'établir un régime de détention de haute sécurité pour des ressortissants étrangers soupçonnés d'entretenir des liens avec Al-Qaïda. Des requérants avaient saisi les juridictions britanniques pour dénoncer le caractère discriminatoire de cette loi dans le sens où elle ne s'appliquait qu'aux étrangers. N'ayant pas eu gain de cause dans l'ordre juridique interne, ils ont saisi la Cour européenne des droits de l'Homme.

248. ***L'affaire A et autres c. Royaume-Uni*[229].** Cette affaire mettait en cause des mesures dérogatoires prises par le Royaume-Uni conformément à l'article 15 de la Convention européenne des droits de l'Homme. À la suite des attentats du 11 septembre 2001, le Royaume-Uni a estimé qu'il était particulièrement exposé du fait de ses liens avec les États-Unis. En conséquence, il déclara qu'il existait un danger public d'une extrême gravité menaçant la vie de sa nation. Ce constat justifiait une dérogation aux droits garantis par la Convention

[229] CEDH, gde chambre requête n° 3455/05, 19 février 2009, *affaire A et autres c. Royaume-Uni ; JDI*, n° 3-2010, p. 998, note MUHLENDAHL Paul Von.

européenne des droits de l'Homme conformément à son article 15. Cette menace provenait principalement d'étrangers présents sur le territoire britannique et qui formaient un réseau de soutien à des opérations terroristes islamiques dans lesquelles Al-Qaïda était impliquée. Pour faire face à une telle menace, le Royaume-Uni saisit les organes du Conseil de l'Europe, à travers une déclaration, de son intention de déroger aux droits garantis par la Convention européenne des droits de l'Homme.

249. Le fondement de la déclaration de dérogation se trouvait dans la loi de novembre 2001 sur la sécurité et contre la criminalité et le terrorisme[230]. Cette loi instaurait un pouvoir d'arrestation et de détention élargi à l'encontre des étrangers présents sur le territoire britannique et soupçonnés d'être des terroristes internationaux. Selon le Royaume-Uni, leur présence sur son territoire constituait une menace à sa sécurité nationale. Les étrangers arrêtés sur la base de cette législation ont saisi les tribunaux britanniques afin de contester son caractère discriminatoire. En effet, cette loi antiterroriste ne s'appliquait qu'aux étrangers. Les juges britanniques avaient rejeté leurs demandes et ils avaient formé une requête devant la Cour de Strasbourg. L'arrêt *A et autres c. Royaume-Uni* a permis à la Cour de Strasbourg de répondre aux questions qui lui étaient posées et qui avaient trait, entre autres, aux mesures dérogatoires que peuvent prendre les États parties sur le fondement de l'article 15 de la Convention européenne des droits de l'Homme.

250. L'arrêt *A et autres c. Royaume-Uni* n'a pas permis à la Cour de se prononcer explicitement sur la portée des « autres obligations découlant du droit international ». Toutefois, elle a précisé le pouvoir des États dans une situation de danger public menaçant la vie de la nation[231]. Pour ce faire, *« la Cour rappelle qu'il incombe à chaque État contractant, responsable de "la vie de* [sa] *nation", de déterminer si celle-ci est menacée par un "danger public" et, dans l'affirmative, jusqu'où il faut aller pour essayer de le dissiper. En contact direct et constant avec les réalités pressantes du moment, les autorités nationales se trouvent en principe mieux placées que le juge international pour se prononcer sur la présence de pareil danger comme sur la nature et*

---

[230] *Anti-terrorism, Crime and Security Act 2001* (la loi de 2001).

[231] Pour plus de détails, voir KRENC Frédéric, « Chronique de la Cour européenne des droits de l'Homme », *Journal des tribunaux*, n° 166, février 2010, p. 63.

l'étendue des dérogations nécessaires pour le conjurer. Partant, on doit leur laisser en la matière une ample marge d'appréciation. Les États ne jouissent pas pour autant d'un pouvoir illimité en ce domaine. La Cour a compétence pour décider, notamment, s'ils ont excédé la "stricte mesure" des exigences de la crise. La marge nationale d'appréciation s'accompagne donc d'un contrôle européen. Quand elle exerce celui-ci, la Cour doit en même temps attacher le poids qui convient à des facteurs pertinents tels que la nature des droits touchés par la dérogation, la durée de l'état d'urgence et les circonstances qui l'ont créé[232]*»*. De plus, *« lorsque la Cour est appelée à examiner une dérogation établie au titre de l'article 15, elle accorde aux États une ample marge d'appréciation dans la détermination de la nature et de la portée des mesures dérogatoires qui leur semblent nécessaires pour conjurer le danger invoqué. Cependant, il lui appartient en dernier ressort de statuer sur la question de savoir si les mesures prises sont "strictement exigées" par la situation. En particulier, lorsqu'une mesure dérogatoire porte atteinte à un droit conventionnel fondamental [...], la Cour doit s'assurer qu'elle constitue une réponse véritable à l'état d'urgence, qu'elle se justifie pleinement au regard des circonstances spéciales de cette situation et qu'il existe des garanties contre les abus*[233]*»*.

251. Ces garde-fous évoqués par la Cour incitent à penser que le pouvoir de dérogation n'est pas laissé à la discrétion absolue des États. L'application du droit international humanitaire par les juridictions régionales renforce la lutte contre l'impunité. Désormais, il faudrait envisager cette application en toutes circonstances et non pas seulement dans les situations de dérogations aux droits de l'Homme.

252. La compétence des cours régionales de protection des droits de l'Homme pour appliquer le droit international humanitaire en cas de guerre s'explique par le postulat qu'en pareille situation les droits de l'Homme et le droit international humanitaire se recoupent et se complètent pour assurer une meilleure protection aux individus qui ne participent pas aux combats. Par conséquent, en cas de guerre, les droits de l'Homme et le droit international humanitaire forment un seul corpus de règles applicables devant les prétoires des cours régionales de protection des droits de l'Homme. De ce constat découlerait une compétence des juridictions régionales pour exiger des États la

---

[232] CEDH, *arrêt A et autres c. Royaume-Uni*, précité, § 173.
[233] *Ibidem*, § 184.

répression de tous les auteurs de violations graves commises lors d'un conflit armé débouchant sur une dérogation à la protection des droits fondamentaux. Certaines analyses doctrinales s'orientent dans ce sens. Pour le professeur Corneliu-Liviu Popescu, « parmi les conditions à respecter par les États qui prennent des mesures dérogatoires on retrouve, dans le § 1 (de l'article 15 de la Convention européenne des droits de l'Homme) celles qui imposent que "ces mesures ne soient pas en contradiction avec d'autres obligations découlant du droit international" ; or, la branche du droit international applicable en cas de conflit armé est principalement le droit international humanitaire. En faisant du respect des autres obligations internationales (principalement, du droit international humanitaire) une condition de validité d'une dérogation sur le terrain de l'article 15 de la Convention, la Cour devient, par le biais de ce renvoi, compétente pour statuer sur le respect du droit international humanitaire, en vérifiant le respect des conditions cumulatives pour la validité des dérogations concernant les droits de l'Homme, énumérés à l'article 15[234]».

253. En effet, en cas de conflit armé, certains instruments de protection des droits de l'Homme offrent une meilleure protection que les conventions régionales des droits de l'Homme. Il s'agit notamment du droit international humanitaire conventionnel ou coutumier qui n'accepte aucune dérogation aux droits consacrés au profit des personnes qui ne participent pas ou ne participent plus aux combats. Sous cet angle, la répression des auteurs présumés de violations graves des droits de l'Homme gagnera plus en efficacité lorsque les cours régionales de protection des droits de l'Homme appliqueront le droit international humanitaire dans certaines situations d'urgence dès lors que les conventions le permettent. Certaines analyses doctrinales s'orientent vers cette solution. Selon Mme Fanny Martin, « la clause de dérogation contenue dans l'article 15 § 1, en ouvrant une fenêtre sur l'application du droit humanitaire, engendre la considération d'un droit sur lequel les juges n'ont pas de prise directe[235]». Autrement dit, en cas de guerre ou de danger public menaçant la vie de la nation débouchant sur une suspension des droits garantis par les conventions régionales

---

234 Voir POPESCU Corneliu-Liviu, précité, p. 134.

235 MARTIN Fanny, « Le droit international humanitaire devant les organes de contrôle des droits de l'Homme », *Droits fondamentaux*, n° 1 juillet-décembre 2001, p. 23, (disponible en ligne) http://www.droits-fondamentaux.org/IMG/pdf/ df1mardih.pdf, consulté le 26 mars 2013.

des droits de l'Homme, les cours régionales sont compétentes pour contrôler la conformité des mesures de dérogation prises par les États parties avec le droit international humanitaire. Ainsi, lorsque des violations graves des droits fondamentaux sont commises dans ces circonstances, les clauses de renvoi donnent compétence aux juges régionaux pour exiger des États la répression de leurs auteurs.

254. Le principe d'application des droits de l'Homme pour protéger les droits fondamentaux durant un conflit armé a reçu une application effective à travers la jurisprudence de la Cour européenne des droits de l'Homme. En effet, les conflits armés intervenus à Chypre et en Tchétchénie et auxquels ont participé des États parties à la Convention européenne des droits de l'Homme ont donné l'occasion à la Cour de Strasbourg de faire une application effective des droits de l'Homme dans un conflit armé. Certaines affaires traitées par la Cour dans ce sens seront analysées aux fins de démontrer qu'en cas de conflit armé, l'usage des droits de l'Homme peut jouer un rôle déterminant dans la protection des droits fondamentaux des populations, surtout dans les pays ne respectant pas les exigences de l'État de droit et où les exigences des droits humains les plus élémentaires ne sont pas encore totalement effectives. La section suivante se propose de réfléchir à cette problématique.

SECTION 2 : L'APPLICATION DES DROITS DE L'HOMME DURANT LES CONFLITS ARMÉS : LA JURISPRUDENCE DE LA COUR DE STRASBOURG

255. L'application des droits de l'Homme lors des conflits armés est de plus en plus fréquemment prônée par les juridictions chargées de contrôler le respect des conventions relatives aux droits de l'Homme. Les organes subsidiaires des Nations Unies relatifs à la protection des droits de l'Homme ont joué un rôle crucial dans ce sens. Dans leur mission de veiller au respect des droits de l'Homme, ces organes ont affirmé avec fermeté que les droits de l'Homme s'imposent aux États en toutes circonstances. Dans cette optique, même en situation de conflit armé, les obligations des États en matière de protection des droits de l'Homme ne cessent pas[236]. La jurisprudence du Comité des

[236] Sur l'ensemble de la question, voir MALINVERNI Giorgio, « Le droit humanitaire rattrapé par les droits de l'Homme ? », *in La conscience des droits*, Mélanges en l'honneur de Jean-Paul Costa, Paris, Dalloz, 2011, pp. 401-419 ; SANDOZ Yves, « Droit international humanitaire et droits de l'Homme : mariage d'amour ou de raison ? », *in Les droits de l'Homme et de la Constitution*, Études en l'honneur du

droits de l'Homme des Nations Unies est très illustrative dans ce sens. Le Comité avait exprimé cette nécessité d'appliquer les droits de l'Homme lors des conflits armés à l'occasion de son observation générale n° 29 relative aux dérogations au Pacte international relatif aux droits civils et politiques en période d'urgence. D'après le Comité, *« tout trouble ou toute catastrophe n'entre pas automatiquement dans la catégorie d'un danger public exceptionnel qui menace l'existence de la nation, selon la définition du paragraphe 1 de l'article 4. Pendant un conflit armé, international ou non, les règles du droit international humanitaire deviennent applicables et contribuent, outre les dispositions de l'article 4 et du paragraphe 1 de l'article 5 du Pacte, à empêcher tout abus des pouvoirs exceptionnels par un État. Le Pacte stipule expressément que même pendant un conflit armé, des mesures dérogeant au Pacte ne peuvent être prises que si, et dans la mesure où, cette situation constitue une menace pour la vie de la nation. L'État partie qui envisage d'invoquer l'article 4 dans une situation autre qu'un conflit armé devrait peser soigneusement sa décision pour savoir si une telle mesure se justifie et est nécessaire et légitime dans les circonstances[237] »*. De plus, dans son observation générale n° 31, le Comité des droits de l'Homme a énoncé que le Pacte international relatif aux droits civils et politiques *« s'applique aussi dans les situations de conflit armé auxquelles les règles du droit international humanitaire sont applicables. Même si, pour certains droits consacrés par le Pacte, des règles plus spécifiques du droit international humanitaire peuvent être pertinentes aux fins de l'interprétation des droits consacrés par le Pacte, les deux domaines du droit sont complémentaires et ne s'excluent pas l'un l'autre[238] »*.

---

professeur Giorgio Malinverni, Zurich, Schulthess, 2007, p. 340 ; POPESCU Corneliu-Liviu, « Le rôle de la Cour européenne des droits de l'Homme dans la protection de la population civile (Développements jurisprudentiels récents), *in* SOREL Jean-Marc et alii (dir.), La *protection des personnes vulnérables en temps de conflit armé* », Bruxelles, Bruylant, 2010, p. 133.

237 Comité des droits de l'Homme, *Observation générale n° 29 sur les dérogations au Pacte en période d'urgence,* adoptée le 24 juillet 2001, reproduite dans le rapport annuel du Comité pour 2001, Doc. ONU, A/56/40, annexe VI, § 3.

238 Comité des droits de l'Homme des Nations Unies, *Observation générale n° 31 sur la nature de l'obligation juridique générale imposée aux États parties au Pacte,* adoptée le 29 mars 2004, reproduite dans le rapport annuel du Comité pour 2004, Doc. ONU, A/59/40, vol. I, annexe III, § 11.

256. Dans la perspective de la mise en œuvre de la complémentarité entre le droit international des droits de l'Homme et le droit international humanitaire, les cours régionales appliquent les droits de l'Homme dans les situations de conflit armé. De nombreuses infractions graves sont commises durant les conflits armés. En outre, leur répression nationale n'est pas souvent effective. Dès lors, l'intervention des juridictions régionales dans ce domaine est décisive en termes de protection des droits fondamentaux. La jurisprudence de la Cour européenne des droits de l'Homme sera prise comme exemple illustratif.

257. Si à l'origine les droits de l'Homme avaient vocation à s'appliquer en temps de paix, désormais il faut dépasser ce principe et s'orienter vers une application des droits de l'Homme en toutes circonstances. Ce faisant, les cours régionales de protection des droits de l'Homme pourront améliorer la lutte contre l'impunité des violations des droits fondamentaux en appliquant les droits de l'Homme en situation de conflit armé. Afin d'analyser cette problématique, la jurisprudence de la Cour européenne des droits de l'Homme sera analysée. En effet, la Cour de Strasbourg a appliqué les droits de l'Homme au conflit armé entre Chypre et la Turquie **(§1)**[239]**.** La même application des droits de l'Homme dans un conflit armé a été réitérée lors du conflit en Tchétchénie **(§2).** Dans ces deux cas d'espèce, la Cour a constaté la violation des droits de l'Homme dans une situation de conflit armé[240].

§1.- L'affaire Chypre c. Turquie

258. Les cours régionales de protection des droits de l'Homme ne peuvent pas poursuivre les individus auteurs de violations graves du droit international humanitaire commises durant les conflits armés. En revanche, elles peuvent apporter une aide précieuse à la protection des droits de l'Homme lors des conflits armés. De nombreuses violations

[239] Voir SASSOLI Marco, « La Cour européenne des droits de l'Homme et les conflits armés », *in Liber Amicorum L. Wildhaber*, Zurich-Baden-Baden, Dike-Nomos, 2007, p. 709 ; GAGGIOLI G et KOLB Robert, « L'apport de la Cour européenne des droits de l'Homme au droit international humanitaire en matière de droit à la vie », *Revue suisse de droit international et européen*, 2007, p. 3 et s.

[240] Voir LAMBERT Pierre, « La protection des droits intangibles dans les situations de conflits armés », *RTDH*, 2000, pp. 240-259.

des droits fondamentaux sont commises lors des conflits armés[241]. En intervenant dans les situations de guerre, les cours régionales de protection des droits de l'Homme imposeront aux États de respecter leurs obligations en vertu des conventions internationales qu'ils ont ratifiées. Ces obligations ont pour corollaire le respect scrupuleux des prescriptions des instruments de protection des droits de l'Homme. Ainsi, lorsque les États respectent ces conventions, ils vont poursuivre dans leur ordre juridique interne tous les auteurs présumés de violations graves du droit international humanitaire. La Cour européenne des droits de l'Homme a développé une jurisprudence dans ce sens. Cette jurisprudence a été réitérée par d'autres organes de protection des droits de l'Homme. Elle repose sur le principe selon lequel les droits de l'Homme ont vocation à s'appliquer en temps de paix comme en temps de guerre. Les exigences qu'ils consacrent ne s'arrêtent pas, même durant les conflits armés.

259. Le conflit armé entre Chypre et la Turquie a donné naissance à un contentieux important devant la Cour européenne des droits de l'Homme. Il s'agit d'un conflit armé qui a donné lieu à des violations graves des droits de l'Homme. La jurisprudence de la Cour européenne des droits de l'Homme lors du conflit armé est surtout axée sur la protection du droit à la vie. Ainsi, lorsque ce droit est violé, même en cas de circonstances exceptionnelles de guerre, la Cour condamne l'État responsable de cette violation et lui rappelle ses obligations internationales. L'exigence de protection du droit à la vie procède à la fois du noyau dur des droits de l'Homme et du droit international humanitaire. Ainsi, même lors des conflits armés, son respect scrupuleux s'impose aux parties en conflit.

260. Dans *l'affaire Chypre c. Turquie* du 10 mai 2001, la Cour européenne des droits de l'Homme a affirmé qu'*« il y a lieu d'examiner les allégations du gouvernement requérant à la lumière de l'obligation de protection du droit à la vie qui est celle des États contractants en vertu de l'article 2. Elle rappelle à cet égard que l'obligation de protéger le droit à la vie qu'impose cette disposition, combinée avec le devoir général incombant à l'État en vertu de l'article 1er de la Convention de "reconnaître à toute personne relevant de sa juridiction*

[241] Pour plus de détails, voir SASSOLI Marco et PROULX Marie-Hélène, « Guerre et conflit armé », *in* ANDRIANTSIMBAZOVINA Joël et alii (dir.), *Dictionnaire des droits de l'Homme,* Paris, Puf, 2008, pp. 370-374.

les droits et libertés définis dans la Convention", implique et exige de mener une forme d'enquête efficace lorsque le recours à la force, par des agents de l'État, a entraîné mort d'hommes [...][242] ». La Cour conclut « *qu'il y a eu violation continue de l'article 2 en ce que les autorités de l'État défendeur n'ont pas mené d'enquêtes effectives visant à faire la lumière sur le sort des Chypriotes grecs qui ont disparu dans des circonstances mettant leur vie en danger, et sur le lieu où ils se trouvent*[243] ».

261. Cette jurisprudence de la Cour met en évidence le principe selon lequel la protection du droit à la vie constitue une exigence indérogeable de la Convention. Par conséquent, même en cas de conflit armé, les belligérants doivent la respecter. Elle impose ainsi une enquête effective et une répression des auteurs présumés d'une telle violation. La Cour de Strasbourg consacre ainsi la nécessité de la répression par les États parties à un conflit armé de toute violation du droit à la vie consacré par l'article 2 de la Convention. Cette exigence correspond à l'interdiction du meurtre consacrée par le droit international humanitaire. En effet, l'article 3 commun aux quatre Conventions de Genève de 1949 énonce que « sont et demeurent prohibés, en tout temps et en tout lieu, à l'égard des personnes mentionnées ci-dessus (les civils, les militaires ayant déposé les armes, les malades, blessés, détenus, etc.), les atteintes portées à la vie et à l'intégrité corporelle, notamment le meurtre sous toutes ses formes [244][...] ».

262. Les exigences de respect du droit à la vie mises en exergue par la Cour de Strasbourg dans le conflit entre Chypre et la Turquie sont valables sur tout le territoire du Conseil de l'Europe où les droits garantis par la Convention sont invocables devant les prétoires des juridictions chargées du contrôle de leur respect. Dans ce sens, la Cour a réitéré ces mêmes exigences lorsqu'elle a examiné les plaintes des proches des civils tchétchènes tués lors du conflit tchétchène. Les

---

[242] CEDH, requête n° 25781/94, 10 mai 2001, *affaire Chypre c. Turquie*, § 131, cité *in* SASSOLI Marco et BOUVIER A. Antoine, *Un droit dans la guerre ?* Volume II. Cas, documents et supports d'enseignement relatifs à la pratique contemporaine du droit international humanitaire, Comité international de la Croix-Rouge, Genève, 2003, Cas n° 119 , p. 1103 et s.

[243] *Ibidem*, § 136.

[244] Convention de Genève relative à la protection des personnes civiles en temps de guerre du 12 août 1949, article 3, § 1.

analyses menées dans le paragraphe suivant tenteront d'apporter plus d'éclairages sur ce point.

§2.- Le contentieux du conflit tchétchène

263. Le conflit tchétchène a donné lieu à plusieurs recours individuels devant la Cour européenne des droits de l'Homme pour des griefs portant principalement sur la violation du droit à la vie, sur des disparitions forcées et sur l'interdiction de la torture ou des mauvais traitements[245]. Lors de ce conflit, l'armée russe avait bombardé un village où étaient réfugiés des combattants tchétchènes. Ces bombardements ont fait de nombreuses victimes civiles. La procédure engagée en Russie n'a pas abouti car la justice russe avait jugé l'usage de la force justifié puisque des combattants s'étaient réfugiés dans le village des civils tués et avaient refusé de se rendre. Les requérants avaient saisi la Cour européenne des droits de l'Homme au motif que le droit à la vie de leurs proches avait été violé par la Russie pour défaut d'enquête effective et d'un recours effectif. L'analyse de ce contentieux permettra de démontrer que la Cour européenne des droits de l'Homme est attachée à certains principes du droit international humanitaire lorsqu'elle tranche une question afférente à des violations graves des droits de l'Homme commises lors des conflits armés. Il s'agit, entre autres, du principe de la distinction entre les objectifs militaires et la population civile (A) et du principe de proportionnalité dans l'usage de la force dans un conflit armé[246] (B).

A. L'impératif de la distinction entre objectif militaire et population civile selon la Cour européenne des droits de l'Homme

264. La Russie fait partie des États membres du Conseil de l'Europe. Par conséquent, elle a ratifié la Convention européenne des droits de l'Homme. De ce fait, les violations par la Russie des droits garantis dans la Convention peuvent être dénoncées devant le prétoire de la

[245] Pour avoir plus d'informations sur le contentieux de la CEDH sur la guerre en Tchétchénie, voir TIGROUDJA Hélène, « La Cour européenne des droits de l'Homme face au conflit en Tchétchénie », *RTDH*, n° 65/2006, pp. 111-140 ; DIVAC Öberg Marko, « Le suivi par le Conseil de l'Europe du conflit en Tchétchénie », *AFDI*, 2004, pp. 755-777.

[246] Voir PHILIPPE Xavier, « Brèves réflexions sur le principe de proportionnalité en droit humanitaire », *in* En hommage à Francis Delpérée, *Itinéraire d'un constitutionnaliste*, Bruxelles, Bruylant, Paris, LGDJ, 2007, pp. 1183-1196.

Cour de Strasbourg. C'est dans ce contexte que sont intervenues les nombreuses requêtes individuelles de citoyens russes devant la Cour européenne des droits de l'Homme. La majorité des violations des dispositions de la Convention invoquées par les requérants est intervenue à l'occasion du conflit tchétchène. L'analyse des affaires suivantes permettra de mettre en évidence le rôle crucial joué par la Cour de Strasbourg dans la protection des droits fondamentaux en cas de conflit armé, notamment celui qui avait opposé l'armée fédérale russe aux indépendantistes tchétchènes.

265. ***L'affaire Issaïeva c. Russie*[247].** En l'espèce, la requérante alléguait qu'elle avait été victime d'un bombardement aveugle par les forces militaires russes de son village natal de Katyr-Yourt qui avait provoqué la mort de son fils et de trois de ses nièces. Elle invoquait les articles 2 et 13 de la Convention européenne des droits de l'Homme.

266. Dans cette affaire, les militaires russes avaient bombardé un village tchétchène sans faire de distinction entre la population civile et les rebelles. Lorsque les proches des personnes tuées ont saisi la Cour européenne des droits de l'Homme, cette dernière a reconnu que les opérations militaires telles qu'elles sont décrites par les requérants étaient contraires au droit à la vie garanti par l'article 2 de la Convention européenne des droits de l'Homme. Pour ce faire, la Cour s'appuie sur les principes du droit international humanitaire.

267. La Cour énonce d'abord que *« [...] la responsabilité de l'État n'est pas uniquement engagée dans les cas où des preuves significatives montrent que des tirs mal dirigés d'agents de l'État ont provoqué la mort d'un civil ; elle peut aussi l'être lorsque lesdits agents n'ont pas, en choisissant les moyens et méthodes à employer pour mener une opération de sécurité contre un groupe d'opposants, pris toutes les précautions en leur pouvoir pour éviter de provoquer accidentellement la mort de civils, ou à tout le moins pour réduire ce risque*[248] *»*.

268. Ensuite, la Cour développe une argumentation tendant à affirmer que les États parties engagés dans un conflit armé doivent prendre toutes les dispositions indispensables afin de protéger la vie des civils. Dans cette optique, elle a énoncé que *« si le recours à la force pouvait se justifier en l'espèce, il va sans dire qu'un juste équilibre*

---

[247] CEDH, requête n° 57950/00 *affaire, Issaïeva c. Russie,* 24 février 2005.
[248] *Ibidem*, § 176.

devait être ménagé entre le but poursuivi et les moyens employés pour l'atteindre. Il reste donc à la Cour à examiner si les actes incriminés en l'espèce n'ont pas dépassé ce qui était absolument nécessaire pour atteindre le but déclaré. Pour ce faire, la Cour recherchera, sur la base des informations produites par les parties et à la lumière des principes exposés ci-dessus [...], si la manière dont l'opération a été préparée et conduite était compatible avec l'article 2 de la Convention. [...] Les avions étaient munis, apparemment par défaut, de bombes aériennes lourdes à chute libre et à effet de souffle de type FAB-250 et FAB-500, dont le rayon de destruction dépasse mille mètres. D'après les déclarations des soldats, des bombes et d'autres armes de combat lourdes non-guidées furent utilisées contre des cibles situées tant au centre du village qu'à sa périphérie [...][249] ». Enfin, « *la Cour considère que l'utilisation de ce type d'armes dans une zone habitée hors temps de guerre et sans évacuation préalable des civils est inconciliable avec le degré de précaution requis de tout organe d'application de la loi dans une société démocratique. [...] Même confrontés à une situation où, comme l'affirme le Gouvernement, la population du village avait été prise en otage par un important groupe de combattants bien équipés et bien entraînés, les concepteurs de l'opération auraient dû se fixer comme objectif essentiel de protéger la vie des civils contre toute violence illégale. L'utilisation massive d'armes frappant sans discrimination est aux antipodes de cet objectif et ne saurait être jugée compatible avec les exigences de précaution qui doivent être observées dans le cadre d'une opération de cette nature impliquant l'usage de la force létale par des agents de l'État. [...] En résumé, à admettre que l'opération menée à Katyr-Yourt du 4 au 7 février 2000 poursuivait un but légitime, la Cour considère qu'elle n'a pas été préparée et exécutée avec les précautions nécessaires pour la vie des civils concernés. La Cour conclut qu'il y a eu violation de l'article 2 de la Convention relativement à l'obligation qui incombait à l'État de protéger la vie de la requérante, de son fils, Zelimkhan Issaïev, et de ses trois nièces, Zarema Bataïeva, Kheda Bataïeva et Marem Bataïeva*[250] ».

269. Le contentieux du conflit tchétchène devant la Cour de Strasbourg est assez particulier. En réalité, la Russie considérait que le conflit tchétchène relavait de ses affaires intérieures et voyait mal

---

[249] *Ibidem*, §§ 181 et 190.
[250] *Ibidem*, §§ 191-201.

l'implication des organes du Conseil de l'Europe dans ses affaires internes. Cependant, cette position de la Russie pouvait se comprendre s'il existait des voies de recours effectifs dans l'ordre juridique interne russe. En effet, de nombreuses plaintes déposées par des victimes civiles tchétchènes devant les juridictions internes russes n'ont pas abouti. De plus, certaines organisations non-gouvernementales et certains observateurs intervenant en faveur des droits de victimes civiles tchétchènes ont constaté que certaines d'entre elles qui voulaient saisir la Cour de Strasbourg subissent des pressions procédant des autorités russes. Cela aboutit au découragement de nombreuses victimes qui voulaient saisir la Cour de Strasbourg. Pour cette raison, les affaires rendues par la Cour de Strasbourg et condamnant la Russie revêtent une importance cruciale. L'affaire *Issaïeva* susmentionnée est intervenue dans ce contexte.

270. Dans un autre arrêt ayant trait aux requêtes individuelles déposées par des victimes civiles du conflit tchétchène, la Cour européenne des droits de l'Homme a conclu à la violation de l'article 2 de la Convention européenne des droits de l'Homme en raison du défaut de proportionnalité dans l'usage des armes en Tchétchénie.

B. L'exigence de respect du principe de proportionnalité dans les conflits armés selon la Cour européenne des droits de l'Homme

271. En cas de guerre, l'usage des armes est considéré comme un phénomène normal. Cependant, cet usage doit se faire avec raison. Il ne doit pas dépasser ce qui est nécessaire pour faire face aux attaques des adversaires. Hélas, dans de nombreuses situations de conflit armé, la force est souvent utilisée de manière disproportionnée. De plus, cet usage abusif de la force entraîne des dommages collatéraux surtout chez les populations civiles. De graves violations des droits fondamentaux sont fréquemment constatées dans ce sens. Il s'agit notamment de violations des exigences afférentes à la protection du droit à la vie de ceux qui ne participent pas aux combats durant les conflits armés. Dans le conflit tchétchène, de nombreux civils ont été tués par les bombardements sans discernement de l'armée russe. Les affaires suivantes ayant trait notamment à la violation du droit à la vie ont été rendues par la Cour européenne des droits de l'Homme dans ce contexte susmentionné. La Cour y insiste sur la nécessité pour tous les États parties à la Convention et impliqués dans un conflit armé de respecter le principe de proportionnalité dans l'usage de la force armée afin de protéger au maximum la vie des civils. Il s'agit, entre autres, de l'affaire *Issaïeva et autres c. Russie* **(1).** L'ensemble de ces affaires illustre l'importance de l'application des instruments de protection des droits de l'Homme durant les conflits armés surtout en cas de défaillance du système judiciaire des États en situation de conflit armé **(2).**

1) L'affaire Issaïeva, Youssoupova et Bazaïeva c. Russie

272. En l'espèce, les requérantes alléguaient qu'elles avaient été victimes du bombardement aveugle par des avions militaires russes d'un convoi civil non loin de Grozny à la suite duquel deux enfants de la première requérante avaient été tués et la première et la seconde requérantes blessées. La voiture et les biens de la troisième requérante avaient été détruits. Les requérantes invoquaient les articles 2, 3 et 13 de la Convention européenne des droits de l'Homme et l'article 1 de son Protocole n° 1.

273. Dans cette dernière affaire, la Cour a reconnu le caractère manifestement disproportionné des armes tirées sur le convoi des civils. Pour ce faire, elle énonce d'abord que *« l'article 2 couvre non seulement l'homicide intentionnel mais également les situations où un usage légitime de la force peut conduire à donner la mort de façon involontaire. [...] En conséquence, la force utilisée doit être strictement proportionnée aux buts légitimes susvisés. [...] En particulier, il est nécessaire d'examiner si l'opération a été préparée et contrôlée par les autorités de manière à limiter autant que possible le recours à la force létale. Les autorités doivent prendre toutes les précautions utiles pour réduire au minimum les risques d'atteinte à la vie. Il convient également de rechercher si les autorités ne se sont pas montrées négligentes dans le choix de leurs actions [...]*[251] *»*.

274. Afin d'atteindre cet objectif susmentionné, la Cour analyse concrètement l'opération de bombardement en question. Elle constate que *« quelles que soient les cibles qu'ils pensaient atteindre, les militaires ont utilisé un armement extrêmement puissant. Selon les conclusions de l'enquête interne, douze missiles S-24 air-sol non-guidés ont été tirés, soit une pleine charge de six par avion. Lorsqu'il explose, chaque missile se fragmente en plusieurs milliers d'éclats d'obus et son champ d'impact dépasse trois cents mètres [...]. Il y a donc eu plusieurs*

---

[251] *Ibidem*, §§ 169-171.

explosions sur une portion relativement courte d'une route remplie de véhicules. Toute personne se trouvant sur la route à ce moment-là était en danger de mort[252]*. En résumé, à admettre que les militaires poursuivaient un but légitime en tirant douze missiles S-24 air-sol non-guidés le 29 octobre 1999, la Cour considère que l'opération menée près du village de Chaami-Yourt n'a pas été préparée et exécutée avec les précautions nécessaires à la protection des vies civiles. La Cour conclut qu'il y a eu violation de l'article 2 de la Convention relativement à l'obligation qui incombait à l'État défendeur de protéger la vie des trois requérantes et des deux enfants de la première requérante, Ilona Issaïeva et Saïd-Magomed Issaïev*[253]*».*

275. La position de la Cour européenne des droits de l'Homme dans cette affaire *Issaïeva* est très importante. Elle lui a permis de rappeler à la Russie ses obligations internationales, notamment celles découlant des dispositions de la Convention européenne des droits de l'Homme. Par ailleurs, l'importance de cette décision peut s'expliquer par l'incurie des États en situation de conflit armé à poursuivre leurs agents auteurs de violations graves des droits de l'Homme. Dans le conflit tchétchène, beaucoup de recours intentés par les victimes devant les juridictions russes n'ont pas abouti. Par conséquent, seule la saisine de la Cour de Strasbourg permettait aux victimes et à leurs ayants droit d'avoir une juridiction qui puisse entendre leur cause. Cela illustre l'importance de l'application des instruments régionaux de protection des droits de l'Homme dans certaines situations de conflit armé interne.

2) L'importance de l'application des droits de l'Homme dans les situations de conflit armé

276. L'application des droits de l'Homme dans un conflit armé démontre que les juridictions régionales de contrôle des droits de l'Homme peuvent jouer un rôle déterminant dans la dynamique de protection des droits fondamentaux durant les conflits armés. En rappelant aux États leurs obligations de respecter les droits de l'Homme en toutes circonstances, ces juridictions les incitent également à réprimer les personnes considérées comme des auteurs présumés de violations graves du droit international humanitaire.

---

[252] *Ibidem*, § 195.
[253] *Ibidem*, §§ 199-200.

277. L'application des droits de l'Homme lors des conflits armés comble les lacunes de la mise en œuvre nationale du droit international humanitaire. Étant donné qu'il n'existe pas encore beaucoup de juridictions internationales chargées de sanctionner les violations graves du droit international humanitaire lors des conflits armés, il incombe principalement aux États de faire respecter ce droit dans leur ordre juridique interne. Ainsi, l'effectivité du mécanisme de répression des violations graves du droit international humanitaire est tributaire de la bonne volonté des États. Or, dans de nombreux conflits armés où les États sont impliqués, les poursuites nationales sont particulièrement difficiles à obtenir. Les États qui engagent leurs militaires ou leurs agents dans un conflit armé ne sont pas toujours enclins à les poursuivre lorsqu'ils commettent des exactions. Par conséquent, il peut y avoir une lacune dans la mise en œuvre du droit international humanitaire au niveau national dans certaines circonstances. Dès lors, la possibilité de saisir une juridiction régionale représente un grand intérêt pour les victimes, leurs proches et ayants droit. Toutes ces raisons justifient la nécessité de l'application des droits de l'Homme dans les conflits armés. Le cas échéant, les juridictions régionales pourront mettre en œuvre la responsabilité des belligérants et leur donner des injonctions afin qu'ils répriment les auteurs présumés des violations graves dans leur ordre juridique interne.

278. Cette application des droits de l'Homme lors des conflits armés s'explique surtout par les raisons suivantes : en réalité, presque tous les États parties à la Convention européenne des droits de l'Homme sont également parties aux Conventions de Genève. De plus, les violations graves du droit international humanitaire sont également proscrites par le droit international des droits de l'Homme. Or, comme il a déjà été souligné, les États en situation de conflit armé ne sont pas tous enclins à poursuivre leurs agents responsables de violations graves du droit international humanitaire devant leurs propres juridictions internes. Cette situation se produit le plus souvent dans le cadre des conflits internes ou guerres civiles. Dès lors, lorsque les États en conflit sont parties à la Convention européenne des droits de l'Homme, la Cour de Strasbourg peut leur demander de respecter leurs obligations découlant de ladite Convention même durant un conflit interne. La jurisprudence de la Cour européenne des droits de l'Homme susmentionnée s'inscrit dans cette logique. Il s'agit notamment pour la Cour d'orienter sa jurisprudence vers une protection globale des droits fondamentaux en se référant aux normes les plus adaptées en cas de conflit armé, en l'occurrence les prescriptions du droit international humanitaire conventionnel et coutumier. Pour ce faire, elle fait usage du droit international humanitaire pour assurer une meilleure protection du droit à la vie de ceux qui ne participent pas aux combats lors des conflits armés.

Conclusion du chapitre 1

279. Les instruments de protection des droits de l'Homme partagent de nombreuses finalités avec le droit international humanitaire. Les auteurs des instruments de protection des droits de l'Homme ainsi que ceux du droit international humanitaire n'ont pas ignoré cette réalité. Ainsi, ces deux branches du droit international se recoupent dans la perspective d'une meilleure protection des droits fondamentaux. Ce constat est logique. Quelles que soient les circonstances dans lesquelles les droits fondamentaux inhérents à la dignité de la personne humaine sont violés, la répression de leurs auteurs s'impose à la communauté internationale dans son ensemble. Ces violations peuvent intervenir en temps de paix comme en temps de conflit armé. Cependant, cela ne doit avoir aucune incidence sur l'exigence de poursuite de leurs auteurs. Une combinaison des prescriptions du droit international des droits de l'Homme et de celles du droit international humanitaire est susceptible de rendre plus effectives ces exigences de répression susmentionnées dans la mesure où toutes les possibilités d'impunité seront écartées en ayant notamment recours aux dispositions les plus efficaces de l'ensemble des normes procédant des deux branches du droit international. L'analyse des clauses de renvoi contenues dans les différents instruments de protection des droits fondamentaux s'inscrit dans cette logique. Les nombreuses analyses doctrinales effectuées dans ce chapitre abondent toutes dans ce même sens. Il s'agit pour les auteurs de chercher une meilleure protection des droits fondamentaux en toutes circonstances. Pour ce faire, l'usage de toutes les normes juridiques pertinentes dans ce domaine est nécessaire. Leur origine ne devrait pas constituer un obstacle pour leurs applications dès lors qu'elles sont reconnues par la communauté internationale dans son ensemble et lient les États. De plus, cette interaction entre le droit international des droits de l'Homme et le droit international humanitaire a permis à des organes de contrôle des instruments régionaux de protection des droits de l'Homme de jouer un rôle crucial dans la recherche d'effectivité des droits fondamentaux surtout dans les situations de conflit armé. Cette jurisprudence innovante tend à illustrer le principe selon lequel, rien ne devrait plus empêcher une protection internationale effective des droits de l'Homme sur la base de l'ensemble des instruments existant dans ce domaine quels que soient les lieux ou les circonstances dans lesquelles ils ont été créés.

CHAPITRE 2

L'APPLICATION DIRECTE DU DROIT INTERNATIONAL HUMANITAIRE PAR LES ORGANES RÉGIONAUX DE CONTRÔLE DES DROITS DE L'HOMME

280. De nos jours, la tendance générale est l'application cumulative des droits de l'Homme et du droit international humanitaire afin de mieux lutter contre l'impunité des violations graves des droits fondamentaux. Ce constat va orienter cette réflexion sur les moyens d'application du droit international humanitaire par les cours régionales de protection des droits de l'Homme. Les cours régionales instituées par les conventions européenne et américaine des droits de l'Homme sont les plus actives en matière de protection des droits fondamentaux. Toutefois, elles appliquent avec parcimonie le droit international humanitaire. En conséquence, elles n'ont pas encore beaucoup influé sur la protection des droits fondamentaux sur le fondement du droit international humanitaire, notamment lors des conflits armés. Ce constat est regrettable vu l'influence que peut avoir la jurisprudence de ces juridictions régionales dans l'ordre juridique interne des États parties. Ainsi, il va falloir orienter cette réflexion sur une nouvelle attitude de ces organes régionaux de contrôle des droits de l'Homme par rapport à l'application directe du droit international humanitaire devant leurs prétoires.

281. L'application du droit international humanitaire par les cours régionales des droits de l'Homme se justifie par les finalités communes du droit international des droits de l'Homme et du droit international humanitaire. Il convient de rappeler que ces deux branches du droit international ont pour principal dessein de protéger, en toutes circonstances, les droits fondamentaux inhérents à la dignité de la personne humaine. Ainsi, l'application directe du droit international humanitaire constitue l'un des meilleurs moyens d'intervention des cours régionales dans la répression des violations graves des droits fondamentaux commises durant les conflits armés. Dans les développements suivants, la jurisprudence des organes régionaux dans ce domaine sera analysée. Une telle analyse permettra de réfléchir sur les moyens de rendre plus effectifs les droits de l'Homme dans les ordres juridiques régionaux. Les organes de contrôle de la Convention américaine des droits de l'Homme ont été très audacieux en termes d'application directe du droit international humanitaire devant leurs prétoires (Section 1). Les organes de contrôle de la Convention européenne des droits de l'Homme ont été plus réticents que leurs homologues interaméricains. Toutefois, la jurisprudence de la Cour de Strasbourg des dernières années s'oriente vers une plus grande prise en considération du droit international humanitaire dans les situations de violations des droits de l'Homme commises durant un conflit armé (Section 2).

SECTION 1 : L'APPLICATION DIRECTE DU DROIT INTERNATIONAL HUMANITAIRE PAR LA COMMISSION INTERAMÉRICAINE DES DROITS DE L'HOMME

282. Le droit international humanitaire constitue l'un des droits rarement utilisé devant les prétoires des organes régionaux de protection des droits de l'Homme. Néanmoins, il offre un réel potentiel de protection, surtout en cas de conflit armé. L'impératif de la protection des droits fondamentaux devrait inciter les cours régionales de protection des droits de l'Homme à faire davantage usage du droit international humanitaire chaque fois que ce dernier offre une meilleure protection. Les États parties aux conventions régionales s'engagent à garantir aux individus la protection des droits fondamentaux dans leurs ordres juridiques internes. Par conséquent, toutes les normes internationales liant ces États pourraient être appliquées par les cours régionales. Dans ce sens, le droit international humanitaire pourrait jouer un rôle crucial dans le domaine de la répression des violations graves des droits de l'Homme par les États, surtout durant les conflits armés. Les organes de contrôle de la Convention américaine des droits de l'Homme ont été les premiers à développer une jurisprudence dans ce domaine. L'analyse de cette jurisprudence servira de prétexte pour réfléchir à l'idée selon laquelle les organes régionaux de contrôle des droits de l'Homme doivent appliquer directement le droit international humanitaire afin de mieux s'impliquer dans la répression des auteurs de violations graves des droits de l'Homme. Pour illustrer ce propos, la jurisprudence de la Commission interaméricaine des droits de l'Homme sera analysée aux fins de démontrer que, lorsque des infractions internationales sont commises lors des conflits armés, le droit international humanitaire est le mieux adapté pour offrir une meilleure protection aux victimes et à leurs ayants droit. Dans cette optique, la jurisprudence très audacieuse de la Commission interaméricaine en matière d'application directe du droit international humanitaire sera d'abord étudiée **(§1).** Ensuite, il s'agira d'analyser la position de la Cour interaméricaine dans ce sens **(§2).**

§1.- L'application directe du droit international humanitaire par la Commission interaméricaine des droits de l'Homme

283. La jurisprudence de la Commission interaméricaine est très dynamique en matière d'application directe du droit international humanitaire **(A).** Après une réflexion dans ce sens, l'étude s'intéressera à la jurisprudence de la Cour interaméricaine des droits de l'Homme en matière d'application directe du droit international humanitaire **(B).**

A. L'application du droit international humanitaire en tant que lex specialis en cas de conflit armé

284. Les cours régionales de protection des droits de l'Homme connaissent de nombreuses affaires de violations graves des droits de l'Homme où les requérants invoquent à la fois les violations des conventions régionales de protection des droits de l'Homme et du droit international humanitaire. Cette situation se réalise le plus souvent lorsque les violations en cause sont commises lors de conflits armés. En effet, les conflits armés sont souvent le théâtre de nombreuses violations de droits protégés à la fois par les droits de l'Homme et le droit international humanitaire. La majorité des infractions commises dans de pareilles situations constitue des violations graves des droits de l'Homme. Par conséquent, il appartient aux juridictions régionales de dénoncer ces exactions sur le fondement des deux branches du droit international susmentionnées en privilégiant la norme la plus favorable et offrant une meilleure protection aux victimes ou à leurs proches.

285. En effet, dans les situations de conflit armé, les droits consacrés par les conventions régionales de protection des droits de l'Homme peuvent être vulnérables en raison des possibilités de dérogation. Ainsi, en pareilles circonstances, l'application du droit international humanitaire comme *lex specialis* est la plus protectrice des droits fondamentaux[254].

---

[254] *Lex specialis derogat legi generali (*la règle spéciale déroge à la règle générale). Selon cette maxime, lorsqu'il y a conflit de normes entre une norme générale et

La protection prévue par l'article 3 commun aux quatre Conventions de Genève est très illustrative dans ce sens. En cas de conflit armé, le droit international humanitaire fait la distinction entre les combattants et les individus qui ne participent pas ou ne participent plus aux combats. Ces derniers bénéficient de la protection prévue par le droit international humanitaire sans aucune dérogation. L'article 3 commun aux quatre Conventions de Genève protège les individus qui ne participent pas directement aux combats lors des conflits armés internes sans aucune dérogation. Cela correspond aux finalités des conventions relatives aux droits de l'Homme. Partant, les deux branches du droit international possèdent une parfaite finalité dans une situation pareille. Cependant, l'effectivité de la protection des droits fondamentaux durant les conflits armés dépend du droit appliqué. La protection du droit à la vie lors des conflits armés est illustrative dans ce domaine. Par exemple, une dérogation à ce droit est prévue dans la Convention européenne des droits de l'Homme en cas de décès dû à un acte licite de guerre même pour les civils. Or, le droit international humanitaire (article 3 commun notamment) ne prévoit aucune dérogation aux droits garantis en cas de conflit armé quant à la protection des individus qui ne participent pas directement aux combats. Dès lors, l'application du droit international humanitaire en tant que *lex specialis* lors des conflits armés offre une meilleure efficacité en termes de protection des droits fondamentaux[255].

286. Par ailleurs, une partie de la doctrine s'est prononcée en faveur de la protection des droits fondamentaux durant les conflits armés à travers la clause la plus favorable entre le droit international des droits de l'Homme et le droit international humanitaire. Selon le professeur Marco Sassoli, « il est donc préférable de faire prévaloir la règle la plus précise, la plus détaillée par rapport au problème à régir, qui se rattache à des faits auxquels l'autre règle ne se réfère pas (sans oublier qu'une protection offerte par le droit international des droits de l'Homme peut disparaître en raison de dérogation, auquel cas celle qui est offerte par le

---

une norme spéciale, cette dernière doit primer sur la norme générale. Ainsi, en cas de conflit armé, la *lex specialis*, en l'occurrence le droit international humanitaire doit être appliquée à la place du droit international des droits de l'Homme.

255 Voir SASSOLI Marco, « Le droit international humanitaire, une *lex specialis* par rapport aux droits humains ? », *in* HOTTELIER AUER FLÜCKIGER (dir.), *Les droits de l'Homme et la constitution*, Études en l'honneur du professeur Giorgio Maliverni, Schulthess, Genève, 2007, pp. 375-395.

droit international humanitaire sera à nouveau plus spécifique)[256] ». Selon le professeur Djamchid Momtaz, « la nécessité de l'application directe du droit international humanitaire par les cours régionales de protection des droits de l'Homme se justifie par le principe qu'en période de conflit armé, la protection offerte par le droit international humanitaire aux personnes privées de libertés est incontestablement plus efficace que celle prévue par le droit international des droits de l'Homme[257] ».

287. Les exigences d'humanité consacrées par le droit international humanitaire sont valables en toutes circonstances. Ainsi, leur application directe par les juridictions régionales de contrôle des droits de l'Homme confère plus d'effectivité à la protection des droits fondamentaux. Pour illustrer ce point de vue, la jurisprudence très novatrice des organes de contrôle de la Convention américaine des droits de l'Homme sera étudiée.

B. La jurisprudence de la Commission interaméricaine des droits de l'Homme sur l'application du droit international humanitaire en tant que lex specialis

288. À notre connaissance, la Commission interaméricaine des droits de l'Homme est le premier organe de contrôle des droits de l'Homme à se prononcer en faveur d'une application directe du droit international humanitaire devant son prétoire. Dans de nombreuses affaires concernant des violations des droits de l'Homme intervenues lors de conflits armés, les pétitionnaires invoquent devant elle la violation des dispositions de la Convention américaine des droits de l'Homme et des dispositions du droit international humanitaire. Elle s'est appuyée sur ces demandes afin de se déclarer compétente pour appliquer directement le droit international humanitaire devant son prétoire[258].

---

[256] SASSOLI Marco et PROULX Marie-Hélène, « Guerre et conflit armé », *in* ANDRIANTSIMBAZOVINA Joël et alii (dir.), *Dictionnaire des droits de l'Homme*, Paris, Puf, 2008, p. 469.

[257] Voir MOMTAZ Djamchid, « Conflit armé non-international : interaction des différents régimes juridiques », *in* Institut international de droit humanitaire, 27e Table Ronde, Sanremo, 4-6 septembre 2003, p. 119.

[258] Pour plus de détails sur cette jurisprudence, voir FLAUSS Jean-François, « Le droit international humanitaire devant les instances de contrôle des conventions européenne et interaméricaine des droits de l'Homme », *in Les nouvelles frontières du droit international humanitaire,* Bruxelles, Bruylant, pp. 117-133 ; ZEGVELD Liesbeth, « Commission interaméricaine des droits de l'Homme et droit

Cette jurisprudence est très audacieuse et permet une meilleure implication des organes de contrôle des droits de l'Homme dans la dynamique internationale de protection globale des droits de l'Homme.

289. En effet, certains États parties à la Convention américaine des droits de l'Homme sont souvent impliqués dans des conflits armés internes ou internationaux durant lesquels de nombreuses violations des droits de l'Homme sont commises. De plus, les pétitionnaires invoquent souvent des violations des dispositions de la Convention américaine des droits de l'Homme et de celles des Conventions de Genève. Ainsi, aux fins de donner une meilleure satisfaction aux victimes et à leurs proches, la Commission a fréquemment recours au droit international humanitaire, chaque fois que ce dernier offre les possibilités d'une meilleure satisfaction à la demande des pétitionnaires. L'affaire *Tablada* **(1),** l'*affaire Coard* et celle des détenus de la base de Guantanamo ont permis à la Commission de faire une application du droit international humanitaire devant son prétoire **(2).**

1) L'affaire Tablada : l'application directe du droit international humanitaire par la Commission interaméricaine des droits de l'Homme

290. Les faits qui ont donné naissance à l'affaire *Tablada* peuvent se résumer ainsi : le 30 octobre 1997, quarante-deux personnes armées attaquent la caserne des forces armées argentines, *La Tablada*. Vingt-neuf des attaquants et quelques soldats ont été tués lors des échanges de tirs qui ont duré trente heures. Les victimes survivantes saisissent la Commission interaméricaine et évoquent les violations de leurs droits commises par l'Argentine sur le fondement de la Convention américaine des droits de l'Homme et du droit international humanitaire[259]. La réponse à la demande des pétitionnaires a permis à la Commission interaméricaine de se déclarer compétente pour appliquer directement le droit international humanitaire devant son prétoire.

---

international humanitaire : commentaire sur l'affaire de *Tablada* »,*RICR*, n°831, 1998, pp. 543-550 ; MARTIN Fanny, « Le droit international humanitaire devant les organes de contrôle des droits de l'Homme », *Droits fondamentaux*, n° 1 juillet-décembre 2000, http://www.droits-fondamentaux.org/IMG/pdf/df1mardih.pdf, consulté le 18 mars 2013.

[259] Pour plus de détails, voir HEINTZE Hans-Joachim, « Recoupement de la protection des droits de l'Homme et du droit international humanitaire dans les situations de crise et de conflit », *Cultures & Conflits*, n° 20-2005, p. 125.

291. Afin de trancher l'affaire au fond, la Commission devait d'abord se prononcer sur sa compétence à appliquer le droit international humanitaire conformément à la saisine des pétitionnaires. En l'espèce, la Commission a développé une argumentation allant dans le sens d'une application directe du droit international humanitaire devant son prétoire. *« Avant d'aborder les griefs spécifiques des requérants, la Commission considère qu'il est utile d'exposer pourquoi elle a parfois jugé nécessaire d'appliquer directement des règles du droit international humanitaire ou de se référer à ces règles pour formuler ses interprétations des dispositions pertinentes de la Convention américaine. La Convention américaine partage avec d'autres instruments universels et régionaux des droits de l'Homme ainsi qu'avec les Conventions de Genève de 1949 un noyau commun de droits auxquels il est impossible de déroger et un objet commun, la protection de la vie et de la dignité humaine*[260] *»*. Ici, la Commission consacre le principe selon lequel les droits de l'Homme et le droit international humanitaire renferment un certain nombre de droits indérogeables et qui s'imposent à tous. Lorsque ces droits sont violés, toute instance judiciaire saisie devrait se déclarer compétente pour punir les auteurs présumés.

292. Selon la Commission, l'application du droit international humanitaire se justifie par le postulat selon lequel ce dernier est mieux adapté que les droits de l'Homme en situation de conflit armé. Elle prend en exemple le droit à la vie qui ne tolère aucune dérogation sous l'empire du droit international humanitaire. Or, les droits de l'Homme ne protègent pas totalement ce droit en période de crises car des dérogations sont envisagées. La décision de la Commission interaméricaine dans l'affaire *Tablada* s'inscrit dans cette logique.

293. Selon la Commission, *« tant l'article 3 commun (aux quatre Conventions de Genève) que l'article 4 de la Convention américaine, par exemple, affirment le droit à la vie et interdisent donc, entre autres, les exécutions sommaires en toutes circonstances. [...] La Commission pourrait dans bien des cas, si elle devait se référer au seul article 4 de la Convention américaine, ne pas être en mesure de statuer sur des allégations de violation de ce droit, lequel n'admet aucune dérogation. La raison en est que la Convention américaine ne contient aucune règle*

[260] De larges extraits de cette affaire *Tablada* sont publiés en français *in* SASSOLI Marco et BOUVIER B. Antoine, (dir.), *Un droit dans la guerre, volume II, Cas et documents, Plans de cours,* Genève, CICR, 2003, p. 1291 et s.

qui définisse ou qui distingue les civils des combattants et des autres objectifs militaires, et encore moins qui spécifie dans quelles circonstances un civil peut être légalement attaqué ou dans quels cas des opérations militaires peuvent légalement faire des victimes civiles. Par conséquent, la Commission doit nécessairement étudier et appliquer des principes de définition et des règles pertinentes de droit humanitaire, pour s'appuyer sur des sources faisant autorité, lorsqu'elle est saisie de plaintes de ce type et d'autres types de griefs faisant état de violations de la Convention américaine dans des situations de combat. À défaut, la Commission devrait se déclarer incompétente dans un grand nombre de cas concernant des attaques lancées sans discrimination par des agents de l'État et qui ont causé un nombre considérable de victimes civiles. Une telle situation serait manifestement absurde au regard du but et de la mission de la Convention et des traités de droit humanitaire[261] *».*

294. En estimant que le droit international humanitaire était mieux adapté pour protéger le droit à la vie en cas de conflit armé, la Commission se déclare compétente pour l'appliquer directement au cas qui lui était soumis. Elle *« estime que dans des situations où s'appliquent à la fois la Convention américaine et les traités de droit humanitaire, l'article 29 b (dit de la clause la plus favorable à la personne) stipule qu'aucune disposition de la Convention américaine ne peut être interprétée comme restreignant la jouissance et l'exercice de tout droit ou de toute liberté reconnus par la législation d'un État partie ou d'une convention à laquelle cet État est partie. [...] Ainsi, lorsqu'il existe des différences entre les normes juridiques régissant les mêmes droits ou des droits comparables selon qu'ils sont définis par la Convention américaine ou par un traité de droit humanitaire, la Commission est tenue d'appliquer la ou les dispositions du traité les plus favorables en ce qui concerne le ou les droits ou libertés en question. Si cette norme plus élevée est une règle humanitaire, la Commission doit l'appliquer*[262] *».*

295. L'affaire *Tablada* revêt une importance cruciale car elle a démontré qu'une cour régionale de protection des droits de l'Homme pouvait appliquer directement le droit international humanitaire[263]. Sur

[261] *Ibidem*, p. 1295.
[262] *Ibidem*, p. 1296.
[263] Pour un commentaire de cette affaire, voir ZEGVELD Liesbeth, « Commission interaméricaine des droits de l'Homme et droit humanitaire : commentaire de l'affaire *Tablada* », *RICR*, n° 831, 1998, pp. 543-550.

la base d'une telle application du droit international humanitaire, les juridictions régionales pourraient davantage s'impliquer dans la protection des droits fondamentaux sur la base du droit international humanitaire. Les mêmes règles humanitaires qui protègent les civils en cas de conflit armé instaurent une obligation de répression des violations graves des droits de l'Homme. Par conséquent, une telle obligation devrait entrer dans le champ de compétence des cours régionales de protection des droits de l'Homme.

296. La jurisprudence *Tablada* sur l'application directe du droit international humanitaire a été réitérée par la Commission interaméricaine des droits de l'Homme. Dans d'autres affaires concernant des violations des droits de l'Homme intervenues lors de conflits armés, la Commission s'est estimée compétente pour appliquer le droit international humanitaire devant son prétoire. Il s'agit de l'affaire *Coard et autres c. États-Unis* et du contentieux des prisonniers de la base de Guantanamo.

2) L'affaire Coard et celle des détenus de la base américaine de Guantanamo

297. Lors de l'intervention militaire des États-Unis sur l'île de Grenade, des violations des droits de l'Homme ont été commises. Les victimes ont saisi la Commission interaméricaine sur le fondement de la Déclaration américaine des droits de l'Homme et du droit international humanitaire. Le Gouvernement des États-Unis avait contesté la compétence de la Commission interaméricaine pour connaître des exactions commises en se fondant sur les exigences du droit international humanitaire.

298. Dans sa décision *Coard et autres c. États-Unis*, la Commission a affirmé qu'*« en ce qui concerne le droit applicable à l'affaire en instance, les requérants ont invoqué comme fondement de leurs griefs les dispositions de la Déclaration américaine. Les États-Unis ont prétendu que la situation dénoncée était entièrement régie par le droit international humanitaire, un corpus juridique que la Commission n'avait pas compétence pour appliquer et à l'égard duquel elle ne disposait pas de connaissances spécialisées nécessaires. Conformément au cadre normatif du système, la Commission, lorsqu'elle examine des cas individuels touchant des États qui ne sont pas parties à la Convention américaine, prend pour source première d'obligations internationales et de droit applicable la Déclaration américaine. Ceci* *ne signifie pas pour autant, comme l'affirment les États-Unis, que la Commission ne puisse faire référence à d'autres sources de droit (y compris le droit international humanitaire) dans l'accomplissement de son mandat*[264] ». La Commission reste fidèle à sa jurisprudence *Tablada* sur l'applicabilité directe du droit international humanitaire devant son prétoire[265].

299. La question de l'application du droit international humanitaire par la Commission interaméricaine s'est également posée à l'occasion de l'examen de sa décision sur la *« Demande de mesures conservatoires concernant les détenus de la base de Guantanamo »*. Dans cette décision du 12 mars 2002, la Commission réitère sa compétence à appliquer le droit international humanitaire. Elle explique que *« son mandat spécifique lui demande d'assurer le respect des mesures internationales de protection des droits de l'Homme dans l'hémisphère,* [et que] *la Commission a déjà, par le passé, pris en considération et appliqué des définitions et règles pertinentes de droit international humanitaire pour interpréter la Déclaration américaine et d'autres instruments interaméricains des droits de l'Homme dans des situations de conflit armé. La Commission affirme que dans certaines circonstances, les critères permettant d'évaluer le respect d'un droit particulier (comme le droit à la liberté) dans une situation de conflit armé peut être différent de celui que l'on applique en temps de paix. Dans de telles situations, le droit international (y compris la jurisprudence de la Commission) indique clairement qu'il peut être nécessaire de faire référence au droit international humanitaire, comme* lex specialis *applicable, afin de déduire le critère applicable*[266] ». Cependant, la position de la Cour est plus nuancée quand il s'agit d'appliquer le droit international humanitaire devant son prétoire. Le paragraphe suivant se propose de réfléchir à ce point de vue.

---

[264] CIADH, affaire n° 10.9511 *Coard et autres c. États-Unis*, Rapport 109/99, 29 septembre 1999, version française reproduite *in* SASSOLI Marco et BOUVIER B. Antoine, (dir.), *Un droit dans la guerre, volume II, Cas et documents, Plans de cours,* Genève, CICR, 2003, p. 1149 et s.

[265] Pour plus de développements sur cette position de la Commission interaméricaine, voir PINTO Monica, « L'emploi de la force dans la jurisprudence des tribunaux internationaux », *RCADI*, vol. 331, 2007, p. 116 et s.

[266] Comm IADH, 12 mars 2002, Décision sur la demande de mesures conservatoires concernant les détenus de Guantanamo Bay, traduite en français *in* SASSOLI Marco et BOUVIER A. Antoine (dir.), *Un droit dans la guerre,* volume II, Cas et documents, Plans de cours, Genève, CICR, 2003, p. 1863.

§2.- Le droit international humanitaire devant le prétoire de la Cour interaméricaine des droits de l'Homme

300. À l'instar de la Commission, la Cour interaméricaine des droits de l'Homme est également chargée de veiller au respect des droits garantis dans la Convention. Pour ce faire, elle a recours aux dispositions contenues dans la Convention. Cependant, dans certaines circonstances de violations graves des droits de l'Homme, le recours à d'autres instruments internationaux de protection des droits de l'Homme offrent une meilleure protection aux victimes. Toutefois, au début, la Cour était réticente à l'idée d'appliquer d'autres sources de droit international telles que le droit international humanitaire **(A).** Néanmoins, la position de la Cour a évolué ces dernières années. Désormais, elle prend de plus en plus fréquemment en considération les exigences internationales en matière de protection des droits fondamentaux, notamment celles contenues dans les Conventions de Genève **(B).**

A. La position nuancée de la Cour interaméricaine des droits de l'Homme sur l'application directe du droit international humanitaire durant les conflits armés

301. La Cour interaméricaine n'a pas promptement suivi la Commission dans sa jurisprudence relative à l'application directe du droit international humanitaire. La Cour avait d'abord refusé d'appliquer directement le droit international humanitaire. Elle invoquait la compétence d'attribution qui l'empêchait de faire une application d'une autre norme en dehors de la Convention. Dans son arrêt du 4 février 2000, *Las Palmeras,* la Cour exclut d'appliquer le droit international humanitaire. En l'espèce, la Commission lui avait demandé d'apprécier les violations du droit à la vie consacré par l'article 4 de la Convention et l'article 3 commun aux quatre Conventions de Genève de 1949. Pour la Cour, la Convention ne lui accorde pas une compétence pour appliquer les Conventions de Genève. Selon elle, *« aux fins de la réalisation de cet examen, la Cour interprète la norme en question et l'analyse à la lumière des dispositions de la Convention. Le résultat de cette opération sera toujours celui d'un jugement où il sera affirmé si telle ou telle norme ou tel fait est, ou pas compatible avec la Convention américaine. Cette dernière a uniquement attribué à la Cour la compétence pour* *déterminer la compatibilité des actes ou des normes des États avec la seule Convention et non avec les Conventions de Genève de 1949*[267] ». Cependant, la Cour n'adopte pas une position de rejet total du droit international humanitaire. Même si le droit international humanitaire n'est pas directement applicable devant le prétoire de la Cour, cette dernière peut s'en servir pour interpréter les dispositions de la Convention. Dans l'affaire *Bamaca Velasquez, c. Guatemala* du 25 novembre 2000, la Cour affirme que le droit international humanitaire n'est pas un ensemble de normes directement applicables au cas d'espèce mais un droit qui permet d'interpréter la Convention qui lui donne compétence, dans les cas de conflit armé[268]. La Cour fait référence au droit des conflits armés pour interpréter la Convention américaine dans les affaires qui lui sont soumises.

302. La position de la jurisprudence de la Cour interaméricaine des droits de l'Homme sur l'application du droit international humanitaire est différente de celle de la Commission. Cela était surprenant eu égard à la finalité commune des droits de l'Homme et du droit international humanitaire. La Cour justifie cette position par le principe de spécialité de sa compétence. Autrement dit, seule la Convention américaine des droits de l'Homme lui confère une compétence pour connaître des violations graves des droits de l'Homme commises dans l'ordre juridique interne d'un État partie. Cette interprétation stricte de la compétence de la Cour soulève quelques difficultés car la Convention elle-même fait référence aux autres obligations étatiques internationales afférentes à la protection des droits fondamentaux (article 27 de la Convention). Or, ces autres obligations internationales auxquelles se réfère l'article 27 de la Convention américaine ne peuvent s'entendre sans les exigences de respect du droit international humanitaire durant les conflits armés.

303. De plus, il faut souligner le fait que de nombreux États d'Amérique latine sont confrontés, ces dernières décennies, à de multiples crises internes. Ces dernières procèdent de dictatures

---

[267] CIADH, 4 février 2000, *Las Palmeras c. Colombie*, arrêt sur les exceptions préliminaires, Série C, n° 67, § 33, cité *in* BURGORGUE-LARSEN Laurence et AMAYA Ubeda De Torres, *Les grandes décisions de la Cour interaméricaine des droits de l'Homme*, Bruxelles, Bruylant, 2008, p. 59 et s.

[268] Voir AMNA Guelali, « *Lex specialis*, droit international humanitaire et droit de l'homme : leur interaction dans les nouveaux conflits armés », *RGDIP*, n° 3-2007, pp. 539-574.

militaires, guerres civiles et conflits ethniques, notamment la lutte de certaines minorités indigènes contre leur gouvernement central. Ces crises internes sont souvent caractérisées par des violations graves des droits de l'Homme dans un certain nombre d'États tels que l'Argentine, le Pérou, le Salvador, le Chili, Haïti, etc. Par conséquent, le fait de rejeter l'application directe du droit international humanitaire aux situations de conflit armé pour connaître des violations des droits fondamentaux qui y sont commises équivaut à une moindre protection des droits garantis par le système interaméricain de protection des droits de l'Homme. En effet, il faut rappeler que le droit international humanitaire est mieux adapté que les droits de l'Homme pour protéger les droits fondamentaux lors des conflits armés. Toutefois, depuis 2007, une évolution positive en matière de prise en considération du droit international humanitaire est notée devant le prétoire de la Cour de San José.

B. L'évolution de la jurisprudence de la Cour interaméricaine des droits de l'Homme sur l'application du droit international humanitaire

304. Même si la Cour interaméricaine n'applique pas directement le droit international humanitaire, elle l'utilise en tant que source d'interprétation. Elle a également souligné que les droits de l'Homme et le droit international humanitaire étaient complémentaires. Cela apporte un tempérament à sa jurisprudence *Las Palmeras* sur le refus d'appliquer directement le droit international humanitaire. Plusieurs auteurs ont, en effet, affirmé que la jurisprudence de la Cour interaméricaine des droits de l'Homme a beaucoup évolué. En réalité, elle prend de plus en plus souvent en considération les exigences du droit international humanitaire et cela peut constituer une avancée de la lutte contre l'impunité des violations graves des droits de l'Homme commises durant les conflits armés.

305. Dans l'affaire *Bamaca Velasquez c. Guatemala*, la Cour assouplit sa jurisprudence *Las Palmeras* sur le refus d'appliquer le droit international humanitaire. La Cour a affirmé dans cet arrêt que si *« elle n'est pas en mesure de déclarer un État responsable du point de vue international pour la violation des traités internationaux qui ne lui attribuent point la compétence pour ce faire, il s'avère toutefois que certains actes ou omissions qui enfreignent les droits de l'Homme sur la base des traités qu'il lui revient d'appliquer peuvent également enfreindre d'autres instruments internationaux de protection de la* *personne humaine à l'instar des Conventions de Genève de 1949 et, en particulier, l'article 3 commun. Il y a effectivement une équivalence entre le contenu de l'article 3 commun des Conventions de Genève de 1949 et celui des dispositions de la Convention américaine et d'autres instruments internationaux relatifs aux droits de l'Homme insusceptibles de dérogation (comme le droit à la vie et le droit à ne pas être soumis à des tortures ou des traitements cruels, inhumains ou dégradants). Cette Cour a déjà signalé dans l'affaire* Las Palmeras *que les dispositions pertinentes des Conventions de Genève peuvent être prises en compte comme éléments d'interprétation de la Convention américaine*[269] *»*.

306. Selon le professeur Laurence Burgorgue-Larsen, « ce que certains avaient fustigé en commentant l'arrêt *Las Palmeras* (à savoir l'occasion manquée pour la Cour d'établir un pont entre les droits de l'Homme et le droit international humanitaire) ne vaut plus. La Cour est très claire ici et met parfaitement en exergue l'interaction et la complémentarité entre ces deux branches du droit international d'ailleurs induites par l'article 29 d) de la Convention américaine qui affirme qu'aucune disposition de la présente Convention ne peut être interprétée comme […] d) supprimant ou limitant les effets que peuvent avoir la Déclaration américaine des droits et devoirs de l'Homme et tous autres instruments de même nature[270] ».

307. Certains droits consacrés par le droit international des droits de l'Homme font partie des dispositions insusceptibles de dérogation auxquelles fait référence la Cour interaméricaine. Par conséquent, lorsque des violations de ces droits sont commises, les cours régionales doivent se déclarer compétentes sur le fondement du même corpus indérogeable afin d'exiger la répression de leurs auteurs présumés. Une véritable protection internationale des droits de l'Homme ne saurait exister sans l'implication des organes régionaux de contrôle des droits de l'Homme. L'application directe du droit international humanitaire par les organes de contrôle de la Convention américaine a apporté une réelle évolution dans ce domaine. Après avoir analysé cette jurisprudence interaméricaine, l'étude s'orientera vers la position des

---

[269] CIADH, affaire *Bamaca Velasquez c. Guatemala*, Fond, Série C, n° 70, §§ 208-209 cité par BURGORGUE-LARSEN Laurence, *in Les grandes décisions de la Cour interaméricaine des droits de l'Homme*, précité, p. 84.

[270] *Ibidem*, p. 84.

organes de contrôle de la Convention européenne des droits de l'Homme et leur jurisprudence récente sur la protection des droits fondamentaux à travers le droit international humanitaire.

SECTION 2 : LE DROIT INTERNATIONAL HUMANITAIRE DEVANT LE PRÉTOIRE DE LA COUR EUROPÉENNE DES DROITS DE L'HOMME

308. Dans le système international de protection des droits de l'Homme, la Cour de Strasbourg occupe une place prépondérante. Sa jurisprudence très sophistiquée en matière de protection des droits de l'Homme participe au renforcement des exigences inhérentes aux droits fondamentaux. Toutefois, sa réticence envers l'application directe du droit international humanitaire est regrettable. Aujourd'hui, il existe une dynamique de répression impérative des auteurs de violations des droits fondamentaux. La Cour de Strasbourg qui constitue une juridiction de référence en matière de protection des droits fondamentaux ne saurait rester à la marge d'un tel mouvement. Dans cette optique, l'application directe du droit international humanitaire devant son prétoire pourrait consolider la dynamique de lutte contre l'impunité des violations graves des droits de l'Homme. Dans de nombreuses affaires portées devant la Cour, il était question de violations des droits garantis par la Convention lors de conflits armés. Ainsi, l'application du droit international humanitaire était plus adéquate afin de mieux rendre compte de la situation et de réprimer les auteurs présumés de ces violations. Cependant, la Cour s'est souvent bornée à n'appliquer que les dispositions de la Convention. Cette position des organes de contrôle de la Convention européenne des droits de l'Homme envers le droit international humanitaire a fait l'objet de critiques de la part de certains juges de la Cour et d'une partie de la doctrine. Après avoir évoqué la nécessité pour la Cour européenne des droits de l'Homme d'appliquer le droit international humanitaire afin d'exiger la répression des violations graves des droits fondamentaux commises durant les conflits armés **(§1),** l'analyse sera axée sur l'évolution de la jurisprudence de la Cour de Strasbourg concernant l'application du droit international humanitaire. En effet, ces dernières années, la Cour s'est montrée plus réceptive envers le droit international humanitaire. Elle a rendu un certain nombre d'arrêts dans lesquels elle applique directement le droit international humanitaire dans des cas de violations des droits intervenus lors de conflits armés **(§ 2).**

§1.- La réticence de la Cour européenne des droits de l'Homme à appliquer le droit international humanitaire

309. Les violations graves des droits de l'Homme affectent la communauté internationale dans son ensemble. Par conséquent, il devrait exister un système de garantie collective chargé de veiller à ce que les auteurs présumés de telles violations soient impérativement poursuivis. La Cour européenne des droits de l'Homme et les autres organes régionaux de protection des droits de l'Homme devraient être liés par les normes impératives du droit international ayant trait à la protection des droits fondamentaux. De ce fait, ils ont l'obligation de se déclarer compétents pour réprimer les violations du droit international humanitaire. Les cours sont régies par le principe de spécialité qui leur confère une compétence pour appliquer les dispositions des conventions régionales. Néanmoins, ces dernières n'excluent pas les autres sources de droit international afin d'améliorer les droits qu'elles garantissent. De nombreuses infractions internationales sont également proscrites par les autres conventions relatives aux droits de l'Homme (l'interdiction de la tortue, des traitements inhumains, cruels ou dégradants, la protection du droit à la vie, etc.). Il faut rappeler le fait que ces droits constituent ce que la doctrine appelle les droits intangibles et indérogeables. Dans de nombreuses situations de conflit armé, la Cour européenne des droits de l'Homme s'est trouvée devant une situation idéale pour appliquer le droit international humanitaire. Cependant, elle s'est limitée à consacrer la violation du droit à la vie sur le fondement exclusif de l'article 2 de la Convention. Toutefois, la Cour fait souvent référence à des notions de droit international humanitaire dans son argumentation **(A).** Cela démontre qu'à défaut d'appliquer le droit international humanitaire, la Cour s'en inspire pour les besoins de son argumentation. Ce constat a notamment incité une partie de la doctrine à inviter la Cour de Strasbourg à appliquer directement le droit international humanitaire devant son prétoire chaque fois que ce dernier offre une meilleure protection que les droits de l'Homme, surtout durant les conflits armés **(B).**

A. L'usage du droit international humanitaire comme source d'inspiration par la Cour européenne des droits de l'Homme

310. Durant le conflit entre l'armée russe et les indépendantistes tchétchènes, beaucoup de civils ont été tués. Les proches de ces derniers ont saisi la Cour de Strasbourg par le biais de recours individuels afin de condamner la Russie pour atteinte au droit à la vie garanti par l'article 2 de la Convention. Les violations intervenues en Tchétchénie relèvent également du droit international humanitaire car il s'agit d'un conflit armé[271]. Dans de nombreux arrêts rendus en 2005 et concernant le conflit tchétchène, la Cour européenne constate la violation du droit à la vie mais refuse de se prononcer sur le droit international humanitaire qui était le mieux adapté à la situation[272]. Cette position a été fustigée par une partie de la doctrine[273].

311. Dans les affaires tchétchènes, la Cour européenne des droits de l'Homme n'applique pas directement le droit international humanitaire mais elle fait référence à des termes spécifiques à ce droit. À défaut d'appliquer directement le droit international humanitaire afin de mieux protéger le droit à la vie des civils lors d'un conflit armé, la Cour fait néanmoins appel à un vocabulaire et à des méthodes d'interprétation propres au droit international humanitaire[274]. Elle utilise des termes tels *« conflit »*, *« insurrection armée illégale »*, *« combat »*, *« résistance »*, *« armée »*, *« combattants »*, *« armes »*, etc. Ces termes procèdent du droit international humanitaire mais la Cour ne s'en sert que pour constater les violations du droit à la vie consacré à l'article 2 de la Convention européenne des droits de l'Homme. Dans l'arrêt *Issaieva, Youssoupova et Bazaieva c. Russie* ayant trait au bombardement aérien du village tchétchène de Katyr-Yurt, la Cour fait une application implicite du principe du droit humanitaire qui tend à faire la distinction entre les personnes civiles et les combattants, ainsi qu'entre les objectifs civils et militaires[275]. La Cour applique ce principe en se référant

---

[271] Voir KABOGLU Ibrahim, « La Cour européenne des droits de l'Homme et les conflits », *in* MARGUENAUD Jean-Pierre et PAULIAT Hélène (dir.), *Les droits de l'Homme face à la guerre. D'oradour à Sébrenitsa,* Paris, Éditions Dalloz, 2009, pp. 91-100.

[272] Arrêts du 25 février 2005 : *Issaieva c. Russie*, requête n° 59950/00 ; *Khachiev et Akaieva c. Russie*, requêtes n° 59942/00 et n° 59945/00 ; *Issaieva, Youssoupova et Bazaieva c. Russie*, requêtes n° 57947/00, n° 57948/00, n° 57949/00.

[273] Voir TIGROUDJA Hélène, « La Cour européenne des droits de l'Homme face au conflit tchéchène », *RTDH*, n° 65-2006, pp. 111-140.

[274] Voir POPESCU Corneliu-Liviu, « Le rôle de la Cour européenne des droits de l'Homme dans la protection de la population civile (Développements jurisprudentiels récents), *in* SOREL Jean-Marc et alii (dir), *La protection des personnes vulnérables en temps de conflit armé* », Bruxelles, Bruylant, 2010, p. 133.

[275] CEDH, 24 février 2005, *Issaieva, Youssoupova et Bazaieva c. Russie*, requêtes n° 57947/00, n° 57948/00, n° 57949/00, §§ 176, 182, 183,189, 193-200.

plusieurs fois dans l'arrêt au terme *« civil*[276]*»*. La Cour évoque également le principe de proportionnalité. L'usage d'un vocabulaire propre au droit international humanitaire fait dire à plusieurs auteurs que la Cour européenne des droits de l'Homme applique le droit humanitaire de manière implicite dans ces différentes affaires[277].

B. L'invitation de la doctrine à appliquer le droit international humanitaire devant le prétoire de la Cour européenne des droits de l'Homme

312. Eu égard à sa position et à son rôle dans l'ordre juridique international, la Cour européenne des droits de l'Homme ne peut plus continuer à ignorer le droit international humanitaire. Ce dernier a instauré un véritable ordre public international impliquant la répression des auteurs présumés d'infractions graves. Dans sa mission d'application de la Convention, la Cour doit prendre en considération cette branche du droit international. De nombreux auteurs pensent que la Cour de Strasbourg devrait s'investir davantage dans la prise en considération du droit international humanitaire devant son prétoire.

313. Selon le professeur Hélène Tigroudja, il existe « un socle de droits fondamentaux communs aux deux branches (droits de l'Homme et droit international humanitaire) du droit international. Or, il n'y a aucune raison pour que cette circulation des normes et cette influence ne se fassent pas que du droit international des droits de l'Homme vers le droit international humanitaire. L'inverse pourrait contribuer à améliorer l'application de la Convention à ces zones qui relèvent à la fois des textes applicables en temps de paix et des règles conventionnelles et coutumières du droit humanitaire. [...] Il n'eût donc pas été malvenu (bien au contraire) que la juridiction européenne utilisât le droit international humanitaire (dont les principes mentionnés plus haut de la proportionnalité dans l'attaque, de la nécessité et de la distinction entre population civile et objectifs militaires) comme source d'interprétation de la Convention européenne et en particulier du droit à la vie et de l'interdiction de mauvais traitements, voire de l'obligation

---

[276] Voir NICKE Mandy, « L'utilisation des mécanismes de mise en œuvre des droits de l'Homme pour le contrôle du respect du droit international humanitaire », http://m2bde.u-paris10.fr/content/l%E2%80%99utilisation-des-m%C3%A9canismes-de-mise-en-%C5%93uvre-des-droits-de-l%E2%80%99homme-pour-le-contr%C3%B4le-du-resp, consulté le 2 avril 2013.

[277] *Ibidem.*

générale de respecter les droits de la Convention inscrite à l'article 1er, en s'inspirant de la pratique interaméricaine [278]».

314. L'idée de complémentarité entre les droits de l'Homme et le droit international humanitaire afin de mieux protéger les droits fondamentaux est très prégnante dans les analyses doctrinales de ces dernières années. De nombreux auteurs réfléchissent à une sorte *« de droit international impératif »* qui aurait pour soubassement les droits de l'Homme, le droit international pénal et le droit international humanitaire. Ce corpus servirait à réprimer les auteurs présumés de violations des droits fondamentaux à l'échelle universelle et à travers n'importe quelle juridiction. Dans cette optique, le professeur Bérangère Taxil précise que « les liens entre droits de l'Homme et droit humanitaire se resserrent, le second n'étant plus perçu exclusivement comme une *lex specialis* (coutumière) pour les temps de guerre, opposable aux auteurs même non-étatiques, dérogeant à des droits de l'Homme (conventionnels) opposables aux États en temps de paix. Quel que soit le contexte, les normes de protection des droits de l'Homme doivent être respectées par les États qui sont tenus à leur tour de les faire respecter, même par les personnes privées [...] Le volet pénal de ces deux branches du droit renforce ce mouvement de cohésion : leurs violations graves sont punissables, qu'elles soient commises en guerre ou en paix [...]. Droit humanitaire, droits de l'Homme et droit pénal s'articulent et cohabitent, notamment par le biais de nombreuses clauses de renvoi, sorte de "clauses passerelles" marquant bien la volonté de s'intégrer dans un ensemble [...] Il est permis d'y voir une confirmation d'une tendance encore inachevée : l'élaboration d'un statut international de l'individu[279]». Ainsi, la doctrine invite les juridictions régionales de protection des droits de l'Homme à appliquer l'ensemble des instruments internationaux relatifs aux droits de l'Homme afin d'assurer une meilleure protection.

315. Quelquefois, l'invitation à appliquer le droit international humanitaire procède des juges des organes de contrôle de la Convention

---

[278] TIGROUDJA Hélène, « La Cour européenne des droits de l'Homme face au conflit tchétchène », *RTDH*, n° 65-2006, p. 136 et p. 138.

[279] TAXIL Bérangère, « À la confluence des droits : la Convention internationale pour la protection de toutes les personnes contre les disparitions forcées », *AFDI*, 2007, p. 133.

européenne des droits de l'Homme. Dans l'affaire *Chypre c. Turquie*[280], la Commission européenne était saisie d'une situation de conflit armé où il était favorable d'appliquer le droit international humanitaire. Néanmoins, la Commission ne l'avait pas appliqué. Or, l'application de ce droit était mieux adaptée à la situation. Pour cette raison, certains juges de la Commission avaient estimé que l'application du droit international humanitaire aurait joué un rôle important dans la situation du conflit entre Chypre et la Turquie. En l'espèce, le gouvernement de Chypre avait saisi la Commission européenne des droits de l'Homme afin qu'elle déclare la responsabilité de la Turquie suite aux nombreuses violations des exigences de la Convention commises au Nord de l'île de Chypre occupée par les troupes turques depuis 1974. Puisqu'il s'agissait d'un conflit armé, la question était de savoir si l'article 15 de la Convention européenne des droits de l'Homme était applicable. La Commission *« juge qu'en tout état de cause, l'article 15 exige un acte formel et public de dérogation comme une déclaration d'état de siège ou d'état d'exception, et que, lorsque la Haute Partie contractante en cause n'a pas proclamé cet acte, bien qu'elle n'eût pas été empêché de le faire dans les circonstances particulières, l'article 15 ne peut s'appliquer*[281] *»*.

316. L'opinion dissidente des juges Sperduti et Trechsel s'orientait vers une application directe de l'article 15. Selon ces derniers, « on ne voit pas comment on pourrait déduire de l'article 15 la nécessité d'avoir recours, par rapport à ces règles, à de nouvelles formes de publicité. C'est notamment le cas de l'occupation militaire d'un territoire d'un État étranger[282] . Autrement dit, le conflit armé bien connu entre deux États déclencherait automatiquement l'application des règles du droit de la guerre et notamment celles régissant l'exercice de pouvoir *d'exception* pour les autorités d'occupation[283] ». Les deux juges poursuivent en affirmant que « les règles du droit international concernant le traitement de la population dans les territoires occupés (et que contiennent notamment le Règlement de La Haye de 1907 et la IVe

---

[280] Comm IADH, 25 mai 1975, requêtes n° 6780/74 et 6950/75, *Chypre c. Turquie*, *Decisions and Reports* vol. 2, p. 125 et pp. 149-150.

[281] *Ibidem*, § 527 cité par COHEN-JONATHAN Gérard et JACQUÉ Jean-Paul, précité, « Activité de la Commission européenne des droits de l'Homme », *AFDI*, vol. 25, 1979, p. 387.

[282] *Ibidem*. p. 387.

[283] COHEN-JONATHAN Gérard et JACQUÉ Jean-Paul, précité, « Activité de la Commission européenne des droits de l'Homme », *AFDI*, vol. 25, 1979, p. 387.

Convention de Genève du 12 août 1949) sont indéniablement susceptibles d'aider à résoudre la question de savoir si les mesures prises par la puissance occupante par dérogation aux obligations qu'elle devrait en principe observer, en vertu de la Convention européenne, là où s'exerce (*de jure* ou *de facto*) sa juridiction, sont ou ne sont pas justifiées d'après le critère que seules les mesures dérogatoires strictement requises par les circonstances sont autorisées [...]. Il s'ensuit que le respect de ces mêmes règles par une Haute Partie contractante lors de l'occupation militaire du territoire d'un autre État assurera, en principe, cette Haute Partie de ne pas dépasser les limites du droit de dérogation que lui confère l'article 15 de la Convention[284]».

317. Dans un arrêt de décembre 2009, le juge *ad hoc* Popescu, dans son opinion concordante, invitait la Cour européenne des droits de l'Homme à appliquer le droit international humanitaire devant son prétoire afin d'assurer une meilleure protection aux droits garantis. Il s'agit de l'arrêt *Sandru et autres c. Roumanie*[285] du 8 décembre 2009. Selon le juge *ad hoc* Popescu, « en dépit du fait qu'elle est juge de droit international (européen) des droits de l'Homme, la Cour peut légitimement se comporter parfois (et avec des particularités) en juge de droit international humanitaire et/ou en juge de droit international criminel. Dans l'interprétation et l'application de la Convention (sa tâche principale) la Cour ne peut pas faire abstraction des autres règles du droit international public, dont la Convention en fait partie [...]. Ainsi, la Convention l'habilite expressément en ce sens à travers l'article 7 § 2 et l'article 15 §§ 1 et 2. *Primo*, le principe de la légalité pénale n'empêche pas le jugement et la punition d'une personne coupable d'un acte ou d'une omission qui, au moment où ils ont été commis, étaient criminels d'après "les principes généraux de droit reconnus par les nations civilisées", ce qui signifie principalement le droit international humanitaire et le droit international criminel [...]. *Secundo*, les mesures dérogatoires aux droits de l'Homme prises en cas de "guerre " (conflit armé international ou non-international) ou en cas d'autre danger public menaçant la vie de la nation, ne doivent pas être

---

[284] Opinion dissidente du juge Sperduti appuyée par le juge Trechsel dans l'affaire *Chypre c. Turquie*, citée par REIDY Aisling, *in* « La pratique de la Commission et de la Cour européenne des droits de l'Homme en matière de droit international humanitaire », *RICR*, n° 831, 1998, p. 557.

[285] CEDH, Troisième section, requête n° 22465/03, 8 décembre 2009, *Sandru et autres c. Roumanie ;* opinion concordante du juge *ad hoc* Popescu.

en contradiction avec les autres "obligations découlant du droit international", à savoir le droit international humanitaire (applicable en temps de conflit armé) et le droit international criminel. *Tertio*, l'impossibilité juridique de déroger à l'article 2 ne vise pas le cas de décès résultant "d'actes licites de guerre", licéité appréciée à la lumière du droit international humanitaire. Dans l'interprétation et l'application de ces textes de la Convention, la Cour doit faire appel, comme juge de droit international des droits de l'Homme, aux règles du droit international humanitaire et/ou du droit international criminel[286]».

318. La Cour a fait évoluer sa position dans des arrêts récents dans lesquels elle applique le droit international humanitaire. Cela concerne principalement des violations intervenues lors de conflits armés. L'analyse de cette nouvelle jurisprudence permettra de réfléchir au rôle de la Cour européenne des droits de l'Homme dans la protection des droits fondamentaux à travers les exigences du droit international humanitaire pendant les conflits armés.

§2.- L'évolution de la jurisprudence de la Cour européenne des droits de l'Homme vers une meilleure prise en considération du droit international humanitaire devant son prétoire

319. Même si la Cour européenne des droits l'Homme n'est pas une juridiction pénale, le contentieux des violations graves des droits de l'Homme lors des conflits armés lui permet d'entrer en contact direct avec la répression des auteurs de violations du droit international humanitaire. Ces conflits constituent souvent le théâtre de commission d'infractions graves et la Cour est amenée à se prononcer sur la conventionnalité des mesures prises par les États qui organisent des poursuites des exactions commises dans leur ordre juridique interne. L'analyse de ce point de vue se focalisera sur un certain nombre d'affaires tranchées par la Cour et qui ont trait au droit à la vie ou à la répression des crimes de guerre dans certains États parties. Dans des arrêts récents, la Cour européenne des droits de l'Homme a appliqué le droit international humanitaire devant son prétoire afin d'interpréter la Convention lors de conflits armés ayant abouti à la commission de crimes de guerre. Cette jurisprudence marque une réelle évolution de la position de la Cour de Strasbourg par rapport au droit international humanitaire. Elle rejoint de plus en plus souvent la Cour interaméricaine sur la

[286] Opinion concordante du juge *ad hoc* POPESCU, dans CEDH, Troisième section, requête n° 22465/03, 8 décembre 2009, *Sandru et autres c. Roumanie*.

dynamique de sophistication de la protection des droits de l'Homme durant les conflits armés[287]. Dans deux arrêts récents, la Cour européenne des droits de l'Homme a appliqué le droit international humanitaire afin d'exiger des États la répression des violations du droit à la vie et des crimes de guerre commis pendant la Seconde Guerre mondiale.

320. Le système européen de protection des droits de l'Homme est souvent considéré comme le mieux sophistiqué. Ce constat est principalement dû à la jurisprudence innovante de la Cour de Strasbourg. De ce fait, il était curieux de constater que la Cour de Strasbourg n'utilisât pas, devant son prétoire, d'autres sources de droit international telles que le droit international humanitaire. De nombreux spécialistes du système européen de protection des droits de l'Homme ont remarqué cela et ont invité la Cour à changer de position dans ce sens. C'est ainsi que dans les dernières années, une évolution de la position de la Cour par rapport au droit international humanitaire a été notée. Dans les affaires *Varnava et autres c. Turquie* **(A)** et *Konono c. Lettonie* **(B)**, la Cour de Strasbourg fait expressément référence au droit international humanitaire. Cela se justifie par le fait que les violations commises dans ces cas d'espèce sont intervenues dans des situations de conflit armé. Ainsi, l'usage du droit international humanitaire est plus adéquat pour qualifier les infractions commises et offrir une meilleure satisfaction aux requérants. Cette jurisprudence sera analysée dans les points suivants.

A. L'affaire Varnava et autres c. Turquie

321. La réticence d'antan de la Cour européenne des droits de l'Homme à l'encontre du droit international humanitaire s'estompe[288]. Dans sa jurisprudence récente, la Cour de Strasbourg se réfère expressément au droit international humanitaire afin d'interpréter les exigences inhérentes à la protection du droit à la vie lors des conflits armés. L'arrêt *Varnava et autres c. Turquie*[289] s'inscrit dans cette optique.

---

[287] Voir VANNESTE Frédéric, « Droit international général et droit international des droits de l'Homme : l'apport de la jurisprudence de la Cour européenne des droits de l'Homme », *RTDH*, n° 88-2011, pp. 807-873.

[288] Voir KOLB Robert, *Droit international pénal*, *Helbing Lichtenhahn*, Bruxelles, Bruylant, 2008, p. 23.

[289] CEDH grande chambre, requêtes n°s 16064/90, 16065/90, 16066/90,16068/90, 16069/90,16070/90, 16071/90, 16072/90 et 16073/90, 18 septembre 2009, *affaire Varnava c. Turquie ; JDI*, n°3-2010, p. 993, note AKTIPIS Spyridon.

322. Les faits qui sont à l'origine de l'affaire *Varnava et autres* ont trait à l'occupation de Chypre par la Turquie en 1974. Durant ce conflit armé, des Chypriotes ont disparu et n'ont pas été retrouvés. Les familles des disparus saisissent la Cour européenne des droits de l'Homme afin qu'elle reconnaisse la responsabilité de la Turquie sur ces disparitions au regard de la Convention européenne des droits de l'Homme, notamment des dispositions de l'article 2 sur la protection du droit à la vie. Pour répondre à la requête des familles des victimes, la Cour se prononce sur le respect impératif du droit à la vie lors des conflits armés en se référant expressément au droit international humanitaire auquel elle confère une reconnaissance *« universelle dans l'atténuation de la sauvagerie et de l'inhumanité des conflits armés ».* En ce qui concerne les personnes disparues, la Cour énonce qu' *« [...] il existe des arguments défendables permettant d'affirmer que ces sept hommes ont été vus pour la dernière fois dans un secteur sous le contrôle ou sur le point de tomber sous le contrôle de l'armée turque. Qu'ils aient été tués au combat, qu'ils aient succombé à leurs blessures, ou qu'ils aient été faits prisonniers, l'obligation de rendre des comptes à leur sujet subsiste. L'article 2 doit être interprété dans la mesure du possible à la lumière des principes du droit international, notamment des règles du droit international humanitaire, qui jouent un rôle indispensable et universellement reconnu dans l'atténuation de la sauvagerie et de l'inhumanité des conflits armés. La grande Chambre souscrit donc au raisonnement de la chambre selon lequel dans une zone de conflit international les États contractants doivent protéger la vie de ceux qui ne sont pas ou plus engagés dans les hostilités, ce qui requiert notamment de fournir une assistance médicale aux blessés ».* Cet arrêt inaugure une évolution cruciale de la position de la Cour de Strasbourg sur la prise en considération des autres sources de droit international[290].

323. Cette position de la Cour européenne des droits de l'Homme en faveur de l'application du droit international humanitaire devant son prétoire revêt une importance capitale en termes de répression des infractions graves. Le dialogue des juges aidant, la lutte contre l'impunité des violations des droits de l'Homme gagnerait plus en efficacité avec une meilleure prise en considération du droit

---

[290] Voir AIVO Gérard, « La Cour européenne des droits de l'Homme et l'application du droit international humanitaire », *Journal du centre de droit international,* (Université Jean Moulin Lyon 3) disponible en ligne http://cdi.lyon3.free.fr/dih, consulté le 2 avril 2013.

international humanitaire devant les prétoires des organes de contrôle des droits de l'Homme.

324. Au cours de l'année 2010, la Cour européenne des droits de l'Homme a rendu un important arrêt ayant trait à la conventionnalité de la répression des crimes de guerre qui ont été commis pendant la Seconde Guerre mondiale. Il s'agit en l'occurrence de l'arrêt *Kononov c. Lettonie* du 17 mai 2010. Cet arrêt a davantage rapproché la Cour des préoccupations de la lutte contre l'impunité des violations graves du droit international humanitaire. Plusicurs qucstions importantes ont été étudiées par la Cour lors de cet arrêt. Toutefois, celles relatives au droit international humanitaire retiendront particulièrement notre attention.

B. L'affaire Kononov c. Lettonie

325. L'arrêt de la grande Chambre *Kononov c. Lettonie*[291] du 17 mai 2010 a permis à la Cour d'effectuer une analyse approfondie du droit international humanitaire existant en 1944 afin de se prononcer sur la conventionnalité de la répression par la justice lettone des crimes de guerre commis pendant la Seconde Guerre mondiale[292]. En l'espèce, il s'agissait de la condamnation par la justice lettone du requérant pour crimes de guerre commis en 1944. À l'époque, le requérant faisait partie d'un commando soviétique composé de partisans rouges en Biélorussie occupée par l'Allemagne. Il est reproché au requérant d'avoir tué des villageois. Ainsi, les juridictions lettones l'ont condamné pour crimes de guerre. Il saisit la Cour européenne des droits de l'Homme pour contester sa condamnation. Cet arrêt *Kononov c. Lettonie* renforce le mouvement de prise en considération du droit international humanitaire par la Cour de Strasbourg[293]. Afin de déclarer la conformité de la répression des crimes de guerre commis pendant la Seconde Guerre mondiale avec l'article 7 de la Convention européenne

---

[291] CEDH, grande chambre, requête n° 36376/04, 17 mai 2010, *affaire Kononov c. Lettonie ; JCP G,* n° 23, 7 juin 2010, p. 1187, note BELDA Béatrice.

[292] Sur cette affaire, voir ROETS Damien, « Le droit international pénal soluble dans le droit international humanitaire ! CEDH, Grande Chambre, 17 mai 2010, *Kononov c. Lettonie* », *RSC,* n° 3-2010, pp. 696-702.

[293] Pour plus de détails sur cette affaire, voir BRUGÈRE Anne-Laure, « Les arrêts *Kononov c. Lettonie* du 24 juillet 2008 et du 17 mai 2010 : réflexions de droit international humanitaire », http://blog.multipol.org/post/2010/05/26/ANALYSE - %3A-Les-arr%C3%AAts-%22Kononov-contre-Lettonie%22-du-24-juillet-2008-et-du-17-mai-2010-%3A-r%C3%A9flexions-de-droit-international-humanitaire, consulté le 19 mars 2013.

des droits de l'Homme, la Cour analyse le *jus in bello* existant en 1944 et en conclut que les faits reprochés au requérant étaient incriminés à l'époque par le droit international humanitaire conventionnel et coutumier des conflits armés. Selon la Cour, le *jus in bello* existant en 1944 proscrivait bel et bien les actes reprochés au requérant. Par conséquent, il n'existe aucune violation des exigences de la Convention par la Lettonie. En 1944, les crimes de guerre étaient définis comme des actes proscrits par « les lois et coutumes de la guerre ». Pour prendre une telle position, la Cour s'appuie sur une analyse détaillée du droit international humanitaire en faisant référence au *Code Lieber*, aux Conventions de Genève et à la *clause de Martens*[294]. Cela dénote une prise en considération directe du droit international humanitaire devant le prétoire de la Cour européenne des droits de l'Homme. L'usage du droit international humanitaire par la Cour ouvre des perspectives en termes de répression des violations graves du droit international humanitaire.

326. L'ouverture de la jurisprudence de la Cour européenne des droits de l'Homme vers le droit international humanitaire dans l'affaire *Kononov* a été bien accueillie par la doctrine. Selon le professeur Hélène Tigroudja, « la jurisprudence de la Cour qui détermine les obligations des États œuvre pour une meilleure diffusion et application du droit international humanitaire et du droit international pénal. La Cour européenne n'est donc plus uniquement, dans ces affaires, un organe d'interprétation du droit international pénal et du droit humanitaire, elle peut également se transformer en garant de l'effectivité de ces matières, ce qui nourrit d'autant la thèse, très en vogue, du rapprochement, voire de la disparition des frontières entre les différentes branches du droit international que sont le droit humanitaire et le droit international des droits de l'Homme. En effet, lorsque les États décident de juger les auteurs de crimes de droit international sur le fondement du droit international, un certain nombre d'obligations s'imposent à eux et en particulier, à leurs différents organes, obligations que l'on peut voir apparaître "en creux" dans la jurisprudence européenne. [...] Cette jurisprudence est importante sur un plan plus général car elle établit un nouveau pont entre différentes branches du droit international, œuvrant ainsi davantage à l'établissement d'un

[294] Pour plus de détails sur cet arrêt, voir DECAUX Emmanuel, « De l'imprévisibilité de la jurisprudence européenne en matière de droit humanitaire (CourEDH, gde chambre, *Kononov c. Lettonie,* 17 mai 2010) », *RTDH*, n° 86-2011, pp. 343-357.

"unicum normatif" entre le droit international des droits de l'Homme, le droit humanitaire et le droit international pénal[295]».

327. La jurisprudence des cours régionales de protection des droits de l'Homme aux niveaux européen et américain a joué un rôle déterminant dans la protection des droits fondamentaux. Cette jurisprudence participe au renforcement de l'effectivité des instruments de protection des droits fondamentaux.

Conclusion du chapitre 2

328. En principe, la mise en œuvre du droit international humanitaire relève de la compétence des juridictions nationales. En effet, les Conventions de Genève n'ont pas mis en place une instance judiciaire internationale chargée de mettre en application les exigences découlant du droit international humanitaire. De plus, une incurie des États dans ce domaine est notée. Pour cette raison, l'application directe du droit international humanitaire par les organes régionaux de contrôle des droits de l'Homme est importante car elle tente de combler les lacunes des États dans la mise en œuvre nationale du droit international humanitaire. De plus, l'application du droit international humanitaire par les juridictions régionales est nécessaire en raison des possibilités de dérogation prévues par les instruments de protection des droits de l'Homme en cas de guerre ou de danger public menaçant la vie de la nation. Or, le droit international humanitaire ne prévoit aucune dérogation pour protéger les droits fondamentaux de la personne humaine durant les conflits armés internes ou internationaux. De ce fait, le recours au droit international humanitaire en cas de violations graves des droits fondamentaux de la personne humaine intervenues en période de conflit armé est plus efficace. Ce constat a été effectué par certaines juridictions de contrôle des droits de l'Homme. Il s'agit surtout des juridictions régionales créées pour veiller au respect des droits fondamentaux consacrés par les conventions régionales de protection des droits de l'Homme. Leur jurisprudence en matière d'application du droit international humanitaire s'inscrit dans la dynamique de protection internationale des droits fondamentaux même dans les situations de

---

[295] TIGROUDJA Hélène, « Crimes de droit international et principe de légalité des délits et des peines », *in Social Science Research Network, (SSRN), Electronic copy available at*: http://ssrn.com/abstract=1720422, consulté le 28 avril 2013.

conflit armé. Par conséquent, elle constitue une innovation en termes d'effectivité des instruments de protection des droits de l'Homme. Par ailleurs, ce point de vue est illustré par les nombreux commentaires doctrinaux de la jurisprudence répertoriée dans ce chapitre. Ainsi, il était utile d'analyser cette jurisprudence afférente à l'application du droit international humanitaire devant les organes de contrôle des conventions régionales des droits de l'Homme. Cette jurisprudence a notamment été notée dans les systèmes interaméricain et européen de protection des droits de l'Homme. Par conséquent, le dialogue des juges pourrait faciliter sa réitération par d'autres juridictions.

CONCLUSION DE LA DEUXIÈME PARTIE

329. La consécration de la complémentarité entre le droit international des droits de l'Homme et le droit international humanitaire était nécessaire dans la perspective d'une protection internationale des droits fondamentaux plus efficace. De plus, cette étude ne s'est pas uniquement bornée à constater cette complémentarité. Il a également fallu analyser son application concrète notamment par les juridictions régionales chargées de contrôler le respect des droits de l'Homme à travers leurs recours au droit international humanitaire pour trancher les affaires de violations graves des droits fondamentaux intervenues durant les conflits armés. Cela s'explique par l'exigence de protection des droits fondamentaux quelles que soient les circonstances de paix ou de guerre dans lesquelles se trouvent les États. Cette exigence est illustrée par la consécration par la communauté internationale d'un noyau dur des droits fondamentaux dits intangibles et indérogeables protégé à la fois par le droit international des droits de l'Homme et le droit international humanitaire. L'application du droit international humanitaire devant les prétoires des organes régionaux de protection des droits de l'Homme a, entre autres, pour finalité de conférer une réelle effectivité à la protection absolue du noyau dur des droits fondamentaux susmentionné.

330. L'usage du droit international humanitaire pour combler les lacunes du droit international des droits de l'Homme est logique dans la mesure où la quasi-totalité des États parties aux conventions afférentes aux droits de l'Homme sont également parties aux différentes Conventions de Genève. Ainsi, il s'agit là d'un corps de règles relatif aux droits de l'Homme se trouvant dans différents instruments et liant les mêmes États. Par conséquent, rien ne devrait empêcher les juridictions de protection des droits de l'Homme d'avoir recours au droit international humanitaire pour offrir une meilleure satisfaction aux victimes de violations graves des droits de l'Homme commises notamment durant les conflits armés. Les organes de contrôle des conventions américaine et européenne des droits de l'Homme ont joué un rôle crucial dans ce sens. Leur jurisprudence dans ce domaine a rendu possible une avancée de la protection des droits de l'Homme à l'échelle universelle. Par conséquent, cette jurisprudence méritait d'être analysée dans la deuxième partie de cette étude pour faire office d'illustration à la complémentarité entre le droit international des droits de l'Homme et le droit international humanitaire. Par ailleurs, elle s'inscrit dans cette dynamique d'application des instruments de protection des droits fondamentaux en prenant en considération l'évolution du droit international des droits de l'Homme. En effet, de nombreux conflits armés interviennent dans différentes régions du monde où des conventions de protection des droits de l'Homme et des organes chargés de leur contrôle ont été mises en place. Ainsi, lorsque ces organes de contrôle énoncent qu'ils peuvent avoir recours au droit international humanitaire aux fins de donner une meilleure réparation aux victimes de violations des droits de l'Homme commises durant les conflits armés, cela constitue une innovation importante en termes d'effectivité de la protection des droits fondamentaux. De surcroît, cette position des juridictions régionales de protection de droits de l'Homme s'inscrit dans la dynamique de protection globale des droits de l'Homme prônée par la communauté internationale dans son ensemble. Dans ce sens, lorsque les juridictions internes ne jouent pas leur rôle principal de protection des droits de l'Homme, les juridictions internationales et régionales doivent prendre le relais et dénoncer une telle incurie et rappeler aux États leurs obligations internationales de protection des droits de l'Homme. L'application du droit international humanitaire devant les prétoires des cours régionales de protection des droits de l'Homme a été étudiée sous cet angle. De plus, elle illustre le principe souvent défendu dans cette étude selon lequel lorsque des violations graves des droits de l'Homme sont commises, toutes les normes juridiques consacrées dans ce sens par la communauté internationale et liant les États mis en cause peuvent être invoquées aux fins de conférer une meilleure réparation aux victimes. Il s'agit en général d'avoir recours, de manière cumulative, au droit international des droits de l'Homme, au droit international humanitaire et au droit international pénal.

CONCLUSION GÉNÉRALE

331. À l'heure où il faut conclure cette étude, il est utile de réfléchir à certains points afférents à la problématique de l'évolution des droits de l'Homme. Il ne s'agira pas de reprendre ce qui a déjà été énoncé mais plutôt de faire un certain nombre de constats et d'essayer d'ouvrir des perspectives. En effet, le système international de protection des droits de l'Homme fonctionne, même avec de nombreuses lacunes. Il s'agit de la situation de certaines grandes puissances qui possèdent un régime politique restreignant considérablement les droits et libertés fondamentaux de leurs citoyens. Cette situation de restriction ou d'ineffectivité des droits de l'Homme se constate également dans certains pays sous-développés en raison notamment de l'ignorance par les populations de leurs droits fondamentaux ou de l'inefficacité du système judiciaire de ces États à défendre concrètement les droits de leurs citoyens. Cela constitue l'une des principales limites du système international de protection des droits de l'Homme. Dès lors, des réflexions doivent être menées aux fins de l'améliorer. Toutefois, avant d'en arriver là, il est important de faire certaines constatations sur la situation de la protection des droits de l'Homme dans le monde.

332. Les analyses menées dans cette étude ont démontré l'existence d'une multitude d'instruments relatifs à la protection des droits de l'Homme. Ces derniers sont consacrés dans les ordres juridiques internationaux, régionaux et nationaux. Il existe dans ce sens les différents instruments des droits de l'Homme créés dans le cadre des Nations Unies, du Conseil de l'Europe, de l'Organisation des États américains, de l'Union africaine et des pays arabes. Cette énumération n'est pas exhaustive. Elle reflète seulement la diversité des instruments de protection des droits de l'Homme consacrés à l'échelle universelle. Cette consécration universelle constitue un préalable nécessaire dans la mesure où les juridictions ont besoin de normes juridiques concrètes aux fins de trancher les affaires de violation des droits de l'Homme portées devant leurs prétoires. En effet, la norme juridique confère plus de sécurité aux principes et valeurs qu'elle protège dans le sens où leur existence ne pourra pas être contestée. Dans cette optique, la communauté internationale a consacré le droit international des droits de l'Homme et le droit international humanitaire, à travers différentes conventions internationales, aux fins de protéger toutes les valeurs et tous les principes consubstantiels à la dignité de la personne humaine. De plus, ces deux branches du droit international ayant la même finalité sont complémentaires et leur application concomitante a entraîné, devant les prétoires de nombreuses juridictions, une amélioration de la protection des droits de l'Homme.

333. Cette dynamique de la communauté internationale en faveur d'une meilleure effectivité des droits de l'Homme mérite d'être à la fois saluée et soulignée. Cependant, une protection internationale des droits de l'Homme ne doit pas exclusivement se borner à la consécration d'instruments de protection. En réalité, les principales lacunes du système international de protection des droits de l'Homme sont liées à leur ineffectivité. Il est important, voire impératif, de consacrer des exigences relatives aux droits de l'Homme et au droit international humanitaire et d'énoncer qu'elles sont complémentaires. Néanmoins, le corollaire de cette consécration doit être la recherche de leur pleine effectivité partout dans le monde. Et c'est là que réside le principal problème du respect des droits de l'Homme dans le monde. Dans ce domaine, davantage d'efforts doivent être faits. Il appartient notamment à la communauté internationale d'essayer d'apporter des solutions aux difficultés liées à l'ineffectivité du droit international des droits de l'Homme et du droit international humanitaire dans beaucoup de régions du monde. Dans cette perspective, un certain nombre de pistes peuvent être dégagées. Il peut s'agir par exemple du renforcement du mécanisme de la sécurité collective mis en place par les Nations Unies à travers les prescriptions du Chapitre VII de la Charte des Nations Unies. En effet, ce Chapitre VII confère aux Nations Unies un rôle prépondérant dans le domaine du maintien de la paix et de la sécurité internationales. En effet, l'article 42 de la Charte énonce que « si le Conseil de sécurité estime que les mesures prévues à l'article 41 seraient inadéquates ou qu'elles se sont révélées telles, il peut entreprendre, au moyen de forces aériennes, navales ou terrestres, *toute action qu'il juge nécessaire*[296] au maintien ou au rétablissement de la paix et de la sécurité internationales [...] ». Or, les violations graves des droits de l'Homme constituent incontestablement des menaces contre la paix et la sécurité internationales. C'est surtout pour cette raison que le Préambule de la Déclaration universelle des droits de l'Homme du 10

[296] Souligné par nous.

décembre 1948 « consid[ère] que la reconnaissance de la dignité inhérente à tous les membres de la famille humaine et de leurs droits égaux et inaliénables constitue le fondement de la liberté, de la justice et de la paix dans le monde [...] ». Par conséquent, toutes les mesures qui sont prises en faveur d'un meilleur respect des droits de l'Homme entrent dans le cadre de la finalité du Chapitre VII de la Charte des Nations Unies. En réalité, le respect des droits de l'Homme fait partie des conditions d'existence de la paix et de la sécurité internationales. Dans ce sens, la communauté internationale doit davantage se rappeler des exemples historiques (Guerres mondiales, crises yougoslave et rwandaise, etc.) et leurs conséquences dramatiques sur les droits de l'Homme, la paix et la sécurité internationales. Par ailleurs, il faut souligner le fait que la quasi-totalité des interdictions de commettre des violations graves des droits de l'Homme relèvent des normes impératives du droit international *(jus cogens)* liant les États sans aucun lien conventionnel. Dès lors, les incuries des États en matière de protection des droits de l'Homme doivent être dénoncées et comblées par la communauté internationale dans son ensemble. Dans ce sens, lorsqu'un État ne s'acquitte pas de sa tâche de protection des droits de l'Homme, la communauté internationale doit prendre le relais. La consécration du mécanisme onusien de la « responsabilité de protéger » s'inscrit dans cette logique.

334. Lors du Sommet mondial de 2005, les Nations Unies ont consacré le concept de « responsabilité de protéger [297]». Le rapport du Groupe de personnalités de haut niveau sur les menaces, les défis et le changement intitulé « *Un monde meilleur : notre affaire à tous* », mis en place par le Secrétaire général des Nations Unies, définit la « responsabilité de protéger[298] » comme une « [...] nouvelle norme prescrivant une obligation collective internationale de protection, dont le Conseil de sécurité peut s'acquitter en autorisant une intervention militaire en dernier ressort, en cas de génocide et d'autres tueries massives, de nettoyage ethnique ou de violations graves du droit

[297] Voir DIOP Mamadou Falilou, « Les difficultés de mise en œuvre du mécanisme onusien de la responsabilité de protéger les populations contre les crimes internationaux : les exemples libyen et syrien », *Revue internationale de droit africain EDJA,* n° 100, Janvier-Février-Mars 2014, pp. 9-40.

[298] DIOP Mamadou Falilou, « Les difficultés de mise en œuvre du mécanisme onusien de la responsabilité de protéger : les exemples libyen et syrien », *Revue de la Recherche Juridique. Droit prospectif* (Presses universitaires d'Aix-Marseille), 2014/3, pp. 1491-1527

international humanitaire [...][299] ». Cette définition s'inspire des travaux de la Commission internationale de l'intervention et de la souveraineté des États (ci-après CIISE) mise en place par le Canada et portant sur la « responsabilité de protéger ». Ainsi, l'idée de la « responsabilité de protéger » consiste à créer un mécanisme de protection des populations contre, entre autres, les violations graves des droits de l'Homme. Cette responsabilité incombe à la fois aux États individuellement et à la communauté internationale dans son ensemble. En effet, il est inacceptable que certaines violations graves des droits de l'Homme demeurent impunies dans certains États sans que la communauté internationale puisse intervenir. Il s'agit tout simplement de donner une réelle effectivité à la protection de la dignité de la personne humaine. Cette exigence ne possède pas de frontières et lie la communauté internationale dans son ensemble. La mise en œuvre de la « responsabilité de protéger » peut conférer une pleine effectivité à cette exigence dans certaines circonstances de violations graves des droits de l'Homme commises par un État sur ses propres populations. En témoigne la résolution 1973 du Conseil de sécurité des Nations Unies portant sur la protection des populations civiles libyennes contre la répression systématique de l'ex-régime du Colonel Kadhafi.

335. En outre, cette recherche d'effectivité des droits de l'Homme ne se limite pas seulement au volet judiciaire, c'est-à-dire à la répression. En effet, l'expérience démontre que le respect des droits de l'Homme coïncide plus ou moins avec la démocratisation des sociétés. La quasi-totalité des démocraties contemporaines ont mis en place un État de droit ayant comme corollaire le respect des droits fondamentaux de tous leurs citoyens. Ainsi, certains auteurs pensent que « les frontières » des démocraties coïncident souvent avec celles des droits de l'Homme. Ce constat doit nécessairement interpeler la communauté internationale dans son ensemble. En effet, les différentes crises qui ont vu le jour par exemple en ex-Yougoslavie, au Rwanda, en République démocratique du Congo ou encore au Soudan et la réaction tardive de la communauté internationale qui en est suivie tendent à démontrer l'inadéquation de la réaction en aval des Nations Unies notamment. En réalité, avant leur intervention, de graves violations des droits de l'Homme avaient déjà été commises. De ce constat doit nécessairement découler une

[299] Rapport du Groupe de personnalités de haut niveau sur les menaces, les défis et le changement *« Un monde plus sûr : notre affaire à tous »*, Doc. ONU, A/59/565, § 203.

implication en amont des Nations Unies pour prévenir les violations graves des droits de l'Homme. L'une des meilleures solutions dans ce domaine consiste à inciter les États, à travers différentes mesures, à aller vers plus de démocratie[300]. Les interventions ponctuelles de la communauté internationale dans un pays pour protéger les droits de l'Homme ne sauraient avoir d'efficacité lorsque, quelques mois après, un régime liberticide prend la place d'un autre. Tout cela tend à démontrer que le respect effectif des droits de l'Homme dans le monde doit être recherché à travers différentes mesures qui ne se bornent pas seulement au volet répressif. En plus de l'incitation à la démocratisation de certains États susmentionnée, il faut également effectuer des actions pédagogiques (information, éducation, sensibilisation, etc.)[301]. Cela est essentiel pour mieux vulgariser les exigences des droits de l'Homme auprès des populations, des pouvoirs publics et surtout des forces armées et de sécurité ainsi que de l'ensemble des acteurs intervenant dans la mise en œuvre du pouvoir judiciaire. Cette action pédagogique n'est pas superflue dans le sens où elle peut permettre une meilleure connaissance des exigences afférentes aux droits de l'Homme. Le cas échéant, les justiciables pourront mieux défendre leurs droits fondamentaux. De plus, les juridictions seront plus outillées pour se prononcer sur les requêtes des justiciables qui les saisissent en invoquant la violation de leurs droits fondamentaux.

336. Par communauté internationale, il ne faut pas seulement entendre les Nations Unies. De surcroît, il faut y inclure les Organisations non-gouvernementales telles que les organismes de défense des droits de l'Homme existant à l'échelle universelle, régionale et nationale, les organismes interétatiques régionaux et les États pris individuellement. En somme, toutes les entités de la communauté internationale doivent jouer leur rôle en termes d'effectivité des droits de l'Homme. Cela découle du constat selon lequel seul un nombre infime d'États peuvent « vivre » en autarcie et demeurer coupés du reste du monde. Presque tous les États sont parties au moins à une instance interétatique internationale ou régionale qui consacre des exigences afférentes à la protection des droits de l'Homme. Ces instances internationales doivent condamner et inciter

---

[300] Voir DENQUIN Jean-Marie, *Démocratie et droits de l'Homme*, Paris, Montchrestien, 1992, 216 p.

[301] Voir FORTAT Richard et alii, *Pour une éducation à la paix et aux droits de l'Homme,* Paris, Chronique sociale, 1989, 149 p.

les États à respecter davantage leurs engagements en matière de protection des droits de l'Homme. Le cas échéant, cela constituera une avancée en termes de protection des droits fondamentaux dans la mesure où les États sont attachés à leur image sur le plan international et réagissent en général positivement après leur réprobation par la communauté internationale. Par conséquent, l'implication des instances internationales en matière d'effectivité des droits de l'Homme ne doit pas être négligée.

337. Depuis la Déclaration universelle des droits de l'Homme de 1948 notamment, la création d'instruments relatifs aux droits de l'Homme ne cesse de progresser partout dans le monde. Il s'agit dans ce sens de consacrer et de vulgariser des prescriptions ayant pour finalité le respect de la dignité de la personne humaine que partagent tous les êtres humains. Cette exigence doit rester permanente et sans cesse renouvelée et enrichie à la lumière des évolutions des sociétés humaines. L'analyse de la complémentarité entre le droit international des droits de l'Homme et le droit international humanitaire effectuée tout le long de cette étude avait pour principal objectif d'essayer de contribuer à atteindre cet objectif susmentionné. En réalité, le respect inconditionnel des droits de l'Homme incombe à l'humanité tout entière et chacun de ses membres doit agir dans ce sens. Enfin, espérons que cette modeste contribution soit utile à la cause des droits de l'Homme et à leur évolution vers plus d'efficacité et d'effectivité.

Postface

« Droit international des droits de l'Homme et Droit international humanitaire : deux faces d'une même médaille »

338. *Il m'échoit le redoutable honneur d'écrire la postface de l'ouvrage du Docteur Mamadou Falilou Diop qui a eu la présence d'esprit et le courage de traiter d'une thématique qui n'est simple qu'en apparence. En effet, contrairement à ce que l'on pourrait croire a priori, analyser la complémentarité entre le droit international des droits de l'Homme et le droit international humanitaire n'est guère une tâche aisée. Bien au contraire, l'exercice est en réalité d'une stimulante complexité, d'autant plus qu'il porte sur deux branches du droit international public qui ont la particularité d'être voisines et d'avoir connu un regain d'intérêt au lendemain de la Seconde Guerre mondiale. Prima facie, le droit international des droits de l'Homme et le droit international humanitaire n'ont pas le même objet, et l'auteur du présent ouvrage l'a, du reste, bien montré. Si le droit international des droits de l'Homme a vocation à assurer la protection des droits fondamentaux de la personne humaine en tout temps et en tous lieux, le droit international humanitaire, encore appelé droit des conflits armés ou droit de la guerre, est pour sa part tout entier dédié à la réglementation des hostilités sur le théâtre des opérations militaires, l'objectif étant d'assurer la protection des victimes, que celles-ci acquièrent ce statut peu enviable dans un contexte de conflit armé international ou dans celui d'un conflit armé non international.*

339. *Seulement, à bien y regarder, ces deux branches du droit international public concourent au même objectif, à savoir la sauvegarde des droits individuels et des libertés fondamentales, compte non tenu du contexte de leur exercice. À cet égard, le mérite du Docteur Mamadou Falilou Diop est d'avoir démontré que la guerre ne saurait en aucun cas signifier la débâcle des règles relatives à la protection des droits de la personne. Cette grille d'analyse est corroborée par la jurisprudence internationale à travers une mosaïque de décisions que l'auteur n'a pas manqué d'exposer et d'exploiter. C'est ainsi que le lecteur apprécie les développements consacrés au champ d'application matériel des traités internationaux* *relatifs aux droits fondamentaux, dont les contenus ont été précisés aussi bien par des tribunaux répressifs de l'ordre juridique international que par des juridictions régionales de protection des droits de l'Homme. Hommage à l'action de juridictions internationales telles que le Tribunal pénal international pour l'ex-Yougoslavie (TPIY), la Cour interaméricaine des droits de l'Homme, la Cour européenne des droits de l'Homme ou la Cour de justice de la CEDEAO, ne pouvait être plus appuyé. C'est, du reste, à ce niveau que la notion d'interprétation jurisprudentielle évolutive, qui s'analyse avant tout comme une méthode, trouve tout son sens et présente un relief particulier. En effet, au-delà de ce qu'elle permet de redimensionner le périmètre du champ d'application matériel des traités de protection des droits de l'Homme, la méthode d'interprétation évolutive permet aussi de jeter les bases d'une application extraterritoriale des instruments juridiques de protection des droits de l'Homme. Ainsi, dans une approche téléologique, par référence à la finalité de la règle de droit conventionnel interprétée, aussi bien les instances internationales (Cour internationale de justice, Comité des droits de l'Homme de l'ONU) que les organes judiciaires régionaux sont parfois amenés à condamner des États parties à des traités de protection des droits de l'Homme, s'il est établi qu'ils ont commis des actes répréhensibles attentatoires auxdits traités, à l'occasion d'opérations militaires engagées à l'extérieur et bien loin de leurs frontières. L'explication, c'est cette vérité d'évidence selon laquelle l'État engage sa responsabilité internationale du fait d'actes illicites commis par ses organes opérant en territoire étranger. Il en est ainsi, en particulier, lorsque ce territoire relève de la juridiction dudit État conformément à la théorie du « contrôle effectif ». À ce sujet, l'auteur du présent ouvrage a apporté des éclairages utiles à la science juridique, à travers un examen minutieux de la jurisprudence pertinente des tribunaux britanniques, de la Cour européenne des droits de l'Homme et de la Cour interaméricaine des droits de l'Homme.*

340. *Par ailleurs, c'est dans la même optique de sauvegarder en toutes circonstances les droits inhérents à la nature humaine que la mise en œuvre de la complémentarité est ouvertement assumée dans le cadre de la protection juridictionnelle des droits de l'Homme. En effet, les juridictions régionales concernées n'hésitent guère à faire usage du droit international humanitaire, que celui-ci soit expressément visé par les conventions pertinentes comme relevant du* *champ de leur compétence matérielle ou qu'il soit, au contraire, littéralement passé sous silence. À ce sujet, il ne faut, par exemple, pas perdre de vue que le droit à la vie est un droit de l'Homme essentiel et substantiel, d'où l'exigence et l'urgence de favoriser, en tout temps et en tous lieux, le respect inconditionnel qui lui est par essence dû.*

341. *En définitive, il nous est loisible d'affirmer que l'ouvrage du Docteur Mamadou Falilou Diop, dont il convient de recommander vivement la lecture, présente beaucoup de points forts. Il est bien structuré et se lit facilement, le style étant simple et attrayant, ce qui témoigne d'une indéniable qualité rédactionnelle. Au surplus, force est d'admettre que l'argumentation est solide et plausible. Il s'y ajoute que l'ouvrage présente le caractère d'érudition attendu de tout essai rédigé par un universitaire au vrai sens du mot, comme cela est attesté par les nombreux cas d'espèce analysés à travers l'exposé d'innombrables références jurisprudentielles ainsi que par les quelque trois cents notes de bas de page qui illustrent le propos.*

342. *Pour autant, le lecteur reste tant soit peu sur sa faim, en raison de ce que le droit international africain des droits de l'Homme n'a pas été suffisamment mis en exergue. En effet, il est regrettable que la riche et abondante « jurisprudence » de la Commission africaine des droits de l'Homme et des peuples soit absente du raisonnement. Il est tout également regrettable que l'abondante jurisprudence du Tribunal pénal international pour le Rwanda (TPIR) n'ait pas été exploitée et prise en considération par l'auteur. Il est par ailleurs tout aussi regrettable que la doctrine africaine, très dynamique sur les sujets abordés dans le présent ouvrage, n'ait pas été abondamment mise à contribution, sans préjudice de ce qu'une place aurait dû être réservée à la problématique ô combien importante de l'effectivité des arrêts rendus par les juridictions régionales de protection des droits de l'Homme. Ce problème, qui se pose notamment en Afrique de l'Ouest, méritait d'être débattu. En effet, il apparaît à la lumière du sort réservé à la jurisprudence récente de la Cour de justice de la CEDEAO, que c'est impunément et absolument sans sanction aucune, que des États membres de la Communauté (Sénégal, Burkina Faso) refusent de se conformer à des arrêts de la juridiction supranationale statuant en matière de droits de l'Homme. À n'en pas douter, une telle attitude de défiance vis-à-vis de la Cour sape l'autorité de ses délibérations et affaiblit subrepticement* *la Communauté dans son ensemble. Face au rouleau compresseur de la toute-puissance de l'État, il est loisible aux citoyens lésés de s'en remettre à la sagesse du juge sous-régional dont les décisions sont censées être obligatoires et exécutoires de plein droit. Lorsque celles-ci sont superbement ignorées par des États membres de la CEDEAO condamnés comme auteurs de faits attentatoires aux droits de l'Homme, le risque est grand de voir l'Afrique de l'Ouest renouer avec ses vieux démons. Le récent coup d'État du Régiment de sécurité présidentielle au Burkina Faso en est une illustration éloquente.*

Dakar (Sénégal), le 20 septembre 2015

Professeur Mactar KAMARA
Agrégé des Facultés de Droit
Docteur en Droit diplômé de l'Université Panthéon Sorbonne (Paris 1)
Chef du Département de Droit public de la faculté des sciences juridiques et politiques de l'Université Cheikh Anta Diop de Dakar (UCAD).

BIBLIOGRAPHIE

Ouvrages

Sur le système africain de protection des droits de l'Homme et des peuples

ABDULAHI AHMED An-Na'im (dir.), *Droits universels, voies de recours nationales. Mise en œuvre des droits humains dans les systèmes juridiques africains,* Londres, Interights, 2001, 181 p.

ADJOLOHOUM Horace, *Droits de l'Homme et justice constitutionnelle en Afrique : le modèle béninois à la lumière de la Charte africaine des droits de l'Homme et des peuples*, Paris, L'Harmattan, 2011, 192 p.

BA Abdoul et alii, *L'Organisation de l'unité africaine de la Charte d'Addis-Abeba à la Convention des droits de l'Homme et des peuples,* Paris, Éditions Silex, 1984, 712 p.

BANZEU Rostand, *La Cour africaine de justice et des droits de l'Homme*, Sarrebruck, Les éditions universitaires européennes, 2011, 204 p.

BARSAC Tessa, *La Cour africaine de justice et des droits de l'Homme*, Paris, Éditions Pédone, 2012, 132 p.

BELHASSEN Souhayr, *La Cour africaine des droits de l'Homme et des peuples : vers la Cour africaine de justice et des droits de l'Homme : guide pratique,* Paris, FIDH, 2010, 218 p.

Commission internationale des juristes (dir.), *Droit de l'Homme et des peuples en Afrique et la Charte africaine*, Genève, 1986.

CYR DJIENA Michel et FALL Daouda, *Droit international humanitaire : Théorie générale et réalités africaines*, Paris, L'Harmattan, 2000, 431 p.

DEGNI-SEGUI René, *Les droits de l'Homme en Afrique francophone (théories et réalités),* Abidjan, Imprimob, 1998, 196 p.

DRAMÉ Mamour, *La Charte africaine des droits de l'Homme et des peuples : Analyse et perspectives des clauses de restriction*, Sarrebruck, Les éditions universitaires européennes, 2011, 72 p.

École internationale de Bordeaux, *Promotion et protection des droits de l'Homme dans l'espace francophone : Communications des participants au Séminaire international tenu à Bordeaux du 29 juin au 10 juillet 1992 (Notes et Documents),* Bordeaux, EIB, 1992, 368 p.

ETEKA YEMET Valère, *La Charte africaine des droits de l'Homme et des peuples. Étude comparative*, Paris, L'Harmattan, 1996, 476 p.

FLAUSS Jean-François et LAMBERT-ABDELGAWAD Élisabeth (dir.), *L'application nationale de la Charte africaine des droits de l'Homme et des peuples*, Bruxelles, Bruylant ; Némésis, 2004, 266 p.

HUOT Jean-Claude et LANGE-EYRE Valérie, *Mémoire et droits humains : enjeux et perspectives pour les peuples d'Afrique et d'Amérique*, Paris, Éditions d'en bas, 2009, 255 p.

ILLA MAKASSOUA Rachidatou, *La Commission africaine des droits de l'Homme et des peuples. Un organe de contrôle au service de la Charte africaine*, Paris, Karthala, 2013, 516 p.

Institut des droits de l'Homme de Lyon, *Droits de l'Homme en Afrique (Cahiers de l'Institut des droits de l'Homme de Lyon),* 2004, 250 p.

JEUGUE DOUNGUE Martial, *Obstacles et perspectives de l'application des conventions internationales relatives aux droits de l'Homme par les juges en Afrique*, Sarrebruck, Les éditions universitaires européennes, 2011, 124 p.

KABA DIAKHATÉ Sacké Kouyaté, *Droit international humanitaire dans les conflits armés. Le cas du Rwanda*, Paris, L'Harmattan, 2011, 221 p.

KAMARA Mactar, « Le Statut de Rome de la Cour pénale internationale et la répression des crimes de droit international », *Revue internationale de droit africain-EDJA*, n° 62, juillet-août-septembre 2004, pp. 19-60.

KAMARA Mactar, « La promotion et la protection des droits fondamentaux dans le cadre de la Charte africaine des droits de l'Homme et des peuples et du Protocole facultatif additionnel de juin 1998 », *Revue trimestrielle des droits de l'Homme*, n° 63, juillet 2005, pp. 709-729.

KAMARA Mactar, « De l'applicabilité du droit international des droits de l'Homme dans l'ordre juridique interne », *Annuaire colombien de droit international*, 2011, n°4, pp. 97-162.

KEMBA TAKAM Hermine, *Le système africain de protection des droits de l'Homme. Un système en quête de cohérence*, Paris, L'Harmattan, 2014, 202 p.

LAFRANCE Louis et SASSOLI Marco, *Droit humanitaire et guerre destructrice. L'exemple africain*, Montréal, Éditions Liber, 2006, 152 p.

LAGOUTTE Stéphanie et SVANEBERG Nina (dir.), *Les droits de la femme et de l'enfant. Réflexions africaines*, Paris, Karthala, 2011, 384 p.

Ligue des droits de l'Homme, *Homme & Liberté, n° 92, Afrique et droits de l'Homme*, Paris, Bureau du journal, 1996, 49 p.

MARGUENET Denis et POUGOUÉ Paul-Gérard (dir.), *Les droits de l'Homme en Afrique centrale*, Paris, Karthala, 1996, 288 p.

MATHESON M.-J et MOMTAZ D (dir.), *Les règles et institutions du droit international humanitaire à l'épreuve des conflits armés récents*, Genève, Brill, Nijhoff, 2010, 1072 p.

MATRINGE jean, *Tradition et modernité dans la Charte africaine des droits de l'Homme et des peuples*, Bruxelles, Bruylant, 1997, 136 p.

MAURICE KAMTO (dir.), *La Charte africaine des droits de l'Homme et des peuples et le protocole y relatif portant création de la Cour africaine des droits de l'Homme. Commentaire article par article*, Bruxelles, Bruylant, 2011, 1628 p.

EYA NCHAMA Cruz Melchor, *Développement et droits de l'Homme en Afrique*, Paris, Publisud, 1991, 438 p.

MBAYE Kéba, *Les droits de l'Homme en Afrique*, Paris, Pédone, volume I, 2002, 386 p.

MORIN Jacques-Yvan (dir.), *Les défis des droits fondamentaux : universalité et diversité, droit au développement, liberté et religion, statut du juge en Afrique*, Bruxelles, Bruylant, 2001, 470 p.

MUBIALA Mutoy, *Le système régional africain de protection des droits de l'Homme*, Bruxelles, Bruylant, 2005, 299 p.

MUBIALA Mutoy, *La mise en œuvre du droit des réfugiés et des personnes déplacées en Afrique : problématique et perspectives*, Louvain-la-Neuve, Éditions Académia, 2006, 150 p.

MUGANGO MATABARO Séverin, *Les droits de l'Homme dans la région des Grands Lacs, réalité et illusions*, Louvain-la-Neuve, Bruylant-Académia, 2003, 439 p.

NGOM Benoît Saaliu, *Droits de l'Homme en Afrique*, Paris, Éditons Doin, 1984, 113 p.

NIYIZURUGERO Jean-Baptiste, *Protection des droits de l'Homme en Afrique. Recueil de textes*, Genève, APT, 2006, 391 p.

OUEDRAOGO Ouseini, *La protection de l'enfant en droit international humanitaire. Analyse de la situation en Afrique*, Sarrebruck, Les éditions universitaires européennes, 2011, 80 p.

OUGUERGOUZ Fatsah, *La Charte africaine des droits de l'Homme et des peuples*, Paris, Puf, 1993, 294 p.

RUPTURE-SOLIDARITÉ, *L'Afrique (centrale) des droits de l'Homme*, Paris, Karthala, 2003, 286 p.

RUPTURE-SOLIDARITÉ, *L'Afrique (centrale) des droits de l'Homme, Tome 2, Résistances et dissidences*, Paris, Karthala, 2003, 272 p.

SANÉ Cheikh Omar, *Les droits humains en Afrique : Les droits humains dans les traditions africaines*, Sarrebruck, Les éditions universitaires européennes, 2011, 92 p.

SIGG Alain, *Droits de l'Homme, droit international humanitaire, droits des réfugiés : Genève entre les origines et le XXIe siècle*, Genève, Département fédéral des affaires étrangères, 2003, 160 p.

TALL Saïdou Nourou, *Théories et réalités du droit international humanitaire : contribution à l'étude de l'application du droit des conflits armés en Afrique noire contemporaine*, Sarrebruck, Les éditions universitaires européennes, 2012, 600 p.

TAMA Jean-Nazarine, *Droit international et africain des droits de l'Homme*, Paris, L'Harmattan, 2012, 424 p.

TAVERNIER Paul (dir.), *Recueil juridique des droits de l'Homme en Afrique*, Volume I, Bruxelles, Bruylant, 2002, XXIII, 1312 p.

TAVERNIER Paul (dir.), *Recueil juridique des droits de l'Homme en Afrique*, Volume 2, 2002-2004, Tomes I et II, Bruxelles, Bruylant, 2005, XXXI, 2117 p.

TAVERNIER Paul (dir.), *Regards sur les droits de l'Homme en Afrique,* Paris, L'Harmattan, Collection Presses universitaires de Sceaux, 2008, 306 p.

ZUBER Valentine, *Le culte des droits de l'Homme*, Paris, Gallimard, 2014, 405 p.

Sur le système européen de protection des droits de l'Homme

AILINCAI Mihaela, *Le suivi du respect des droits de l'Homme au sein du Conseil de l'Europe. Contribution à la théorie du contrôle international*, Paris, Pédone, 2012, 680 p.

BERGER Vincent, *Jurisprudence de la Cour européenne des droits de l'Homme,* Paris, Dalloz-Sirey, 9è édition, 2004, 818 p.

BURGORGUE-LARSEN Laurence, *La Convention européenne des droits de l'Homme*, Paris, LGDJ, 2012, 231 p.

CANDELA Soriano Mercedes (dir.), *Les droits de l'Homme dans les politiques de l'Union européenne*, Bruxelles, Larcier, 2006, 288 p.

CHARRIER Jean-Loup, *Code de la Convention européenne des droits de l'Homme.* Paris, Litec, édition 2005, 429 p.

COHEN-JONATHAN Gérard et MATRINGE Jean (dir.), *La protection internationale des droits de l'Homme I. Europe*, Paris, La Documentation française, 1997, 59 p.

COHEN-JONATHAN Gérard, *Aspect européen des droits fondamentaux,* Paris, Montchrestien, 3è édition, 2002, 280 p.

COHEN-JONATHAN Gérard, *La Convention européenne des droits de l'Homme,* Aix-en-Provence, Puam, 1989, 616 p.

Conseil de l'Europe, *Situation des droits de l'Homme et de la démocratie en Europe*, Strasbourg, Éditions du Conseil de l'Europe, 2007, 336 p.

Conseil de l'Europe, *Le Conseil de l'Europe et les droits de l'Homme. Une introduction à la Convention européenne des droits de l'Homme*, Strasbourg, Éditions du Conseil de l'Europe, 2010, 96 p.

Conseil d'État (français), *Le droit européen des droits de l'Homme*, Paris, La Documentation française, 2011, 328 p.

COSTA Jean-Paul, *La Cour européenne des droits de l'Homme : des juges pour la liberté*, Paris, Dalloz-Sirey, 2013, 268 p.

DIOP Mamadou Falilou, *Le statut juridique du droit communautaire et de la CEDH en France*, Sarrebruck, Les éditions universitaires européennes, 2014, 280 p.

DUCOULOMBIER Péggy, *Les conflits des droits fondamentaux devant la Cour européenne des droits de l'Homme*, Bruxelles, Bruylant, 2011, 249 p.

ERGEC Rusen et VELU Jaques, *La Convention européenne des droits de l'Homme*, Bruxelles, Bruylant, 1990, 1185 p.

ERGEC Rusen, *Protection européenne et internationale des droits de l'Homme*, Bruxelles, Larcier, 3e édition, 2014, 336 p.

FLAUSS Jean-François et LAMBERT-ABDELGAWAD Élisabeth (dir.), *La pratique d'indemnisation par la Cour européenne des droits de l'Homme*, Bruxelles, Bruylant, 2011, 357 p.

FRANZ MATSCHER Hebert (dir.), La *protection des droits de l'Homme : la dimension européenne*, Mélanges Gérard J.Wiarda, Berlin, Carlheymanns Verlag HG, 1988, 750 p.

GOMIEN Donna, *Vade-mecum de la Convention européenne des droits de l'Homme*, Strasbourg, Éditions du Conseil de l'Europe, 1999, 168 p.

GOUTTENOIRE Adeline et alii, *Les grands arrêts de la Cour européenne des droits de l'Homme*, 6e édition, Paris, Puf, 2011, 944 p.

GUILD Elspeth, *Sécurité et droits de l'Homme au niveau européen : La protection des droits des individus en période d'exception et d'action militaire*, Paris, L'Harmattan, 2012, 146 p.

HAMMARBERG Thomas, *Droits de l'Homme en Europe : la complaisance n'a pas sa place*, Strasbourg, Éditions du Conseil de l'Europe, 2011, 416 p.

KOUDELKA Arnould, *L'Europe des droits de l'Homme*, Paris, Actes Sud, 1999, 76 p.

LÉCUYER Yanick, *Convention et Cour européennes des droits de l'Homme 2015-2016*, Paris, Gualino éditions, 2015, 48 p.

MARGUENAUD Jean-Pierre, *La Cour européenne des droits de l'Homme*, 6e édition, Paris, Dalloz, 2012, 200 p.

MILLET-DEVALLE Anne-Sophie, *L'Union européenne et le droit international humanitaire*, Paris, Pedone, 2010, 302 p.

MODERNE Franck, *La Convention européenne des droits de l'Homme*, 3e édition, Paris, Dalloz, 2012, 104 p.

MAHONEY Paul et alii (dir.), *Protection des droits de l'Homme : la perspective européenne. Mélanges à la mémoire de Rolv Ryssdal,* Cologne, Carl Heymanns Verlag KG, 2000, XXI, 1587 p.

PETAUX Jean, *L'Europe de la démocratie et des droits de l'Homme. L'action du conseil de l'Europe ;* Strasbourg, Éditons du conseil de l'Europe, 2009, 382 p.

PETTITI Louis-Edmond et alii, *La Convention européenne des droits de l'Homme : commentaire article par article,* Paris, Economica, 1999, 1230 p.

PICHERAL Caroline et COUTRON Laurent (dir.), *Charte des droits fondamentaux de l'Union européenne et Convention européenne des droits de l'Homme*, Bruxelles, Éditions Bruylant, 2012, 160 p.

RENNUCI Jean-François, *Droit européen des droits de l'Homme,* Paris, LGDJ, 3è édition, 2002, 659 p.

RENNUCI Jean-François, *Traité de droits européen des droits de l'Homme*, Paris, LGDJ, 2007, 1135 p.

SAURON Jean-Luc, *Les droits protégés par la Convention européenne des droits de l'Homme*, Paris, Gualino, 2014, 480 p.

SHARPE Jonathan (dir.), *La conscience de l'Europe : 50 ans de la Cour européenne des droits de l'Homme*, Londres, Third Millennium Publishing, 2011, 200 p.

SPIELMANN Dean et alii, *La Convention européenne des droits de l'Homme, un instrument vivant : Mélanges en l'honneur de Christos L. Rozakis*, Bruxelles, Bruylant, 2011, 762 p.

SOUVIGNET Xavier, *La prééminence du droit dans le droit de la Convention européenne des droits de l'Homme*, Bruxelles, Bruylant, 2012, 574 p.

SUDRE Frédéric, *Droit européen et international des droits de l'Homme*, 10e édition, Paris, Puf, 2011, 848 p.

SUDRE Frédéric, *La Convention européenne des droits de l'Homme.* Paris, Puf, Que sais-je ?, 6è édition, 2004, 126 p.

TAVERNIER Paul (dir.), *Quelle Europe pour les droits de l'Homme ? La Cour de Strasbourg et la réalité d'une « union plus étroite » (35 années de jurisprudence*), Bruxelles, Bruylant, 1996, 513 p.

TRAN Hélène, *Les obligations de vigilance des États parties à la Convention européenne des droits de l'Homme*, Bruxelles, Bruylant, Paris, LGDJ, 2013, 408 p.

VIAL Claire, *La protection des droits fondamentaux dans l'Union européenne. Entre évolution et permanence*, Bruxelles, Bruylant, 2015, 414 p.

Sur le système interaméricain de protection des droits de l'Homme

BURGORGUE-LARSEN Laurence et ÚBEDA DE TORRES Amaya, *Les grandes décisions de la Cour interaméricaine des droits de l'Homme*, Bruxelles, Bruylant, 2008, 995 p.

Charlie Hebdo n° 620, *Droits de l'homme. L'Amérique peut-elle entrer dans l'Europe ?*, Paris, Bureau du Journal, 2004.

DAVIAUD Sophie, *Amérique laine : De la violence politique à la défense des droits de l'Homme,* Paris, L'Harmattan, 2012, 270 p.

DAVIAUD Sophie, *L'enjeu des droits de l'Homme dans le conflit colombien*, Paris, Karthala, 2010, 372 p.

FREGOSSI Renée et alii (dir.), *Droits de l'Homme et consolidation démocratique en Amérique du Sud*, Paris, L'Harmattan, 2009, 324 p.

GRÉCIANO Philippe, *Justice et droits de l'Homme : les enjeux de la médiation pénale*, Paris, Éditions Mare et Martin, 2015, 336 p.

HENNEBEL Ludovic et TIGROUDJA Hélène (dir.), *La particularisme interaméricain des droits de l'Homme*, Paris, Pédone, 2009, 416 p.

HENNEBEL Ludovic, *La Convention américaine des droits de l'Homme. Mécanisme de protection et étendue des droits et libertés*, Bruxelles, Bruylant, 2007, 737 p.

LAMBERT-ABDELGAWAD Élisabeth et MARTIN-CHENUT Kathia (dir.), *Réparer les violations graves et massives des droits de l'Homme : la Cour interaméricaine, pionnière et modèle ?*, Paris, Société de Législation Comparée, 2010, 334 p.

LEFRANC Sandrine, *Politiques du pardon*, Paris, Puf, 2002, 384 p.

MARTIN Arnaud, *La glaive et la balance. Droits de l'Homme et justice constitutionnelle et démocratie en Amérique latine*, L'Harmattan, 2012, 358 p.

PINTO Monica, *L'Amérique latine et le traitement des violations massives des droits de l'Homme*, Paris, Pédone, 2007, 95 p.

SEMINARA Letizia, *Les effets des arrêts de la Cour interaméricaine des droits de l'Homme,* Bruxelles, Bruylant, 2009, 476 p.

TIGROUDJA Hélène et PANOUSSIS Ionannis K, *La Cour interaméricaine des droits de l'Homme : Analyse de la jurisprudence consultative et contentieuse*, Bruxelles, Bruylant, 2003, 330 p.

Sur le système universel de protection des droits de l'Homme

ABI-SAAB Rosemary, *Droit humanitaire et conflits internes*, Paris, Pedone, 1986, 280 p.

Agence internationale de la francophonie, *Droits humains fondamentaux : recueil de documents internationaux et nationaux*, Bruxelles, Bruylant, 1993.

AL DEEB ABU-SAHLIEH Sami A, *Les musulmans face aux droits de l'Homme. Études et documents*, CreateSpace Independent Publishing Platform, 2013, 674 p.

ANDRIANTSIMBAOVINA Joël et alii, *Dictionnaire des droits de l'Homme*, Paris, Puf, 2008, 1120 p.

ASSOCIATION SYNDICALE DES MAGISTRATS, *Les droits de l'Homme et la justice,* Bruxelles, Larcier, 2010, 336 p.

BADIÉ Bertrand, *Droits de l'Homme et diplomatie : entre éthique et volonté de puissance*, Paris, Fayard, 2002, 380 p.

BANKOLÉ Joseph Olou, *Droit international humanitaire et force d'imposition de la paix : pour la réhabilitation des droits humains fondamentaux*, Sarrebruck, Les éditions universitaires européennes, 2012, 152 p.

BARBÉ Vanessa, *L'essentiel des libertés fondamentales 2014-2015*, Paris, Gualino, 2014, 152 p.

BEN ACHOUR Rafâa et LAGHMANI Slim (dir.), *Les droits de l'Homme. Une nouvelle cohérence pour le droit international*, (Colloque de Tunis des 17,18 et 19 avril 2008), Paris, Pédone, 2008, 330 p.

BÉRANGER Michel, *Droit international humanitaire général*, 2e édition, Paris, Gualino éditeur, 2007, 156 p.

BERTHOUX Camille, *La promotion des normes internationales des droits humains*, Paris, éditions des archives contemporaines, 2011, 133 p.

BETTATI Mario, *Droit humanitaire*, Paris, Dalloz, 2012, 321 p.

BIAD Abdelwahab, *Droit international humanitaire*, Paris, Éditions Ellipses, 2e édition, 2006, 139 p.

BIAD Abdelwahab, *La Cour internationale de justice et le droit international humanitaire : une lex specialis revisitée par le juge*, Bruxelles, Bruylant, 2011, 210 p.

BIAD Abdelwahab, *Le droit international humanitaire face aux défis du XXIe siècle*, Bruxelles, Bruylant, 2012, 325 p.

BOUCHET-SAULNIER Françoise, *Droits de l'Homme, droit humanitaire et justice internationale*, Paris, Actes Sud, 2002, 103 p.

BOURNIER Isabelle, *Les droits de l'Homme, un combat d'aujourd'hui*, Paris, Éditions Casterman, 2013, 80 p.

BOUZIRI Nejib, *La protection des droits civils et politiques par l'ONU : L'œuvre du Comité des droits de l'Homme*, Paris, L'Harmattan, 2003, 604 p.

BRAIBANT Guy, Les *droits de l'Homme : universalité et renouveau*, Paris, L'Harmattan, 1990, 432 p.

BUERGENTHAL Thomas et KISS Alexandre, *La protection internationale des droits de l'Homme*, Kehl, Strasbourg, Engel, 1991, 261 p.

CALOGEROPOULOS-STRATIS, A. S, *Droit humanitaire et droits de l'Homme. La protection de la personne en période de conflit armé*, Genève, Leiden, I. UHEI, Nijhoff, 1985, 258 p.

CANÇADO TRINDADE, Augusto Antonio, *Évolution du droit international des droits des gens. L'accès des individus à la justice*, Paris, Pédone, collection Ouvertures internationales, 2008, 188 p.

CHAGNOLLAUD Dominique et DRAGO Guillaume (dir.), *Dictionnaire des droits fondamentaux*, Paris, Dalloz, 2010, 751 p.

CHARVIN Robert et SUEUR Jean-Jacques, *Droits de l'Homme et libertés de la personne*, Paris, Litec, 1997, 375 p.

COHEN Marcelo Gérard (dir.), *La promotion de la justice, des droits de l'Homme et du règlement des conflits par le droit international, Liber Amicorum Lucius Caflisch*, Leiden, Koninklijke Brill NB, 2007, 1238 p.

COHEN-JONATHAN Gérard et FLAUSS Jean-François (dir.), *Droit international, droits de l'Homme et juridictions internationales*, Bruxelles, Bruylant, 2004, 152 p.

COHEN-JONATHAN Gérard et FLAUSS Jean-François, *Droit international, droit de l'Homme et juridictions internationales*, (Actes de la table ronde du 10 juillet 2003 organisée par l'Institut des droits de l'Homme), Bruxelles, Bruylant, 2004, 152 p.

COHEN-JONATHAN Gérard, *La protection internationale des droits de l'Homme : II. Organisations universelles,* Paris, La Documentation française, 1999, 63 p.

CONDORELLI Luigi et LA ROSA Anne-Marie (dir.), *Les Nations Unies et le droit international humanitaire*, Paris, Pédone, 1996, 506 p.

Conseil de l'Europe, *L'universalité des droits de l'Homme dans un monde pluraliste*, (Actes du colloque organisé par le Conseil de l'Europe les 17 et 19 avril 1989), Strasbourg, N. P. Engel, 1990, 193 p.

D'ASPREMONT Jean et DE HEMTINNE Jérôme, *Droit international humanitaire : Thèmes choisis*, Paris, Pédone, 2012, 510 p.

DAVID Éric, *Principes de droit des conflits armés*, 4e édition, Bruxelles, Bruylant, 2008, 1117 p.

DE SCHUTTER Olivier et TULKENS Françoise (dir.), *Code de droit international des droits de l'Homme*, Bruxelles, Bruylant, 4e édition, 2014, 868 p.

DECAUX Emmanuel, *Les grands textes internationaux des droits de l'Homme*, Paris, La Documentation française, 2008, 540 p.

DECAUX Emmanuel et TOUZÉ Sébastien (dir.), *La prévention des violations des droits de l'Homme. Actes du Colloque des 13 et 14 juin 2013*, Paris, Pedone, 2015, 230 p.

DE FROUVILLE Olivier, *L'intangibilité des droits de l'Homme en droit international. Régime conventionnel des droits de l'Homme et des traités*, Paris, Pédone, 2004, 561 p.

DE SCHUTTER Olivier et alii, *Code de droit international des droits de l'Homme*, 4e édition, Bruxelles, Bruylant, 2013, 1162 p.

DELMAS-MARTY Mireille, *Vers un droit commun de l'humanité*, Paris, Textuel, 2005, 142 p.

DIOP Mamadou Falilou, *Essai de construction de poursuites des auteurs de crimes internationaux à travers les mécanismes nationaux et régionaux*, Paris, LGDJ, 2013, 506 p.

DONNATIENNE RUBY Christabel, *Le droit humain*, Paris, Fidel, 2012, 88 p.

DOSWALD-BECK Louise et KOLB Robert, *Garanties judiciaires et droit de l'Homme-Nations Unies, Système européen, américain et africain-Textes et Résumé de la jurisprudence internationale*, Edition N.P. Engel, Kehl, Strasbourg, Arlington, 2004, 468 p.

DOUMBÉ-BILLÉ Stéphane (dir.), *Nouveaux droits de l'Homme et internationalisation du droit*, Bruxelles, Bruylant, 2012, 280 p.

Droits humains fondamentaux : Recueils de documents internationaux et nationaux, Bruxelles, CGRI et, Paris, ACCT, 1993, 340 p.

EL KOUHENE Mouhamed, *Les garanties fondamentales de la personne en droit humanitaire et en droit de l'Homme*, Dordrecht, Nijhoff, 1986, 258 p.

ERGEC Rusen, *La protection européenne et internationale des droits de l'Homme*, 2e édition, Bruxelles, Bruylant, 2006, 271 p.

FAVOREU Louis et alii, *Droits des libertés fondamentales*, 6e édition, Paris, Dalloz, 2012, 720 p.

FELLOUS Gérard, *Les droits de l'Homme, une universalité menacée*, Paris, La Documentation française, 2010, 224 p.

FERRAND Jérôme et PETIT Hugues (dir.), *L'odyssée des droits de l'Homme Tome I. Fondations et naissance des droits de l'Homme*, Paris, L'Harmattan, 2003, 442 p.

FERRAND Jérôme et PETIT Hugues (dir.), *Mise en œuvre des droits de l'Homme. L'odyssée des droits de l'Homme*, Tome II, Paris, L'Harmattan, 2003, 310 p.

FLAUSS Jean-François (dir.), *La protection internationale des droits de l'Homme et les droits des victimes*, Bruxelles, Bruylant, 2009, 266 p.

FLAUSS Jean-François (dir.), *Les nouvelles frontières du droit international humanitaire*, Bruxelles, Bruylant, 2003, 219 p.

GAUCHET Marcel, *La révolution des droits de l'Homme*, Paris, Gallimard, 1989, 376p.

GOULEU TAPA Blaise, *La protection internationale des populations civiles dans la guerre. Droit international humanitaire*, Sarrebruck, Les éditions universitaires européennes, 2012, 128 p.

GRIGNON Julia, *L'applicabilité temporelle du droit international humanitaire*, Paris, LGDJ, 2014, 500 p.

GUELLALI Amna, *Droit international pénal, droit humanitaire et droits de l'Homme : vers une convergence des trois domaines normatifs ?,* Thèse Institut universitaire européen, Florence, 2008.

GUELLALI Amna, *Le droit international entre humanisation et criminalisation : vers une convergence entre les droits de l'Homme, le droit humanitaire et le droit international pénal*, Sarrebruck, Les éditions universitaires européennes, 2015, 552 p.

GUISSÉ Abdoulaye, *Droit international humanitaire et les nouvelles formes contemporaines de guerre. Les défis posés par les nouvelles situations de conflit armé*, Sarrebruck, Les éditions universitaires européennes, 2013, 172 p.

HAROUEL-BURLOUP Véronique, *Traité de droit humanitaire*, Paris, Puf, 2005, 556 p.

HALLER Gret, *Droits de l'Homme, révolution et démocratie*, Paris, Economica, 2015, 192 p.

HENNETTE-VAUCHEZ Stéphanie et SOREL Jean-Marc, *Les droits de l'Homme ont-ils constitutionnalisé le monde ?*, Bruxelles, Bruylant, 2011, 292 p.

HENNEBEL Ludovic et TIGROUDJA Hélène (dir.), *Humanisme et droit. En hommage au professeur Jean Dhommeaux*, Paris, Pédone, 2013, 464 p.

HENNEBEL Ludovic, *La jurisprudence du Comité des droits de l'Homme des Nations Unies : Le Pacte international relatif aux droits civils et politiques et son mécanisme de protection internationale*, Bruxelles, Bruylant, 2008, 582 p.

HUSSON-ROCHECONGAR Céline et alii (dir.), *Droit international des droits de l'Homme et valeurs : Le recours aux valeurs dans la jurisprudence des organes spécialisés*, Bruxelles, Bruylant, 2012, 990 p.

IAGGOLNITZER Daniel, *Le droit international et la guerre : évolution et problèmes actuels*, Paris, L'Harmattan, 2007, 130 p.

JACQUES André, *Droits de l'Homme et Évangile. Comment vivre l'universalité des valeurs dans la pluralité des cultures ?,* Paris, Les éditions de l'Atelier, 1998, 176 p.

JAGER Gérard, *Henry Dunant : l'homme qui inventa le droit humanitaire,* Paris, L'Harchipel, 2001, 305 p.

JOINET Louis, *Lutter contre l'impunité*, Paris, La Découverte, 2002, 142 p.

KALIRDYE BYANJIRA Dieudonné, *Droit international humanitaire*, Paris, L'Harmattan, 2015, 294 p.

KOLB Robert et alii (dir.), *L'application du droit international humanitaire et des droits de l'Homme aux organisations internationales : forces de paix et administrations civiles transitoires*, Bruxelles, Bruylant, 2005, 500 p.

KOSKENNIEMI Martti, *La politique du droit international*, Paris, Pédone, 2007, 409 p.

La Documentation française, *La protection des droits de l'Homme dans le cadre des organisations universelles,* Document d'études n° 3.06, Paris, 1999.

LAGOT Daniel, *Quel droit international humanitaire pour les conflits armés actuels*, Paris, L'Harmattan, 2010, 95 p.

LAGOT Daniel, *Droit international humanitaire : États puissants et mouvements de résistance*, Paris, L'Harmattan, 2010, 200 p.

LAGOT Daniel, *Quel droit international humanitaire pour les conflits armés récents ?*, Paris, L'Harmattan, 2010, 95 p.

LATOUR Xavier, *Libertés publiques et droits fondamentaux*, 4e édition, Paris, Studyrama, 2013, 421 p.

LAVALÉE Carmen, *La protection internationale des droits de l'enfant. Entre idéalisme et pragmatisme*, Bruxelles, Bruylant, 2015, 420 p.

Les droits de l'Homme à l'aube du XXIe siècle. Karel Vasak Liber Amicorum, Bruxelles, Bruylant, 1999, 1189 p.

Les droits de l'Homme au seuil du troisième millénaire, Mélanges en hommage à Pierre Lambert, Bruxelles, Bruylant, 2000, 1072 p.

Les droits de l'Homme en évolution. Mélanges en l'honneur du professeur Petros J. Pararas Bruxelles, Bruylant ; Athènes : Ant. N. Sakkoulas, 2009, XXIII, 578 p.

LÉCUYER Yannick, *Régimes des libertés et des droits fondamentaux*, Paris, Gualino, 2015, 48 p.

LOCHAK Danièle (dir.), *Mutations de l'État de droit et protection des droits de l'Homme*, Paris, Presses universitaires de Paris 10, 2006, 250 p.

LOCHAK Danièle, *Les droits de l'Homme*, Paris, La Découverte, 3e édition, 2009, 127 p.

LUIGI Condorelli, Anne-Marie La Rosa (dir.), *Les Nations Unies et le droit international humanitaire*, Paris, Pedone, 1996, 506 p.

LYNN Hunt et alii, *L'invention des droits de l'Homme : Histoire, psychologie et politique*, Genève, Éditions Markus Haller, 2013, 312 p.

MAÏA Catherine, KOLB Robert et SCALIA Damien (dir.), *La protection des prisonniers de guerre en droit international humanitaire*, Bruxelles, Bruylant, 2014, 658 p.

MARCUS HELMONS Silvio (dir.), *Dignité humaine et hiérarchie des valeurs. Les limites irréductibles*, Bruxelles, Bruylant, 1999, 196 p.

MARGUÉNAUD Jean-Pierre et PAULIAT Hélène, *Les droits de l'Homme face à la guerre. D'Oradour à Sébrénitsa,* Paris, Dalloz, collection Thèmes et commentaires, 2009, 236 p.

MILLER Frédéric P, *Droit de la guerre : droit international, guerre, droits de l'Homme, droits des conflits armés, droit international humanitaire*, Sarrebruck, Alphascript Publishing, 2010, 92 p.

MILLET-DEVALLE Anne-Sophie (dir.), *Guerre aérienne et droit international humanitaire,* Paris, Pedone, 2015, 343 p.

MOINE-DUPUIS Isabelle, *Essai sur les fondements d'un droit international de la personne humaine juridique*, Paris, Lexis-Nexis, 2014, 140 p.

MOREILLON Laurent et alii, *Droit pénal humanitaire*, 2e édition, Bruxelles, Bruylant, 2009, 502 p.

MORINDOL OUOBA Clarisse, *Le Conseil des droits de l'Homme et ses principaux mécanismes*, Paris, L'Harmattan, 2013, 142 p.

MOURGEON Jacques, *Les droits de l'Homme*, Paris, Puf, Que sais-je ?, 2003, 128 p.

NOLLEZ-GOLBACH Raphaëlle, *Quel homme pour quels droits ? Les droits de l'Homme à l'épreuve de la figure de l'étranger*, Paris, Éditions CNRS, 2015, 328 p

NETTEN Léo, *La mondialisation du droit dans un nouvel espace de justice universel* (Actes du Colloque de Tunis du 9 mai 2003), Paris, Éditions juridiques et techniques, collection Passerelle, 2004, 146 p.

OBERDOFF Henry et ROBERT Jacques (dir.), *Libertés et droits de l'Homme. Textes français et internationaux*, Paris, LGDJ, 2014, 1104 p.

OLOU BANKOLÉ Joseph, *Droit international humanitaire et force d'imposition de la paix : pour la réhabilitation des droits humains fondamentaux*, Sarrebruck, Les éditions universitaires européennes, 2012, 152 p.

Organisation des Nations Unies, *Déclaration universelle des droits de l'Homme : Dignité et justice par nous tous*, New-York, Genève, Publications des Nations Unies, 2010, 20 p.

OUMBA Parfait, *Les droits de l'Homme devant la Cour internationale de justice*, Sarrebruck, Les éditions universitaires européennes, 2010, 144 p.

OWONO Joseph, *Droit international humanitaire*, Paris, L'Harmattan, 2012, 216 p.

PAINE Thomas, *Les droits de l'Homme*, Paris, Éditions Belin, 2009, 383 p.

MUYAMBI DHENA Petillon, *Droit d'ingérence humanitaire et normes internationales impératives : essai sur les crimes de guerre, crimes contre l'humanité et crime de génocide*, Paris, L'Harmattan, 2012, 206 p.

RENOUX Thierry-S (dir.), *Protection des droits et libertés fondamentaux*, Paris, La Documentation française, 2e édition, 2011, 395 p.

RIOUX Jean-François, *Sécurité humaine (la) une nouvelle conception des relations internationales*, Paris, L'Harmattan, 2003, 368 p.

ROLLAND Patrice et alii, *La protection internationale des droits de l'Homme : Textes*, 2e édition, Paris, Puf, Que sais-je ?, 1999, 128 p.

ROUGET Didier, *Le guide de la protection internationale des droits de l'Homme*, Grenoble, Éditions de La Pensée sauvage, 2000, 381 p.

SFDI, Colloque de Strasbourg, *La protection des droits de l'Homme et l'évolution du droit international*, Paris, Pedone, 1998, 344 p.

SHANDA TONME Jean-Claude, *Droits de l'Homme et droits des peuples dans les relations internationales*, Paris, L'Harmattan, 2008, 182 p.

SEN Amartya, *L'invention des droits de l'Homme : histoire, psychologie et politique*, Genève, Markus Haller, 2013, 312 p.

SOREL Jean-Marc et CORNELIU-LIVIU Popescu (dir.), *La protection des personnes vulnérables en temps de conflit armé*, Bruxelles, Bruylant, 2010, 372 p.

TORRELLI Maurice, *Le droit international humanitaire*, 2e édition, Paris, Puf, Que sais-je ?, 1989, 127 p.

TOMUSCHAT Christian, *La protection internationale des droits de l'Homme et les droits des victimes*, Bruxelles, Bruylant, 2009, 264 p.

TURGIS Sandrine, *Les interactions entre les normes internationales relatives aux droits de la personne*, Paris, Pédone, 2012, 642 p.

TURPIN Dominique, *Droits de l'Homme et droit international humanitaire*, Comité international de la Croix-Rouge et Croix-Rouge française, Journée d'études, Lyon, 28 novembre 1984.

VALE MAJERUS Isabelle, *De quel droit ? Le droit international humanitaire et les dommages collatéraux*, Monaco, Les éditions du Rocher, 2002, 230 p.

VAN STEENBERGHE Raphaël, *Droit international humanitaire : un régime spécial de droit international ?*, Bruxelles, Bruylant, 2013, 352 p.

VASAK Karel (dir.), *Les dimensions internationales des droits de l'Homme. Manuel destiné à l'enseignement des droits de l'Homme dans les universités*, Paris, UNESCO, 1978, 792 p.

VILLEY Michel, *Le droit et les droits de l'Homme*, Paris, Puf, 2008, 169 p.

WACKSMANN Patrick, *Les droits de l'Homme*, 5e édition, Paris, Dalloz, 2008, 187 p.

YADE Rama, *Les droits de l'Homme expliqués aux enfants de 7 à 77 ans*, Paris, Éditions du Seuil, 2008, 119 p.

YOTOPOULOS-MARANGOPOULOS Alice (dir.), *L'état actuel des droits de l'Homme dans le monde. Défis et perspectives*, Paris, Pédone, 2006, 300 p.

ZANETTI Véronique, *L'intervention humanitaire : droits des individus, devoirs des États,* Genève, Labor et Fides, 2008, 344 p.

Articles

Il existe de nombreux articles relatifs à la protection des droits de l'Homme. Néanmoins, seuls ceux afférents à la problématique de la complémentarité entre le droit international des droits de l'Homme et le droit international humanitaire seront répertoriés dans cette bibliographie.

AIVO Gérard, « Convergences entre droit international humanitaire et droit international des droits de l'Homme : vers une assimilation des deux corps de règles ? », *RTDH*, n° 82-2010, pp. 241-370.

AIVO Gérard, « La Cour européenne des droits de l'Homme et l'application du droit international humanitaire », *Journal du centre de droit international*, (Université Jean Moulin Lyon 3) disponible en ligne : http://cdi.lyon3.free.fr/dih, consulté le 2 avril 2013.

APRAXINE Pierre, « Observations sur la distinction et la complémentarité entre droit international humanitaire et droits de l'Homme », *Revue régionale de droit*, 1999, p. 111 et s.

CAFLISCH Lucius et TRINDADE Antonio Augusto Cançado, « Les conventions américaine et européenne des droits de l'Homme et le droit international général », *RGDIP*, 2004/1, pp. 5-62.

CASSIN René, « La Déclaration universelle et la mise en œuvre des droits de l'Homme », *RCADI*, 1951 (79), pp. 241-367.

CASSIN René, « L'Homme sujet de droit international et la protection des droits de l'Homme dans la société universelle » *in La technique et les principes du droit public*, Mélanges Georges Scelle, Paris, LGDJ, 1950, pp. 67-91.

DAVID Éric, « Droits de l'Homme et droit humanitaire », *in* Mélanges Fernand Dehousse, vol. 1, *Le progrès du droit des gens*, Paris, Fernand Nathan, 1979, pp. 169-181.

DECAUX Emmanuel, « De l'imprévisibilité de la jurisprudence européenne en matière de droit humanitaire (CourEDH, gde chambre, *Kononov c. Lettonie,* 17 mai 2010) », *RTDH,* n° 86-2011, pp. 343-357.

DHOMMEAUX Jean, « De l'universalité du droit international des droits de l'Homme : du *pactum ferendum* au *pactum latum* », *AFDI,* 1989, pp. 390-423.

DOSWALD-BECK Louise et VITÉ Sylvain, « Le droit international humanitaire et le droit des droits de l'Homme », *RICR,* n° 800, 1993, p. 99.

DROEGE Cordula, « Droits de l'Homme et droit humanitaire : des affinités électives ? », *RICR,* vol. 90, 2008, pp. 215-268.

GUELLALI Amna, « *Lex specialis,* droit international humanitaire et droits de l'Homme : leur interaction dans les nouveaux conflits armés », *RGDIP,* n° 3-2007, pp 539-574.

GALOGEROPOULOS-STRATIS Aristidis, « Droit humanitaire, droits de l'Homme et victimes des conflits armés », *in* SWINARSKI Christophe (dir.), *Études et essai sur le droit international humanitaire et les principes de la Croix-Rouge en l'honneur de Jean Pictect,* Genève/La Haye, CICR, Martinus Nijhoff Publishers, 1984, pp. 655-662.

HEINTZE Hans-Joachim, « Recoupement de la protection des droits de l'Homme et du droit international humanitaire dans les situations de crise et de conflit », *Revue Cultures & Conflits,* n° 60-2005, www.conflits.org/index1930.htlm, consulté le 19 mars 2013.

KOLB Robert, « Aspects historiques de la relation entre le droit international humanitaire et les droits de l'Homme », *The Canadian Yearbook of International Law,* 1999, pp. 57-97.

KOLB Robert, « Relations entre le droit international humanitaire et les droits de l'Homme », *RICR,* n° 831, 1998, p. 438.

LARCHÉ Jérôme, « Humanitaire et Droits de l'Homme : articulation délicate ou fracture ? », (en ligne) sur le site de *Grotius international,* http://www.grotius.fr/humanitaire-et-droits-de-l%E2%80%99homme-articulation-delicate-ou-fracture/, consulté le 4 juin 2013.

LATTANZI Flavia, « La frontière entre droit international humanitaire et droits de l'Homme », *in* DECAUX Emmanuel, DIENG Adama et SOW Malick (dir.), *Des droits de l'Homme au droit international pénal, Études en l'honneur d'un juriste africain, feu le juge Laïty Kama,* Leiden, Matinus Nijhoff Publishers, 2007, pp. 519-570.

LOCHAK Danièle, « L'humanitaire, les droits de l'Homme et le politique », *Matériaux pour l'histoire de notre temps,* vol. 72. 2003, pp. 53-60.

MALINVERNI Giorgio, « Le droit humanitaire rattrapé par les droits de l'Homme ? », *in La conscience des droits, Mélanges en l'honneur de Jean-Paul Costa,* Paris, Dalloz, 2011, pp. 401-419.

MEYROWITZ Henri, « Le droit de la guerre et les droits de l'Homme », *RDP*, vol. 88, 1972, pp. 1059-1074.

PARTSCH Karl Joseph, « La protection internationale des droits de l'Homme et les Conventions de Genève de la Croix-Rouge », *RIDC*, vol 26, n° 1 janvier-mars 1974, pp. 73-83.

PASTOR RIDRUEJO José Antonio, « Droit international des droits de l'Homme et droit international humanitaire : leurs rapports à la lumière de la jurisprudence de la Cour internationale de justice », *in* COHEN MARCELO Gérard (dir.), *La promotion de la justice, des droits de l'Homme et du règlement des conflits par le droit international, Liber Amicorum Lucius Caflisch,* Leiden, Koninklijke Brill NB, 2007, pp. 399-407.

PERRAKIS Stelios, « Le droit international humanitaire et ses relations avec les droits de l'Homme. Quelques considérations », *in* TAVERNIER Paul et HENCKAERTS Jean-Marie, *Droit international humanitaire coutumier : enjeux et défis contemporains*, Bruxelles, Bruylant, 2008, pp. 115-136.

PLATTNER Denise, « Présentation du droit international humanitaire et comparaison avec les droits de l'Homme sous l'angle de la mise en œuvre », 3 *RADIC*, juin 1991, Tome 3, N° 2, pp. 339-345.

ROCHETTE Jacqueline, « Certains aspects de l'universalité des droits de l'Homme : les sanctions pénales et civiles à l'encontre de la plupart des atteintes à la personne humaine », *in Les droits de l'Homme à l'aube du XXIe siècle. Karel Vasak Liber Amicorum*, Bruxelles, Bruylant, 1999, pp. 757-759.

ROETS Damien, « Le droit international pénal soluble dans le droit international humanitaire ! CEDH, Grande Chambre, 17 mai 2010, *Kononov c. Lettonie* », *RSC*, n° 3-2010, pp. 696-702.

SANDOZ Yves, « Droit international humanitaire et droits de l'Homme : mariage d'amour ou de raison ? », *in Les droits de l'Homme et de la Constitution*, Études en l'honneur du professeur Giorgio Malinverni, Zurich, Schulthess, 2007, p. 340 et s.

SASSOLI Marco, « Le droit international humanitaire, une *lex specialis* par rapport aux droits humains ? », *in* AUER FLUCKIGER Hottelierv (dir.), *Les droits de l'Homme et la Constitution*, Études en l'honneur du professeur Giorgio Malinverni, Genève, Schulthess, 2007, pp. 375-395.

SASSOLI Marco, « Mise en œuvre du droit international humanitaire et du droit international des droits de l'Homme : une comparaison », *Annuaire suisse de droit international*, 1987, vol. XLIII, pp. 24-46.

SCHINDLER Dietrich, « Le Comité international de la Croix-Rouge et les droits de l'Homme », *RICR*, vol. 91, 1979, pp. 3-15.

SZUREK Sandra, « Droit international des droits de l'Homme et droit international humanitaire entre Guerre et Paix », *in Les frontières du droit, critique des droits*, Paris, LGDJ, 2007, pp. 195-199.

TAXIL Bérangère, « À la confluence des droits : la Convention internationale pour la protection de toutes les personnes contre les disparitions forcées », *AFDI*, 2007, p. 132 et s.

VALTICOS Nicolas, « Les mécanismes internationaux de protection des droits de l'Homme », *in* BEDJAOUI Mouhammed (dir.), *Droit international. Bilan et perspectives*, Paris, Pédone, 1991, pp. 1219-1223.

VANNESTE Frédéric, « Droit international général et droit international des droits de l'Homme : l'apport de la jurisprudence de la Cour européenne des droits de l'Homme », *RTDH*, n° 88-2011, pp. 807-873.

VEUTHEY Michel, « Droit international humanitaire et droits de l'Homme (De Solferino à Guantanamo », *in* YOTOPOULOS-MARANGOPOULOS Alice (dir.), *L'état actuel des droits de l'Homme dans le monde. Défis et perspectives*, Paris, Pédone, 2006, pp. 66-69.

Ressources électroniques (sites web)

De nombreuses instances internationales, régionales et nationales agissent en faveur d'une meilleure effectivité des droits de l'Homme. De plus, elles possèdent des sites internet fournissant de nombreuses informations sur les droits de l'Homme. Par conséquent, les sites internet répertoriés ici pourront aider le lecteur à avoir un certain nombre d'informations relatives aux droits de l'Homme et surtout à leur actualité.

Amnesty International *:* http://www.amnesty.fr/

Centre de recherche et d'étude sur les droits de l'Homme et le droit humanitaire (CREDHO-Paris Sud) : http://www.credho.org/

Comité international de la Croix-Rouge : http://www.icrc.org/fre/index.jsp

Commission africaine des droits de l'Homme et des peuples : http://www.achpr.org/fr/

Commission du droit international : http://www.un.org/fr/aboutun/structure/ilc.shtml

Commission interaméricaine des droits de l'Homme : http://www.cidh.oas.org/french.htm

Conseil des droits de l'Homme des Nations Unies : http://www2.ohchr.org/french/bodies/hrcouncil/

Cour africaine des droits de l'Homme et des peuples : http://www.african-court.org/fr/

Cour de justice de la CEDEAO : www.courtecowas.org.

Cour européenne des droits de l'Homme : http://www.echr.coe.int/ECHR/Homepage_FR

Cour interaméricaine des droits de l'Homme : http://www.corteidh.or.cr/

Cour internationale de justice : http://www.icj-cij.org/homepage/index.php

Cour pénale internationale : http://www.icc-cpi.int/FR_Menus/icc/Pages/default.aspx

Fédération internationale des droits de l'Homme : http://www.fidh.org/

Institut de droit international : http://www.idi-iil.org/

Institut international des droits de l'Homme de Strasbourg : http://www.iidh.org/

Instruments africains des droits de l'Homme : http://lidho.org/instruments_africains_des_droits_de_lhomme.html

La Revue des Droits de l'Homme du Centre de recherches et d'études sur les droits fondamentaux (CREDOF-Paris Ouest Nanterre-La Défense), http://revdh.org/

L'Association *TRIAL (Track Impinity Always*) : http://www.trial-ch.org/fr/accueil.html

L'Organisation non-gouvernementale *Human Rights Watch* : http://www.hrw.org/fr

Le blog du *Journal Le Monde*, « Combats pour les droits de l'Homme (CPDH) » : http://combatsdroitshomme.blog.lemonde.fr/

Organisation des Nations Unies : http://www.un.org/fr/

Portail dédié à la cause des droits de l'homme partout dans le monde : www.droits-humains.org.

Revue Droits Fondamentaux : http://www.droits-fondamentaux.org/

Revue l'Europe des Libertés : http://leuropedeslibertes.u-strasbg.fr/

Union africaine : http://www.africa-union.org/root/ua/index/index.htm

TABLE DES MATIÈRES

Première partie

La complémentarité entre le droit international des droits de l'Homme et le droit international humanitaire

Deuxième partie

La mise en œuvre de la complémentarité entre le droit international des droits de l'Homme et le droit international humanitaire

L'HARMATTAN ITALIA
Via Degli Artisti 15; 10124 Torino
harmattan.italia@gmail.com

L'HARMATTAN HONGRIE
Könyvesbolt ; Kossuth L. u. 14-16
1053 Budapest

L'HARMATTAN KINSHASA
185, avenue Nyangwe
Commune de Lingwala
Kinshasa, R.D. Congo
(00243) 998697603 ou (00243) 999229662

L'HARMATTAN CONGO
67, av. E. P. Lumumba
Bât. – Congo Pharmacie (Bib. Nat.)
BP2874 Brazzaville
harmattan.congo@yahoo.fr

L'HARMATTAN GUINÉE
Almamya Rue KA 028, en face
du restaurant Le Cèdre
OKB agency BP 3470 Conakry
(00224) 657 20 85 08 / 664 28 91 96
harmattanguinee@yahoo.fr

L'HARMATTAN MALI
Rue 73, Porte 536, Niamakoro,
Cité Unicef, Bamako
Tél. 00 (223) 20205724 / +(223) 76378082
poudiougopaul@yahoo.fr
pp.harmattan@gmail.com

L'HARMATTAN CAMEROUN
BP 11486
Face à la SNI, immeuble Don Bosco
Yaoundé
(00237) 99 76 61 66
harmattancam@yahoo.fr

L'HARMATTAN CÔTE D'IVOIRE
Résidence Karl / cité des arts
Abidjan-Cocody 03 BP 1588 Abidjan 03
(00225) 05 77 87 31
etien_nda@yahoo.fr

L'HARMATTAN BURKINA
Penou Achille Some
Ouagadougou
(+226) 70 26 88 27

L'HARMATTAN SÉNÉGAL
10 VDN en face Mermoz, après le pont de Fann
BP 45034 Dakar Fann
33 825 98 58 / 33 860 9858
senharmattan@gmail.com / senlibraire@gmail.com
www.harmattansenegal.com

L'HARMATTAN BÉNIN
ISOR-BENIN
01 BP 359 COTONOU-RP
Quartier Gbèdjromèdé,
Rue Agbélenco, Lot 1247 I
Tél : 00 229 21 32 53 79
christian_dablaka123@yahoo.fr

657179 - Juin 2016
Achevé d'imprimer par

1livre.com
du rêve à la réalité !

www.ingramcontent.com/pod-product-compliance
Lightning Source LLC
LaVergne TN
LVHW011017061026
849535LV00006B/1917